dtv

W0344618

Anders als Italien und Griechenland, die Ziele klassischen Fernwehs, blieb Spanien als Reiseland lange Zeit in einem geheimnisvollen Dunkel. Nur wenige Reisende wagten das Abenteuer, die Pyrenäen zu überqueren. Nur wenige wissen heute noch, daß Johann Jacob Volkmann, der bedeutende deutsche Reiseschriftsteller des 18. Jahrhunderts, dessen Werk über Italien Goethe und Seume auf ihren Wegen begleitete, auch einen Reiseführer über Spanien schrieb. Die ältesten in dieser Auswahl vertretenen Texte stammen von ihm und bilden den Ausgangspunkt der literarischen Rundfahrt. So dürfen sich sogar versierte Spanienkenner noch auf Überraschungen freuen, denn in diesem Buch geht es um Spurensuche und Neuentdeckungen in einem doppelten Sinne: In historischen Berichten und originellen Momentaufnahmen laden namhafte und unbekannte Reisende aus drei Jahrhunderten zur Begegnung mit berühmten Orten und Landschaften Spaniens ein – zum Nachvollzug wie zum Vergleich mit eigenen Eindrücken und Erlebnissen.

Die Herausgeberin, *Isabel Pöhlmann*, ist promovierte Germanistin und lebt mit ihrer Familie seit einigen Jahren in Madrid.

Spanien
Reise-Lesebuch

Herausgegeben und
mit einem Nachwort versehen von
Isabel Pöhlmann

Deutscher Taschenbuch Verlag

Originalausgabe
Juni 2004
Deutscher Taschenbuch Verlag GmbH & Co. KG,
München
www.dtv.de
© 2004 Deutscher Taschenbuch Verlag, München
Umschlagkonzept: Balk & Brumshagen
Umschlagbild: ›Blick zur Alhambra‹ (1856)
von Pieter Francis Peters (© Artothek)
Gesetzt aus der Bembo 10/11,5˙ (QuarkXPress)
Satz: Fotosatz Reinhard Amann, Aichstetten
Druck und Bindung: Druckerei C. H. Beck,
Nördlingen
Gedruckt auf säurefreiem, chlorfrei gebleichtem Papier
Printed in Germany · ISBN 3-423-20714-0

Inhalt

I. Land und Leute

Wilhelm von Humboldt: Über die spanische Nation 13
Theophil Friedrich Ehrmann:
Der Charakter der Spanier 21
Victor Aimé Huber: Vorurteile 27

II. Spanische Seele

Wilhelm Krause: Das Stiergefecht 35
Julius Meier-Graefe: Die Zigeuner von Granada 42
Alfred Kerr: El Greco 50

III. Unterwegs

Johann Jacob Volkmann: Die Art zu reisen 63
J.P. Texier: Reisevorbereitungen 66
August Ludwig von Rochau:
Übernachtung vor Barcelona 69
Reinhold Baumstark: Die spanischen Eisenbahnen 77

IV. Nordspanien

Wilhelm von Humboldt: Guernica 85
Dr. Cretzschmar: San Sebastian 88
Kasimir Edschmid: Ein Match der Pelotari 92

V. Vergnügungen

Theophil Friedrich Ehrmann: Galanterie 101
Franz Xaver Rigel: Öffentliche Tanzsäle 104
Wilhelm Krause: Die Osterkomödie auf dem Lande . . . 106

VI. Der Osten

Gabriel Strobl: Spaziergang durch Barcelona 115
Julius Meier-Graefe: Im Parque Güell 119
Christian August Fischer: Glückliche Valencianer 122
Rosa von Gerold: Der Palmenwald von Elche 124

VII. Die Nachtseiten

Franz Xaver Rigel: Kriegsgreuel 131
Leopold Anton Kaufhold:
Die Freudenmädchen von San Fernando 137
August Ludwig von Rochau: Das Mustergefängnis 141

VIII. Madrid und Umgebung

Johann Jacob Volkmann: Die Stadt Madrid 149
Leopold Anton Kaufhold: Krankheiten 154
Alfred Zimmermann: Aus der spanischen Königsstadt . . 157
J.P. Texier: In Aranjuez 162
Arthur Stahl: Ausflug zum Escorial 168

IX. Querfeldein

Alexander von Humboldt:
Die Besteigung des Pik von Tenerifa 175

Leopold Anton Kaufhold:
Die deutschen Siedler in der Sierra Morena 185
Friedrich Wilhelm Hackländer:
Ein Besuch auf dem Montserrat 188
Heinrich Alexander Pagenstecher:
Die Delphine von Palma 193

X. Zentralspanien

Johann Jacob Volkmann:
Von Valladolid nach Salamanca 201
Carl Justi: Das Kloster von Guadelupe 205
Arnold Nolden: Toledo 210

XI. Leibliche Genüsse

Karl Friedrich von Rumohr: Puchero und Gaspacho ... 219
Dr. Cretzschmar: Genußmittel 223
Alfred Zimmermann: Weinprobe in Jerez 226

XII. Der Süden

Johann Jacob Volkmann: Die Stadt Cadiz 233
J. P. Texier: Die Tabakfabrik von Sevilla 238
Wilhelm Wattenbach: Die Alhambra 241
Alfred Kerr: Kalifenwunder 245

Nachwort: Spanienreisen im 19. Jahrhundert 255
Verzeichnis der Autoren und Quellen 263

Wenn ich auf der Reise bin, geschieht es mir wohl, daß ich mich nach meinem Hause sehne, und mir vornehme, nie wieder in der Ferne herumzustreifen; indessen dauern dergleichen Vorsätze niemals lange, ich darf nur von fremden Ländern hören oder lesen, gleich ist die alte Lust in mir wieder aufgewacht. So bin ich auch schon Spanien durchstreift, ich habe Valencia und das wundersame Granada gesehn, mit seinem herrlichen Schlosse, den fremden, seltsamen Sitten und Trachten, ich habe die Luft der elysischen Gefilde von Malaga eingeatmet, und kenne den Manserrate mit seinen Klöstern und grünbewachsenen Klippen.

Ludwig Tieck, Franz Sternbalds Wanderungen, 2. Buch, 5. Kapitel

Es ist manchmal ganz gut, Ferien zu haben und in barbarische Länder zu reisen, wo die Ruinen, die bei uns von modernen Postgebäuden verdrängt sind, noch als Gerümpel daliegen.

Julius Meier-Graefe, Spanische Reise

Erstes Kapitel

Land und Leute

»Ungeachtet meines kurzen Aufenthalts in Spanien ... habe ich die Spanier sehr liebgewonnen. Man könnte sie vielleicht die Deutschen des Südens nennen; wenigstens ist mir die Mischung mittäglicher Lebhaftigkeit mit nordischer Bedachtsamkeit, Offenheit, und selbst Gründlichkeit im Studieren und Arbeiten als das am meisten Auffallende in ihrem Charakter erschienen.«

Wilhelm von Humboldt

Wilhelm von Humboldt

Über die spanische Nation

(An David Friedländer)

[Madrid, 16. Dezember 1799]

Ich bin jetzt seit etwa drittehalb Monaten in Spanien, mein lieber Freund, und fange an, mich ein wenig an diese fremden Sitten, die fast in allen Dingen von den Französischen abweichen, zu gewöhnen. (...)

Ungeachtet meines kurzen Aufenthalts in Spanien (denn ich glaube nicht, dass diese Kürze die Ursach davon ist) habe ich die Spanier sehr liebgewonnen. Man könnte sie vielleicht die Deutschen des Südens nennen; wenigstens ist mir die Mischung mittäglicher Lebhaftigkeit mit nordischer Bedachtsamkeit, Offenheit, und selbst Gründlichkeit im Studiren und Arbeiten als das am meisten Auffallende in ihrem Charakter erschienen. Freilich aber habe ich bis jetzt auch nur die Castillaner gesehen, und auf sie muss diese Charakteristik natürlich mehr passen, als auf den heftigen Andalusier und den verschlagneren Valencianer. Denn auch das ist eine Eigenthümlichkeit Spaniens, die ich wenigstens nicht in Deutschland in gleichem Grade, und gar nicht in Frankreich fand, dass der Nationalcharakter der verschiedenen Provinzen auffallend verschieden ist, und sie sich unter einander wenn nicht hassen, doch wenigstens verachten. In jeder Provinz wird dem Fremden mehr oder minder deutlich zu verstehen gegeben, dass er Menschen, wie hier, nicht leicht in der angränzenden Provinz finden würde. In einer Stadt in Biscaya redete mich ein ganz unbekannter Mensch auf der Strasse ausdrücklich an, um mich zu fragen, wie mir die Biscayer gefielen, und als ich sie lobte, setzte er hinzu: in Castilien werden Sie es nicht so finden; und im Theater in Madrid, als das Volk in einem sehr empfindsamen Stück oft lachte, sagte mir ein Andalusier, der neben mir sass: die Barbaren! wenn Sie das Publicum in meiner Stadt in Cadiz sähen! und so wird es unstreitig weiter fortgehen. Die Valencianer scheinen ziemlich allgemein in dem Ruf der Verschlagenheit, des Eigennutzes und selbst des Geizes zu stehen. Die Ursach davon ist leicht aufzufinden. Die Valencianer sind die industriösesten unter den Spaniern; arbeitsam, thätig und erfinderisch in Mitteln ihre Zwecke zu erreichen. Der Castilianer dagegen ist im Ganzen träge, aber auch vielleicht von einem edleren Stolz. Dieser Gegensatz muss natürlich dies Urtheil über den Charakter der Valencianer hervorbringen, und zum Theil selbst wahr machen. Auch gehören die Valencianer schon zu einem anderen Stamme, als die übrigen Spanier. Sie haben ihre eigne, mit der Tolosanischen sehr übereingekommende Mundart, und in Valencia haben sich mehr, als sonst irgendwo Französische Familien angesetzt und Manufacturen angelegt.

Wenn ich indess zwischen Deutschen und Spaniern eine Aehnlichkeit finde, so denke ich nicht gerade an das nördliche, schon höher cultivirte Deutschland, sondern mehr an das mittlere, besonders Franken und Schwaben. Das Alterthümliche im äussern Ansehen der Städte, in der Tracht, den Sitten, das man dort, vorzüglich in einigen Reichsstädten antrift, das ist ganz und gar noch in Spanien zu Hause. Der Unterschied der zwischen beiden Charakteren noch obwaltet, mag ungefähr derselbe seyn, der zwischen dem deutschen: *ehrbar*, und dem Spanischen: *honrado* ist. Dies nemlich ist das Beiwort, das der gewöhnliche Castilianer sich am liebsten giebt, und ich wüsste es durch keinen Deutschen Ausdruck zu übersetzen. Ehrbar ist zu schlicht und bürgerlich dafür, denn es führt noch einen stärkeren Begriff von eigentlichem Ehrgefühl, *point d'honneur* mit sich, und ist edel genug, auch in der Poesie gebraucht zu werden; und *edel* drückt bei uns eine feinere Ausbildung des Gefühls aus, die diesem spanischen Wort ganz fremd ist. Und eben so nun, sage ich, wie dies *honrado* eine Stufe über unserm *ehrbar* steht, ebenso ist in dem Charakter auch des gewöhnlichen Castilianers etwas wenn nicht gerade Höheres, aber doch Lebhafteres und Glänzenderes als in dem Deutschen der ebenbezeichneten Provinzen und Classen.

Überhaupt aber kenne ich kaum eine bessere Vorbereitung zum Studium des Mittelalters, als eine Reise durch Spanien. In der That glaubt man mit dem Eintritt in Castilien um 200 Jahre zurückgesetzt zu seyn. Ich sage dies nicht sowohl zum Tadel Spaniens, nicht als wäre hier noch alles Dunkelheit und Barbarei (das ist vielmehr gar nicht der Fall), ich denke dabei vielmehr an andre eher schätzenswürdige Seiten jener entfernteren Jahrhunderte, an eine gewisse Naivetät und Freimüthigkeit, an eine Schlichtheit und Einfachheit des Charakters, wie sie bei uns nicht mehr, oder schöner und edler gefunden wird. Es ist schwer dies mit einzelnen Beispielen zu belegen, aber ich wünschte, Sie wären nur drei Tage mit mir, und tausend kleinere und grössere Eigenthümlichkeiten in den Sitten würden Ihnen dies bestätigen. Ein grosser Beleg dazu ist die Art des Umgangs unter den verschiednen Ständen. Dieser Unterschied ist an sich so gross, wie er nur seyn kann, die alten Granden beugen ihr Knie, so oft sie dem König den Becher zum Trinken reichen; die Granden selbst sehen sich in ihren Herrschaften, wie kleine Könige an u.s.f., aber im Umgange verschwindet dieser Unterschied ganz. Die Königin wird wie die Bettelfrau *Señora* genannt, der König eben so *Señor*, und es ist überall eine Gleichheit und Freiheit im Umgange, die nach unsern Sitten leicht Rohheit scheinen könnte, es zum Theil auch ist. Im Deutschen, Französischen und Englischen ist die Sprache der feinen Gesellschaft von der einer roheren, oder vertrauteren verschieden, und man erkennt leicht einen Fremden, der diese Nüancen nicht immer weiss. In Spanien spricht der Landmann wie der Grande, und grobe Schimpfwörter ausgenommen, ist kein Unterschied. Nichts ist so gewöhnlich als in der besten Gesellschaft einen Mann zum andern z.B. beim Verwundern über etwas oder bei ähnlichen Vorfällen sagen zu hören: Aber, *Mensch (hombre)*, wie kann dies seyn? und eben so wird eine Frau oft kurzweg Frau und ein Mädchen Mädchen genannt. Noch alterthümlicher ist was man auch in den grössten Häusern von Equipagen, Ameublements u.s.f. sieht. Immer Pracht, z.B. massiv silberne Kohlenbecken (da man hier fast gar keine Kamine hat), eine Menge schlecht gehaltner Bedienten, und fast nirgends geschmackvolle Bequemlichkeit. Mehr als einmal ist es mir vorgekommen auf einer ganz weissen Kalkwand einen schönen Titian, Guido oder Giordano zu finden, der freilich mehr werth war, als das ganze Ameublement eines Französischen oder Englischen Hauses. Leider nur ist wenigstens in Madrid nicht die schöne Einfachheit der Sitten, am wenigsten die Tugend der Damen wie in der Ritterzeit. Vielmehr sind die Sitten äusserst verderbt, und die Rohheit im Umgange beider Geschlechter, auch (und vielmehr gerade und vielleicht nur da) in den höheren Ständen, ungeheuer.

Ich habe gerade diese Stände, soviel ich konnte, vermieden. Die sogenannten feiner gebildeten Spanier, die andre Länder gesehen haben, haben mich nicht am meisten interessirt. Es sind einzelne sehr schätzbare Männer darunter, aber im Ganzen findet man in dieser Classe aufs höchste, was man in Frankreich und bei uns täglich sieht, und lernt die Spanische Individualität schlecht oder gar nicht kennen. Denn die meisten dieser Classe kennen ihr Vaterland schlecht und achten es noch weniger. Ich bin am liebsten mit der Mittelclasse (zu der denn natürlich auch die meisten Gelehrten gehören) und mit denen umgegangen, die so erzspanisch sind, daß sie nicht einmal eine andre Sprache geläufig reden. Und in dieser Classe habe ich viel wahre Aufklärung und viel eignes Nachdenken gefunden. Nur muss man nie die Schwierigkeiten vergessen, die diese Menschen zu überwinden haben, und Grade der Aufklärung zu unterscheiden wissen, da man nicht alles auf einmal fordern kann. Dies nicht zu thun macht, dass die Französischen Reisenden gewöhnlich das entgegengesetzte Urtheil fällen. Die Quelle aller oder doch der meisten Vorurtheile ist natürlich hier die Religion, und da geht nun die Aufklärung sehr mannigfaltige Stufen durch. Einige bestreiten mit wahrem Aufklärereifer vorgebliche Wunder und

Heiligenlegenden, nicht um überhaupt gegen die Wunder zu reden, sondern um die, die sie für die wahren halten, desto besser zu retten; andre sind noch, was in Frankreich und Deutschland fast unerhört ist, ausgemachte Jansenisten; viele sind religiös ohne bigott zu seyn u.s.f. Aber zwei, wie es mir scheint, sehr offenbare Symptome einer beginnenden und mehr als beginnenden Aufklärung habe ich sehr allgemein gefunden: Hass gegen den Druck der Inquisition, und eignes Nachdenken über die Gegenstände der religiösen Tradition. Wie weit nun das Vorrücken dieses Nachdenkens zur Wahrheit ist, hängt natürlich von der Verschiedenheit der Individuen ab.

Die Inquisition verbrennt keine Ketzer mehr, aber sie thut darum jetzt gleich grossen Schaden, als jemals. Sie hindert die Circulation guter ausländischer Schriften, noch mehr das eigne freimüthige Schreiben, und die Verbesserung der Erziehungsanstalten. Zwar fehlt es, trotz ihrer Verbote, nicht an sogar sehr leichten Gelegenheiten sich ausländische d.h. französische Bücher zu schaffen; aber weil es nicht offen und frei geschehen darf und vor allem, weil man von seiner eignen Arbeit keinen öffentlichen Gebrauch machen kann, so bringt dies eine allgemeine Muthlosigkeit oder Indignation hervor und so arbeiten die meisten Gelehrten entweder nichts, oder nur in Fächern, durch welche die philosophische Cultur nicht gewinnen kann. Die Erziehungsanstalten sind überaus elend. Glauben Sie, dass es in irgend einer der 10 oder mehr Universitäten, die es in Spanien geben mag, nur einen einzigen Professor der Geschichte gäbe? dass überhaupt Geschichte, Geographie, Statistik u.s.f. nur irgendwo oder irgendwann gelehrt würde? Man lehrt in den unteren Schulen schlechterdings nichts als Religion, Lesen, etwas Rechnen und Schreiben (dies letztere aber sehr gut), in den folgenden, die unsern Gymnasien entsprechen, schlecht Lateinisch, auf den Universitäten eine scholastische Metaphysik, Theologie (eigentlich nur Dogmatik, an Bibelerklärung und Kirchengeschichte ist nicht zu denken) und Jurisprudenz. Alles übrige (die Medicin ausgenommen, für die besondre Anstalten vorhanden sind) muss jeder für sich lernen. Dennoch muss er, ohne es ändern zu können, bloß mit den Universitätsstudien 6–8 Jahre verderben, und kann also recht nach dem 20sten Jahre zu lernen anfangen, was bei uns die Kinder wissen. Dennoch habe ich selbst einige wirklich gelehrte Leute gefunden, diese aber danken es auch bloss einem eignen mühseligen Studiren. Was bei dieser Lage der Sachen am meisten zurück seyn muss ist, wie Sie selbst sehen, Philosophie und Kenntnis alter Sprachen. In der Chimie und Mineralogie hat man seit einigen Jahren angefangen, Fortschritte zu machen, die Botanik wird gut und vielleicht unter allen Wissenschaften am besten betrieben, die übrigen Theile der Naturgeschichte aber so gut als gar nicht. In der Statistik und den Finanzwissenschaften haben seit Cabarrus und Campomanes einzelne Menschen einige Fortschrtte gemacht; indess ist die Statistik so zurück, dass nun z.B. die Bevölkerung Spaniens nur von 1787 mit einiger Gewissheit angegeben werden kann. Am meisten arbeitet man noch für die Geschichte, indess auch das auf welche Weise. Man durchsucht Archive, schreibt Diplome ab, häuft Materialien, allein auf eine Weise, die es dem künftigen Bearbeiter eher erschweren als erleichtern müsste. Beurtheilte man also die wissenschaftlichen Fortschritte der Spanier nach den jährlich erscheinenden Büchern, so würde das Urtheil ziemlich ungünstig ausfallen. Aber es ist gewiss, dass man nur Freiheit zu geben brauchte, um auf einmal viele und gute Produkte zu erhalten, denn wenn jeder Schriftsteller über sein[em] Werk ist, so ist [es] der Spanische in doppeltem Grade.

Die schöne Literatur hat noch vielleicht das Meiste aufzuweisen, was sich mit den Produkten des Auslands messen kann. Unter den Dichtern habe ich zwei kennen gelernt, deren Umgang und Freundschaft mir in jedem Lande sehr schätzbar seyn würde, Menschen von edlem und gefühlvollem Charakter, frei von jeder Art des Vorurtheils, und mit wahrem und anspruchlosem Eifer bloss für die Kunst arbeitend. Von dem einen besitze ich eine in der That sehr gute Composition, eine Ode an das Meer, mit der ich Sie künftig näher bekannt zu machen denke. Was aber in der Spanischen Dichtkunst auffallend ist, ist der Mangel an Sentimentalität. Nehmen Sie wenig Stellen aus, und alle ältere Spanische Dichter sind voll lodernden Feuers der Phantasie, aber eiskalt für das Herz. Selbst die Französischen des 16. Jahrhunderts, die ihnen offenbar an Poesie nachstehen, haben einen größeren Gehalt für die Empfindung. In den neueren ist etwas mehr, aber auch nur wenig.

Die Spanische Nation hat gewiss ausserordentliche Anlagen. Einen äusserst geraden und gesunden Verstand – Sie glauben nicht, wie bestimmt und klar auch der gemeine Spanier sich ausdrückt, und wie gut er seine Sprache kennt und wie rein er sie spricht; er giebt, das einzige Gallicien ausgenommen, gar kein Patois in Spanien – und ausserdem eine natürliche Anlage zum Witz, die jedem Fremden auffallend seyn muss, weil man sich die Spanier gewöhnlich so gravitätisch und ernst denkt. Was aber Spanien, auch wenn man vollkommene Freiheit gäbe, immer sehr schaden würde, ist seine geographische Lage, durch die es vom ganzen übrigen Europa getrennt, nur mit Frankreich verbunden ist. Der Nachtheil des einseitigen Einflusses der Französischen Literatur ist überall offenbar. Zwischen Franzosen und Spaniern kann keine aufrichtige, auf Gefühl von Gleichheit gegründete Gemeinschaft seyn. Die Franzosen müssen die Spanier, die sich nicht selbst französirt haben, verachten und thun es redlich. Auch scheinen wirklich alle, die ich in Spanien gesehen habe, da zu seyn, um immer zu wiederholen: *abl le mauvais paï̈s que l'Espagne!* In der Art, wie die Franzosen, können die Spanier nie glänzen, in dieser müssen sie ihnen ewig nachstehen. Und übrigens ist die Französische Cultur fast, wie ihre Revolution, bloss niederreissend, wo sie selbst in der Philosophie aufbauen wollen, gelingt es nur wenig. Sollte Spanien Fortschritte machen, so wäre es durch gründlichere Gelehrsamkeit, durch freies, aber gründliches Nachdenken, und nur dadurch müsste ein Vorurtheil nach dem andern zerstört, nicht aber alle auf einmal durch den Machtspruch, dass man keine haben müsse, unterdrückt werden, was eigentlich der Schlüssel der *allgemeinen* Französischen Cultur ist. Dazu könnte den Spaniern nur Englische und Deutsche Literatur helfen; aber selbst die Kenntniss der erstern ist selten, die letzte ist nur durch Französische Übersetzungen bekannt. (...)

Theophil Friedrich Ehrmann

Der Charakter der Spanier

Der *Spanier* (wenigstens der bessere) ist wirklich zur *Großmuth* geneigt, überhaupt gutherzig, gastfrei und wohlthätig. Beweise davon sind die vielen milden Anstalten, Hospitäler und dergleichen, die Freigebigkeit im Almosen-Ausspenden, die Bereitwilligkeit Nothleidenden beizuspringen, die Aufmerksamkeit für kranke Freunde, die sie fleißig besuchen, die Willfährigkeit, auch der ärmern Classen, ihr frugales Essen mit jedem Unbekannten, der bei ihnen vorüberzieht, zu theilen. Auch ist die Geschichte nicht arm von Beispielen Spanischer Großmuth. – Doch dürfen wir nicht verschweigen, daß manche dem Anscheine nach sehr schöne Handlung, auch hier, wie anderwärts, aus trüber Quelle fließt, und Eitelkeit, Bigoterie und mancherlei Nebenabsichten oft großen Antheil daran haben, und ihnen einen Theil ihres Werthes benehmen.

Gegen Fremde sind die *Spanier* sehr zurückhaltend, so wie überhaupt gegen Leute, die sie nicht kennen sehr schüchtern und scheu, woran zum Theil die Furcht vor den Aufpassern der Inquisition auch Schuld haben mag. Der *Spanier* bietet seine Dienste nicht an; hat er aber seinen Mann kennen und hochschätzen gelernt, so ist auch nichts zuverlässiger, als seine Freundschaft.

Die *Spanier* haben ferner eine große Ergebenheit für ihrem Könige, und viel öffentlichen Sinn und wahre Eifersucht für das gesammte Wohl ihres Vaterlandes und insbesondere ihrer Religion.

Endlich gebührt den *Spaniern* auch das Lob der *Mäßigkeit* und *Nüchternheit* im Essen und Trinken, welche Tugenden jedoch größten Theils Folgen des Clima's und der körperlichen Beschaffenheit der *Spanier* sind. Die Hitze ist mitunter Schuld, daß man hier zu Lande weniger ißt als anderswo; auch sind die Speisen, besonders die vegetabilischen Nahrungsmittel nahrhafter als in anderen Ländern, und der vom heißen Clima ausgetrocknete und verhärtete Körper des *Spaniers* verlangt weniger Nahrung, begnügt sich mit geringeren Speisen, und kann auch den Hunger weit leichter ertragen *) – Dieser körperlichen Beschaffenheit ist es auch zuzuschreiben, daß der *Spanier* von den geistigen, starken Weinen seines Landes nicht leicht berauscht wird, und keine Neigung zur Völlerei hat; auch hier zeigt sich unverkennbar der mächtige Einfluß des heißen Clima's. Die Trunkenheit wird von Allen, Vornehmen und Geringen äußerst verabscheut. Das Schimpfwort *Trunkenbold (Barracho)* ist das empfindlichste, was man einem *Spanier* sagen kann, und ein Mensch, der auch nur einmal betrunken gesehen worden ist, wird dadurch für unfähig erklärt, jemals vor Gerichte zu erscheinen. Daher ist es auch äußerst selten, einen Betrunkenen zu sehen, außer unter Fuhrleuten und Maulthiertreibern, und trifft man irgend einmal einen betrunkenen Soldaten an, so darf man sicher schließen, daß es ein Ausländer ist. – Nicht so nüchtern und mäßig wie die übrigen *Spanier*, sind die Bewohner der südlichen Provinzen, besonders die von *Andalusien*.

Gegen diesen guten Eigenschaften im Spanischen Nationalcharakter, stehen aber die bereits genannten Flecken, Fehler und Untugenden über, die jedoch bei der besseren Classe von der ersteren überwogen werden, und überhaupt durch das Fortschreiten der Volksbildung schon ziemlich gemildert worden sind.

*) Man hat Beispiele, daß an Orten, wo teutsche Reisende zum Essen eingekehrt sind, die *Spanier* sich haufenweise nach dem Wirtshause gedrängt haben, um zu sehen, ob es denn möglich sey, daß so wenige Leute das viele für sie bestellte Essen aufzehren könnten. – So geschah es auch, daß der Magistrat der Stadt *Cervera* in *Catalonien*, den im J. 1526 durch *Spanien* reisenden Pfalzgraf vom *Rheine*, *Friedrich*, dessen Gefolge doch nur aus ungefähr 20 Personen bestand, ersuchen ließ, die Stadt zu verlassen, damit nicht alle vorräthigen Lebensmittel derselben aufgezehrt würden.

Der *Hochmuth* der *Spanier*, von irre geleitetem Stolze erzeugt, macht Manchen, der sonst achtungswerthe Eigenschaften besitzt, lächerlich; doch ist er nicht mehr so übertrieben wie ehemals, und die Vornehmen halten nicht mehr so sehr auf steife Etikette; auch schämen sie sich nicht mehr mit Personen, die sehr weit unter ihrem Stande sind, in Verbindung zu stehen; ihr frostiges Wesen ist gewöhnlich mehr Temperamentsfehler als Hochmuth. – Auf die Würde der Geburt halten die *Spanier* übrigens sehr viel; Jeder will adelich und edler als der Andere seyn; in dieser Hinsicht wetteifern auch die Provinzen mit einander, und der gemeinste Bürger will für mehr gelten als er ist. Wenn man eine Dienstleistung, eine Gefälligkeit von ihm verlangt, so darf man ihn nicht schlechtweg *Herr (Senor)* anreden, sondern man muß ihn Herr *Ritter (Cavallero)* betiteln; dann leistet er aber auch jeden Dienst, den man nur von ihm fordern will, und wenn er auch geradezu erniedrigend wäre.

Der Vorwurf der *Trägheit*, den man den *Spaniern* insgeheim macht, paßt eigentlich nur auf die beiden *Castilien*, wo diese Arbeitsscheue mehr Folge von Regierungsfehlern und Mangel an Aufmunterung, und tauglichen Einrichtungen, als angeborne Liebe zur Unthätigkeit ist. Uebrigens ist Mangel an Thätigkeit bei den Bewohnern eines Landes, das ein so warmes Clima hat, auch ohne mitwirkende Nebenumstände, leicht zu erklären, und auch leicht zu entschuldigen; denn die Hitze erschlafft die Geistes- und Körperkräfte, und in allen warmen Ländern finden wir mehr Trägheit bei den Einwohnern, als in kalten. Auch kann es nicht geläugnet werden, daß ein großer Theil der Spanier, eben um der erschlaffenden Hitze willen, lieber mit der schlechtesten Kost vorlieb nimmt und müßig geht, als sich durch Anstrengung seiner Körperkräfte ein angenehmeres Leben zu verschaffen sucht. – Mit dieser Trägheit ist die *Langsamkeit* nahe verwandt, die man den *Spaniern* nicht mit Unrecht vorwirft; sie rührt aber mehr von einer angewöhnten Bedachtsamkeit, Vorsichtigkeit und vom Mißtrauen her, als von phlegmatischem Temperamente;

denn derselbe *Spanier*, der in Geschäften immer zaudert und zögert, wird plötzlich aufbrausen und lebhaft seyn, wenn sein Stolz oder eine seiner Lieblingsneigungen angegriffen wird. – Er wird nicht leicht beleidigt; wenn er sich aber einmal für beleidigt hält, dann entflammt sein Zorn fürchterlich, und er sucht sich zu rächen.

Man wirft daher den *Spaniern* auch *Rachsucht*, *Fühllosigkeit*, *Grausamkeit* und *Arglist* vor. Doch diese Vorwürfe können nur den rohern Theil des Volkes treffen, der sich von dem heftigen Feuer seiner Leidenschaften hinreißen, oder von dem Fanatismus entflammen läßt. Auf Rechnung dieses Fanatismus und dann des Golddurstes, müssen die Grausamkeiten geschrieben werden, welche die *Spanier* bei der Eroberung von *Amerika* verübt haben, – der gebildetere *Spanier* erröthet jetzt über diese Unthaten seiner Voraltern, – und die Meuchelmorde, die ehmals so häufig waren, wurden durch gereizten und beleidigten Ehrgeiz oder Hochmuth, durch Eifersucht, und durch falsche Begriffe von Ehre veranlaßt, die jeden Schimpf sogleich mit Blut abzuwaschen befahlen; daher dann auch Arglist und alle Folgen der Ausbrüche ungezähmter Leidenschaften, welche unter einem so heißen Clima so sehr entglühen. – Aber seit einem halben Jahrhunderte haben sich hierin die Sitten gar sehr gemildert; selten fallen mehr Meuchelmorde vor; die tollen Ausforderungen und barbarischen Gefechte, welche ritterliche Uebungen vorstellen sollten, nämlich die *Rondalla*, da zwei Truppen mit Feuer- und Seitengewehren auf einander losgiengen, und sich ernstlich mit einander herumschlugen, und die *Pedrendes*, bei welchen die Kämpfer einander mit Schleudern angriffen und mit Steinen todtwarfen, sind jetzt abgeschafft; doch sollen ähnliche unsinnige Gebräuche noch in einigen Landschaften zu treffen seyn; auch die *Stiergefechte*, die hier halsbrechender als in *Portugal* waren, und gewiß nicht wenig dazu beitrugen, das Gefühl zu ersticken, und das Vergnügen am Blutvergießen zu nähren, sollen jetzt verboten seyn. – Eben so hat auch die ehemals so heftige, und so viele blutige Scenen veranlassende berüchtigte

Spanische Eifersucht, gar viel von ihrer wilden Glut verloren; man findet sie nur noch unter den niedrigeren Ständen, bei welchen die Sittenverfeinerung noch nicht so weit gedrungen ist. – Alle diese Umstände haben die Wildheit und Rohheit, die ehemals nicht ohne Grund den *Spaniern* Schuld gegeben wurde, gar sehr gemildert, und die Reste derselben haben bloß noch bei dem roheren Theile der Nation eine Freistätte gefunden, aus welcher sie die fortschreitende Cultur am Ende auch noch vertreiben wird.

Habsucht und *Geiz*, die sich hier mit *Prachtliebe* gepaart hatten, sind auch nicht mehr so herrschend, wie vormals; doch lebt der gemeine *Spanier* immer noch sehr karg; denn seine Bedürfnisse sind geringe, und Sparsamkeit ist ihm daher ganz natürlich; kömmt es aber darauf an, eine Kirche ausschmücken zu helfen, einen Heiligen auszustaffieren, oder sonst zu den Kosten einer religiösen Ceremonie beizutragen, so dauert ihm das Geld nicht und er steuert reichlich bei.

Auch die *Unreinlichkeit* der *Spanier*, über welche Reisende sonst so sehr klagten, wird durch die feineren Sitten, die allmählich die Oberhand erhalten, verdrängt; es ist hierin schon vieles geschehen; aber freilich bei der Menge des Ungeziefers, das hier hauset, bei der armseligen Lebensart und Kleidung, dem schlechten Hausgeräthe und dem Mangel an Wäsche der gemeinen Leute, kann freilich unter den niedrigsten Classen in diesem heißen Lande, noch wenig Reinlichkeit erwartet werden. Für die öffentliche Reinlichkeit in der Hauptstadt, in den Hospitälern u.s.w., ist jedoch in neueren Zeiten sehr gut gesorgt worden.

Daß die *Spanier* der *Wollust* sehr ergeben sind, ist nur zu wahr. Ausschweifungen in diesem Punkte überlassen sie sich von früher Jugend an; und körperliche Schwachheiten, die daraus folgen, so wie venerische Krankheiten sind häufig; dagegen ist aber der in andern Ländern oft ziemlich herrschende abscheuliche Geschmack an unnatürlicher Liebe in *Spanien* völlig unbekannt. (...)

Die spanischen Frauenzimmer, hauptsächlich die aus den höheren Classen, sind sehr sinnlich, eitel, verliebt, kokett, verführerisch, eigensinnig, grillenhaft, zärtlich, dreist, freimüthig, und wollen immer geschmeichelt und bedient seyn. Sie besitzen viel Lebhaftigkeit, feinen Witz, frohe, heitere Laune und die Kunst, auf die angenehmste Art zu unterhalten; Reize genug, welche den Mangel ausgezeichneter Schönheit hinreichend ersetzen. Ihr ganzes Wesen ist ernsthaft, gesetzt und dabei ungezwungen; ihr Ton ungekünstelt, ihr Anstand sehr edel. Mit Arbeiten beschäftigen sie sich nicht gerne; sie lassen sich lieber, wie gesagt, von Andern bedienen, bringen einen Theil des Morgens im Bette zu, lassen sich am Fenster sehen, oder belustigen sich mit Gesang und vorzüglich mit Tanz, den sie leidenschaftlich lieben. Ueberhaupt ist das Vergnügen der Götze, dem sie am meisten huldigen; doch feinere Vergnügungen kennen sie wenig. Dabei sind sie äußerst putzsüchtig, lieben die Pracht, überladen sich mit Juwelen, wechseln oft die Kleidung, besonders die weiße Wäsche, und sind bei Allem äußerst launenhaft. – Sie sind sehr zu Liebeshändeln geneigt, und zeigen in solchen Fällen sehr viele Schlauheit. Der Liebhaber wird tyrannisirt, und muß sich in alle Launen seiner Gebieterin fügen: dabei hält sie aber ihr Stolz von niedrigen Handlungen ab, und bei all' ihrer Verliebtheit, sind sie doch weit weniger ausschweifend, als man denken sollte. – Die Weiber werden von den Männern mit äußerster Nachsicht behandelt; überhaupt wird hier dem schönen Geschlechte außerordentlich viele Achtung und Ehrerbietung bewiesen; die *Spanier* treiben ihre Galanterie sehr weit. Einer Wöchnerin muß Alles nachgesehen, jede ihrer Launen muß auf der Stelle befriedigt werden; Alles muß sie haben, wornach ihr gelüstet. Eben so grillenhaft zeigen sie sich bei dem geringsten Anfalle von Kränklichkeit. Dabei muß man ihnen aber zur Ehre nachsagen, das sie sehr viel zärtliche Sorgfalt für ihre Kinder haben, und überhaupt sehr empfindsam sind. – Ein Mann, der sein Weib schlägt, und wenn sie es hundertmal verdient hat, wird ohne Gnade ins

Gefängniß geworfen. Ueberhaupt werden die Weiber immer sehr begünstigt und genießen große Vorrechte.

So ist im Ganzen genommen, der Nationalcharakter der *Spanier* und *Spanierinnen* geartet. Sie haben manche nicht zu bemäntelnde Fehler, aber auch große, edle, gute hervorstechende Eigenschaften, die sie besonders, seit die Sitten sich mehr verfeinert haben, gewiß zu einer achtungswerthen Nation machen, die wie jede andere ihre Fehler und Gebrechen hat, wo aber das Gute und Schöne, wenigstens bei den Gebildeteren, überwiegend ist. Die Hauptvorwürfe, welche man dieser Nation im Allgemeinen macht, treffen in ihrer weitesten Ausdehnung größten Theils nur die Hefe derselben.

Dabei müssen wir noch anmerken, daß zwischen dem Volkscharakter und der Sittlichkeit der Bewohner der verschiedenen Provinzen, zum Theil eine sehr große Verschiedenheit herrscht, welche von mancherlei Umständen, großen Theils auch vom Clima, herrührt. (…)

Victor Aimé Huber

Vorurteile

Spanien wird von allen europäischen Ländern vielleicht am wenigsten von Reisenden besucht; schon deshalb ist es nicht zu verwundern, wenn die wenigen, die sich hiezu entschließen, mit einer verhältnißmäßig größern Menge von Vorurtheilen dies Land betreten, als es bei andern Ländern der Fall ist, und diese Vorurtheile weichen um so schwerer einer unbefangenen Anschauung, da sie fast immer mit einer guten Dosis von Dünkel vermischt sind. Da geräth kein französischer oder englischer Musterreiter nach Spanien, der nicht mit großer Verachtung auf ein Volk herabsähe, das in der Fabrikation von Pomade oder Cattun so unendlich weit hinter seinem eigenen zurücksteht. Dieser Dünkel ist oft schon hinreichend, um auch gelehrten und gebildeten Reisenden die Augen zu verschließen, und hierzu kommen noch die wirklichen Unbequemlichkeiten oder Gefahren der Reise, die den an die Bequemlichkeit und Sicherheit anderer Länder Gewöhnten leicht in eine permanente üble Laune versetzen, in der er alles, was um ihn her vorgeht, nur nach dem Gefühl von Unbehaglichkeit beurtheilt, was diese oder jene Einzelnheit ihm vielleicht mit Recht verursacht. Ein Haupthinderniß aber ist bei den meisten Reisenden der Mangel an einer hinreichenden Fertigkeit in der Sprache des Landes. Diese ist zwar in jedem Lande eine unerläßliche Bedingung, ohne die keinem Reisenden das Recht zustehen kann, sich ein Urtheil über das Volk anzumaßen – noch weit mehr ist dies aber in Spanien der Fall, wo eine fremde Sprache auch nicht einmal zur Erlangung der nothwendigsten Lebensbedürfnisse ausreicht. Diese und andere Ursachen, die hier auszuführen nicht der Ort ist, mögen es erklären, daß wirklich viele Reisende Spanien nur besuchen, um die Vorurtheile, die sie mitbringen, und etwa einzelne Erscheinungen, die sich ihnen unangenehm und wider Willen aufdrängen, mit geschlossenen Augen auszumalen, und die Schöpfungen ihrer Phantasie oder die Reminiszenzen aus den Berichten ihrer Vorgänger als Darstellungen des Landes und Volkes auszugeben. Ich will nur ein kleines, an sich unbedeutendes Beispiel anführen. Nach der allgemeinen Meinung haben die Spanier dunkelbraune, finstere Gesichter, schwarze Augen, tragen breite Hüte, das Haar in Netzen, und weite braune Mäntel, sind zerlumpt, schmuzzig, elend und faul. Dieses Bild paßt zwar auf einzelne Theile einiger Provinzen, aber für manche andere, z. B. die Bewohner der Baskischen Provinzen ist es ganz unpassend. Die Basken sind eher blond- als dunkelhaarig, tragen keine breite Hüte, das Haar nicht in Netzen, und keine Mäntel, sind im Ganzen wohlhabend, oder doch nichts weniger als zerlumpt, und auf jeden Fall eines der betriebsamsten, fleißigsten und frohsinnigsten Völklein, die es giebt. Das alles hindert aber nicht, daß z.B. französische Reisende, so wie sie über die Bidassoa gegangen sind, und bei Irun spanischen Boden betreten haben, pflichtschuldig sich über die finstern Gesichter, schwarzen Haare, Netze, breiten Hüte, braunen Mäntel, Lumpen und Faulheit vernehmen lassen, die sie überall zu sehen erwarten, und deshalb überall sahen; obgleich sie grade hier gar nicht vorhanden sind. Gelangt ein solcher Reisender endlich nach Castilien, wo er wenigstens einen Theil jener Schöpfungen seiner Phantasie wirklich findet, so ist es aber auch genug für ihn, im raschen Vorüberfahren der Diligence einige Männer in braune Mäntel gehüllt, den breiten Hut in's Gesicht gedrückt, mit (wenigstens in den Augen eines Franzosen) finstern Gesichtern beisammen stehen oder sitzen zu sehen, um die Leute als Lumpen, Räuber, Bettler oder Verschworene seiner Phantasie zu überliefern, und die schönsten philantropischen, aufgeklärten Redensarten anzubringen. –

Fern sei es jedoch von mir zu läugnen, daß es nicht auch manche Reisende in Spanien giebt, und gegeben hat, welche wenigstens die Kunst zu *sehen* und zu *hören* einigermaßen verstanden, obgleich man es auch den bessern Reisebeschreibungen über Spanien leicht ansieht, daß die Verfasser ihre Menschenbeobachtung auf einen viel zu engen und ausgesuchten Kreis beschränkt, sich viel zu sehr von der *Masse* entfernt gehalten haben. Wenn nun auch die Urtheile solcher Reisenden größtentheils sehr ungünstig für die Spanier sind, so käme es zunächst darauf an, zu untersuchen, in wie fern die Grundsätze, worauf solche Urtheile sich gründen, haltbar oder lobenswerth sind. – Wer unser gesellschaftliches Leben als die einzige Blüthe oder Frucht ächter Civilisation ansieht, wer in diesem Treiben den höchsten Genuß des denkenden, gebildeten Menschen sieht, der kann freilich nicht umhin, die Spanier der Barbarei anzuklagen.

Für die Schauspiele, Kaffeehäuser und hundert andere öffentliche Belustigungsörter, ohne welche auch verhältnißmäßig kleine Orte im civilisirten Europa nicht mit Ehren bestehen könnten, und worin ihnen leicht die größten Städte Spaniens nachstehen; für die Diners, Soupers, Dejeuners, Ambigus, Thédansants, Soirées, Bälle, Routs, und wie die Erfindungen der unersättlichen Leerheit unseres Gesellschaftslebens alle heißen mögen, findet man in Spanien keinen Ersatz, und der einfache Lauf des häuslichen Lebens wird nur bei seltenen feierlichen Gelegenheiten unterbrochen. Selbst in Madrid sind es nur die höchsten Stände, welche in dieser Hinsicht fremde Sitten anzunehmen streben. Hiezu kommt nun noch, daß grade die einzige öffentliche Belustigung, welcher die Spanier mit Leidenschaft nachhängen, die Stiergefechte, von unserer zartfühlenden Civilisation ohne Gnade verdammt wird. – Rechnet man nun noch die Armuth an den unzähligen Gegenständen des Luxus im Haus- Tisch- Küchen- und Bettgeräthe, in der Kleidung und Nahrung, welche unser verfeinerter Geschmack zu mehr oder weniger allgemein verbreiteten oder begehrten Bedürfnissen erhoben hat, so ist es leicht erklärlich, daß die meisten Fremden das gesellschaftliche Leben der Spanier wegen seiner unerträglichen barbarischen Einförmigkeit verdammen, und Spanien eher als einen Theil von Afrika, denn als das Haupt der Dame Europa ansehen. –

Solche Urtheile sind des Geistes unserer ganzen Civilisation und Aufklärung vollkommen würdig. »Sie gleichen dem Geist, den sie begreifen.« – Der letzte Endzweck unserer ganzen indüstriell-repräsentativen Civilisationslehre ist das Hervorbringen der größtmöglichen Menge materieller Genüsse, und die Vertheilung derselben unter die größtmögliche Menge von Menschen. Die Freiheit selbst – Preßfreiheit, Denkfreiheit, Wahlfreiheit, Gewerbfreiheit, Handelsfreiheit u.s.w. – ist nothwendig, weil ohne Freiheit die Wissenschaften, die Indüstrie, der Handel darnieder liegt, die Genüsse vermindert, die Dampfmaschinen verscheucht werden. Die Wissenschaften sind nothwendig, und müssen begünstigt werden, weil ihre Erfindungen der Indüstrie, dem Handel zu Gute kommen, und die Genüsse vermehren. Freiheit, Wissenschaft, Religion, Poesie, sind verschiedene Räder in der großen Maschine welche Genüsse für die Völker fabrizirt, oder in welcher die Völker fabrizirend herumtreten, und diese Maschinen, sind um so preiswürdiger, je einfacher und schneller sie arbeiten, und je mehr und je bessere Arbeit sie liefern. Die Völker selbst stehen um so höher in der Civilisation, je größer und je mannigfacher ihre Genüsse sind. Alles dies hat nun auch sein Gutes, und ist eine Entwickelungsstuffe – nur der Hochmuth, der dies als das *einzig* Gute ansieht, ist nicht gut, und es ist erlaubt, zu Gott zu hoffen, daß dem Leben der Völker wie der Einzelnen in der That noch andere Zwecke und Triebfedern zum Grunde liegen, und daß das Trostlose einer solchen Ansicht nur eben in der Ansicht, in dem System liegt, nicht in der Sache selbst – zu hoffen, daß die Leerheit dieses Systems allmälig dargethan und gefühlt – daß für den Werth der Völker ein anderer Maßstab eingeführt und anerkannt werde, als die Ellenzahl des Cattuns, den sie zu produziren vermögen.

Zweites Kapitel

Spanische Seele

»… das heutige Stiergefecht wird noch grade so gefeiert, wie es vor vielen hundert Jahren wurde … das ist ein Anblick, ein Lärm, der durch Auge und Ohr die Seele zu einer Wildheit reizt, die einem Schauspiel wie das kommende vorangehen muß; wenn man darin, gleich dem Spanier, das größte Vergnügen der Welt genießen will.«

Wilhelm Krause

WILHELM KRAUSE

Das Stiergefecht

Mein Glück wollte, wenn man es so nennen kann, daß ich in den ersten acht Tagen hier eines der großen Spanischen Nationalschauspiele zu sehen bekam, von dem wir so viel gehört. Ich meinte immer, was wir davon lesen, sei übertrieben und komme jetzt wenigstens nicht mehr vor. Aber das heutige Stiergefecht wird noch grade so gefeiert, wie es vor vielen hundert Jahren wurde, und der Spanier läßt sich davon nichts abdingen. Wer ihm sagen wollte, das sei ein barbarisches Spiel, welches für unsere Sitten nicht mehr passe, käme schlimm an. Hier wollen Alle Liberale sein, – und was für Liberale! – und meinen wunder wie weit vorgeschritten zu sein in der Cultur und Humanität, aber ihre grausamen Stiergefechte lassen sie sich nicht nehmen.

Ich erhielt von N.... ein Billet geschenkt. Dies hinderte mich, mit meinen Bekannten dahin zu gehen, da Diese bestimmte Plätze in den Logen hatten. Ich musste mich also allein in das Gedränge begeben, und mir unter der Masse meinen Platz suchen.

Das war mir nicht angenehm; im Grunde war es aber recht gut. Denn auf diese Weise bekam ich das Spanische Schauspiel aus der ersten Hand, und zu deutschen Reflectionen darüber hatte ich keine Zeit unter den entzückten Menschen, die mit Leib und Seele daran Theil nahmen. Ich mußte mit sehen, hören, jubeln, schreien, mich freuen und schaudern, und wahrhaftig von der Lebendigkeit ihrer Gesten fuhr etwas in mich. Wer bleibt da unangesteckt!

Zu meinem Glück kam ich neben einem ganz höflichen Spanier zu sitzen, der mir als Fremden die Sache, so gut es ging, erklärte. Schwer ging es freilich, denn mit meinem Spanisch will es noch immer nicht recht fort.

Welch ein Anblick! Mehr als 14000 Menschen hatten sich

eingefunden, mehr als 14000 vor Verlangen nach dem wilden Schauspiel glühende Menschen, aus allen Ständen, geputzt wie zu einem seltenen Feste, stolz einherschreitend in dem schönen Nationalkostüm. Alle in der prachtvollen *Maja*, einer weißen kurzen Seidenjacke, mit Silber besetzt, auf der Brust in einer feinen Krause zusammenlaufend, umgürtet mit der *Taja*, die helle rothseidne Schürze; dazu helle Sommerbeinkleider, weiße Strümpfe, leichte Schuhe. Als Kopfbedeckung den spitzen Hut, unter dem das schwarze, glänzende, üppige Haar hervorquillt. Diese bunte Massen umdrängen den Kreis, in dem das Schauspiel vor sich gehen soll, jubelnd, lärmend. Der allenthalben überlaute Pöbel war hier gar mit Instrumenten zum Lärmmachen bewaffnet, mit Blechhörnern, unsern Nachtwächtertuten ähnlich, um das Brüllen der Stiere nachzuahmen, Trommeln und Pfeifen, um durch die schallendsten Töne das wilde Thier noch zu reizen. Viele schwingen Piken, Fahnen, Tücher, um das Auge des gehetzten Thieres zu blenden, und alle diese Instrumente im Sturm der Erwartung jenes unvergleichlichen Schauspiels probirt, das ist ein Anblick, ein Lärm, der durch Auge und Ohr die Seele zu einer Wildheit reizt, die einem Schauspiel wie das kommende vorangehen muß; wenn man darin, gleich dem Spanier, das größte Vergnügen der Welt genießen will.

Nicht minder stürmisch, wenn auch mit enormer Grandezza geht es auf den Logen ringsum zu. Die stolzen Spanierinnen, weniger schön aber weit leidenschaftlicher noch, als sie verschrieen sind, liegen weit über die Brüstung gelehnt, und verschlingen mit gierigem, feurigem Auge jede Anstalt zu dem herrlichen Vergnügen, das ihnen bevorsteht. Die schwarzseidenen Kleider, die schwarzen Schleier, von der glänzenden Haartour herabwehend, bis zur Taille, umschließen die üppigen Formen. Wie so ganz eigen ist der Teint, eine eigenthümliche Mischung von Fettgelb und Rosa, und diese Mischung so hell und rein, so ganz geeignet, den Ausdruck der Augen, der lebhaften Mienen zu unterstützen. Hinter ihnen hatten die Herren Platz genommen, jeder den Fächer seiner Dame, als Abzeichen ihrer Gunst, in der Hand. Noch siegt ihr Stolz, ihre Würde über die Lust, in gleichen Jubel mit der Masse auszubrechen, bald aber soll dieser Stolz vor der Macht des Schauspiels erliegen, das sich nunmehr eröffnet.

Die Kämpfer erscheinen, sechs Picadores zu Pferde, mit Lanzen bewaffnet, um dem Stiere die ersten Wunden beizubringen. Die Rosse, vorher wild gereizt, von den Helden kräftig durch Zaum und Gebiß gezähmt, durchmaßen kunstvoll den Kampfraum mit kurzen, gefährlichen Sätzen. Das Volk jubelt, die Pfeifen schrillen, die Trommeln dröhnen, die Fahnen, die Piken werden geschwenkt, zu Ehren der Picadores, die sich nun dankend verneigen. Doch die Scene erneuert sich: *sechs* neue Helden, die Juelos, junge, äußerst gewandte Kerle mit bunten Mänteln, oder besser, Tüchern umhangen, mit denen sie das Thier reizen und wildmachen, erschienen. Auch diese danken für den Gruß, der ihnen entgegenschallt, lauter aber kürzer; denn nun soll *er* erscheinen, *er*, der Held des Tages.

Ich wußte nicht, wen mein Nachbar, der so freundlich war, in seiner Freude einige erklärende Worte an mich zu richten, durch *er* bezeichnet, ob den Stier, oder den Hauptkämpfer. Er meinte den letztern, das sah ich als er erschien.

Was ist der Wahnsinn in unsern Ballets, wenn die Gefeierteste von hinter den Coulissen auf *einem* Beine daher schwebt, mit dem andern Triller und Wirbel schlagend, gegen den, der halb Spanien ergreift, wenn *Don Montes*, der große Stierfechter, in der Runde erscheint! Gegen den ist ein König nichts, der freilich jetzt überhaupt in Spanien nicht viel ist, aber auch Espartero nichts, der doch ein kleiner Napoleon sein soll. Er ist, ja mir fehlt ein Gleichniß, was Don Montes ist. Wo er auftritt, jubelt das Volk; das deutsche Wort Jubel ist aber für den Spanischen Enthusiasmus nicht genug. Vielleicht sagt Euch das deutlicher, was Don Montes bedeutet, wenn ich Euch sage, daß sein Portrait in jedem Damenzimmer hängen m u ß. Der Gefeierte, mit einem Wort, der erste Mann Spaniens, der schlanke Don Montes ist es, der gelbliche, überreich geputzte, wie er jetzt vor uns stand, das stechende kleine Auge rundum mit einer gefährlichen Hast werfend, und stolz dankend für den lärmenden Beifall mit dem sein Auftreten schon begrüßt wurde*).

Doch plötzlich wurde wieder alles still. Die Picadores stellten sich bereit zum Empfange des neuen Gastes in ihrer Mitte, die Juelos breiteten ihre Mäntel aus, Don Montes reckte den Hals, ballte die Fäuste, sperrte die glitzernden Augen auf. »Jetzt! jetzt!« rief mein Nachbar, und stieß mir mit dem Ellenbogen so heftig in die Seite, daß ich hätte aufschreien mögen; allein ich hatte hierzu kaum Zeit, denn in diesem Augenblick ertönte die Trompete, und ein Stier, groß und breitknochig wie ich noch keinen sah, sprang, den Kopf gesenkt, die glänzenden Hörner zum Aufspießen bereit, in die Barriere, und rannte mit aller Macht auf einen der Picadores los; dieser aber hatte in demselben Augenblick eine Wendung gemacht, der Stoß ging in die Luft, während der Picador mit unbegreiflicher Geschicklichkeit die Lanzenspitze in den Hals des Thieres senkte. Das Thier ließ von ihm ab, und rannte mit einem fürchterlichen Brüllen, den Kopf zwischen den Vorderbeinen, im Kreis in der Barriere herum. Der erste der Juelos begann nun seine Geschicklichkeit zu entfalten, im Plain-carrier lief er auf den Stier zu, der einen neuen Ansatz nimmt, den Kühnen zu spießen, allein er erreicht ihn nie; der geschickte, äußerst gewandte Bursche weiß in immer neuen Wendungen den Stößen auszuweichen, und sie immer wieder von dem Mantel auffangen zu lassen. Dies ging nun so fort, bis das gereizte Thier sich den Kopf in dem langen, dazu eingerichteten Gewand verwickelt hatte. Welch ein Geheul des Beifalls lohnte dem Kühnen! Nun nimmt ein Zweiter, jetzt ein Dritter die Rolle auf, sie laufen vor dem Stier her, der blutend aus seiner Wunde mit verhaltenem Gebrüll immer wüthender auf seine Peiniger einstürmt; immer aber wissen

*) Don Montes ist nicht allein der größte praktische Stierfechter in Spanien, sondern auch Theoretiker in seiner Kunst. Er hat vor kurzem ein großes Werk über die Kunst des Stierfechtens herausgegeben.

die geschickten Juelos auszuweichen und die Wuth des Thieres aufs neue zu reizen, und endlich, wenn sie ganz in die Enge getrieben sind, hart an die Barriere, nicht mehr rechts und links weichen können, da hilft ein geschickter, kühner Sprung, mit welchem sie sich über die sechs Fuß hohe Barriere schwingen und nun vom jubelnden Volk mit Bravo's empfangen, auf den Händen getragen werden.

Der Stier, bis zur Raserei durch diese Manöver gehetzt, stürzt nun wieder auf die andern Picadores los, und jetzt kostet es Pferde, zuweilen Menschenleben. Bis an die Stirne stößt er die Hörner in den Bauch der Pferde, die wild aussetzen, die Reiter abschleudern. Die Lanzenstiche fallen nun immer dicht und dichter auf den Hals des Stieres, aber in der Wuth achtet er derselben nicht mehr, bis er die Pferde, die nicht geschickt genug sind, durch Wendungen auszuweichen, niedermacht. Zweimal warf er Roß und Reiter mit einem Stoß zu Boden, einem andern Pferde stieß er mit den Hörnern vorn in die Brust; das Pferd bäumte sich, wild wiehernd, hoch auf den Hinterbeinen auf, um mit den Vorderhufen dem Stier auf den Nacken zu springen, da duckt dieser noch einmal nieder, zum zweiten Stoß ausholend, und schlitzt dem fast über ihm schwebenden Pferde den Leib der Länge nach auf.

Bravo! Bravo! Wie wild jubelt das Volk über diese Heldenthat! O, ich wollte Ihr sähet diese glühenden Gesichter, diese verzerrten, blutdurstigen Mienen des Pöbels, diese geballten Fäuste, fletschenden Zähne, diese lechzenden Mäuler, selbst der zahnlosen Greise. Und die zarten Frauen, wie lebensgefährlich werfen sie sich über die Brüstung, händeklatschend, bravorufend. Sie erschöpfen sich in Lobesausrufungen über das wilde Ungethüm, das bis zu solcher Wuth emporgestachelt wurde. Welche Wonne, welche Wollust in den Zügen! Das Auge sieht sich nicht satt an den Zuckungen der sterbenden Pferde; und doch hat es nicht Zeit darauf zu verweilen, denn der Stier verspricht der Freude weit mehr noch, da die Picadores jetzt zu Fuße sich wiederum zurück ziehen, um den Juelos, diesen raffinirten Peinigern, nochmals Platz zu machen.

Die Schnellfüßigen springen wieder heran, die Mäntel haben sie abgelegt, Pfeile mit Widerhaken führen sie in den Händen, an der Spitze der Pfeile flattern lange breite Papierstreifen. So laufen sie hinter dem wüthenden Stier her, dieser setzt um, springt auf sie los, doch ehe man sichs versieht, ist die Wendung zur Seite gemacht, und der Stier hat sich mit seiner eigenen Kraft die spitzige Lanze mit dem Widerhaken in den Hals gerennt, die nun mit dem Holzstiel hängen bleibt, und bei jeder Bewegung aufs neue schmerzt. Immer neue Lanzen schleppen die Peiniger heran, und immer wilder wird das gequälte Thier; der Hals hängt voll von Stöcken, Pfeilen, Lanzen, alle mit Papier umwickelt, denn ein neues Schauspiel wird vorbereitet.

Fuego! fuego! (Feuer! Feuer!) brüllt es von allen Seiten, *Fuego!* kreischt es aus dem Munde der zarten Damen, in den schrillendsten Tönen das Geschrei Aller überlärmend. Solcher Aufforderung widerstehen die Juelos nicht, sie nehmen neue Stöcke in die Hände, auch diese hangen am Halse des Stieres, aber nun entzünden sie sich und – ein Feuerwerk, ein ganzes Feuerwerk mit Raketen, Schwärmern, Schlangen und Körben, so gut es die Feuerwerker hier bereiten können, brennt auf dem Halse des Thieres ab. Er stürzt im Kreise herum, den Kopf gesenkt, vertheilt er die Stöße in die Luft, er brüllt, setzt rechts und links aus; ja, so verkehrt sich die Natur, er *starrt plötzlich*, hält einen Augenblick inne und macht wilde Sätze *rücklings*, als ob er dadurch vor sich selber fliehen könnte. Nun endlich geräth das Feuer bis an den Hals, der wüthende Schmerz macht sich im fürchterlichsten Gebrülle Luft; wer einen Tropfen Spanisch Blut in sich hat stimmt ein, Kinder, Männer, Jungfrauen, Greise, Matronen, alle jauchzen in einer wüthenden Wollust, wie der Stier im wüthendsten Schmerze jauchzt, bis er wieder rings im Kreise herumzustürzen beginnt, und die Pointe des Schauspiels vorbereitet.

Nun tritt Don Montes auf!

Er geht dem wüthenden Thier ruhig entgegen, und dies bleibt vor ihm wie angewurzelt stehen. Ist es die Ruhe, ist es der Blick, was bändigt? Vielleicht Beides. Das Volk jubelt im Bravorufen auf. Don Montes entfaltet einen rothen Mantel, der Stier stürzt darauf zu; aber Montes springt ihm entgegen, schreit ihn an, und das Thier hält plötzlich inne. Ruhig nimmt Montes den Mantel über die Schulter und schreitet über den Platz, der Stier will nachstürzen, Montes dreht sich, und der Stier dreht gleichfalls um, nimmt, mit entsetzlichem Gebrülle, nach der entgegengesetzten Seite seinen Lauf.

Ich war stumm und starrte Don Montes an, der eine so übernatürliche Macht über das Thier besaß. Doch jetzt, beide sind an die Barriere gelangt, beide kehren um, und nun, entfernt aus dem Bereich der Zauberkraft seines Blickes, stürmt der Stier gegen Montes los. Der, ihm entgegen; sie treffen auf einander, der Stier hat einen wohl gezielten fürchterlichen Stoß auf ihn geführt, aber Montes hat ihn an den Hörnern ergriffen und ist in einem gefährlichen Satze über das Thier hinweggesprungen!

Doch jetzt, plötzlich befällt den ruhigen Montes der ganze Wahnsinn diese Kampfes, er ergreift einen Degen, in der Form eines Schlachtmessers, und, heulend wie das Thier, stürzt er auf dieses los, und stößt es ihm in den Hals. Durch das Abprallen des brüllenden Thieres wird der Degen wieder frei, und ein Blutstrom ergießt sich über den bereits blutigen Kampfplatz. Das verwundete Thier setzt noch zweimal an, und jedes Mal durchfährt im Augenblick, wo Alle Montes schon gespießt sahen, sein Degen den Hals, bis das Thier mit der letzten Kraftäußerung in die Höhe sprang und niederstürzte, um zu verröcheln. Das Spiel ist nun beendet. Die todten Pferde und der Stier wurden von vier sehr bunt ausstaffirten Rossen weggeschleift, und der Kampfplatz geräumt, um der Erneuerung desselben Schauspiels Platz zu machen, an dem der Spanier sich nicht satt sehen kann. Während er sich den, von Mordlust auf die Stirne getriebenen Schweiß abtrocknet, sammelt er sich, mit gleicher Lust der Wiederholung beizuwohnen.

Grade Dies charakterisirt den Spanier am meisten; leicht ist seine Leidenschaft aufgeregt, und auf eine gewisse Höhe angelangt, gilt ihm das Mittel gleich, durch das er sie fühlt. Von der edlen spanischen Nation aus den längst verklungenen Zeiten des Mittelalters ist kaum noch übrig geblieben, was des Namens werth ist; nur einzelne Fragmente deuten darauf hin, was früher hier Großes und Herrliches geschehen, und das Spaniens edler Gesinnung einen Platz im Buche der Geschichte sichert. Heute sah ich nur ein in seiner Leidenschaft zum Thier gewordenes Volk vor mir, das um so furchtbarer ist, als es mit Vernunft begabt, diese der Botmäßigkeit seiner blutigen Wollust unterwirft. Es ist nichts seltenes, daß man Frauen in ihrem rasenden Enthusiasmus zurück halten muß, damit sie nicht die Schranken überspringen und sich in ihrer Wuth dem Stier entgegenwerfen, um zu kämpfen und zu morden.

Unter dem verderblichen Einfluß der vieljährigen Kriege ist Spanien tief gesunken, und manches Jahrzehnt möchte darüber vergehen, ehe es sich wieder erhebt, die dichten Geflechte des Unkrauts der Leidenschaft durchbrechend, welche Rohheit, Raub- und Mordlust um das unglückliche Land gezogen.

JULIUS MEIER-GRAEFE

Die Zigeuner von Granada

Granada, den 28. Mai

Lieber Graf! Sie beuftragten mich, als ich mich von Ihnen verabschiedete, Ihnen etwas aus Spanien mitzubringen. Erinnern Sie sich noch unseres Gesprächs in Paris, ich glaube, es war 1899, als wir uns bei den spanischen Tänzern trafen? Mein Gott, das ist nun auch schon wieder bald zehn Jahre her. Der arme Lautrec war noch bei uns und wurde ganz närrisch über die Verrenkungen der wüsten Kerle, und ich habe noch das Tischtuch des Restaurants, das er nach unserem gemütlichen Souper mit den drolligen Zeichnungen bedeckte.

Sie meinten damals, es müsse im Lande selbst noch viel reichere Typen spanischer Tänzer geben. Ich habe in Sevilla und Umgebung vergeblich darnach gesucht und glaube, daß die Leute, die wir damals sahen, seltene Spezialisten waren. Man tanzt überall im Süden und recht angenehm. Die Anlage ist der des Franzosen für die Malerei und der des Deutschen für den Skat ähnlich. Man tanzt hier besser als wo anders. Aber aus dieser ethnographischen Eigentümlichkeit können Gourmets wie Sie keinen Vorteil gewinnen. Von dem Angenehmen dieses Durchschnitts bis zur künstlerischen Leistung, die unseren Ansprüchen an die Konzentration der Geste, die sich sehen läßt, zu genügen vermag, ist ein weiter Weg. Die Oteros sind hier so selten, wie die Duses in Italien. Ich weiß nicht mal, ob sie hier entstehen, wenn schon feststeht, daß sie hier geboren werden. Es trifft das Gegenteil dessen auf sie zu, was wir bei Champagnerweinen, die in Deutschland gefüllt werden, bemerken. Das Individuelle einer Tortajada oder einer Otero hat sich wohl nur auf den Schaubühnen europäischer Weltstädte entwickelt. Es gibt in Spanien sicher mehrere Oteros, aber sie sind Abkömmlinge unserer, nicht der spanischen Schönheit, der, wie ich weiß, auch Sie die Treue über die Jahre hinaus halten. Also belanglose Nachahmungen der Provinz. Alles, was wir bis dahin in Spanien in dem Genre gesehen haben, ist provinzial.

Hier, wo ich des öfteren an Sie denke, weil es kaum einen Ort gibt, an dem ich lieber Ihnen zuhören würde, bin ich nahe daran, eines Besseren belehrt zu werden. Hier realisiert sich nahezu das Märchen von einer an einen Breitegrad gebundenen Vollkommenheit, an das wir Vielreisenden unserer Zeit so schwer zu glauben vermögen. Daß das gerade in Granada geschieht, hat nicht wenig dazu beigetragen, meine Vermutung, hier sei Spaniens Paradies, zu stärken. Unter den Zigeunern Granadas grassiert Genialität für den Tanz. Nicht Talent, sondern Genie. Ich weiß, daß diese Zeile so unwahrscheinlich klingt, als wenn ich Ihnen meldete, daß die Alhambra von einem Tal von Gold und Edelsteinen umgeben sei. Aber, da Sie mir zuweilen Beweise Ihres Vertrauens gegeben haben, wage ich auf Ihre Duldsamkeit zu hoffen. Sehr förderlich war sicher die Existenz dieses Völkchens in einem anderen Volk, das den bekannten Anlagen des Zigeuners für den Rhythmus besondere Züchtung gewährte. Die Zigeuner Granadas bewohnen schon seit mehreren hundert Jahren die pittoresken Erdhöhlen eines Berges an der Grenze der Stadt und haben mit dem herumziehenden Volk unserer Zone, dessen Sprache sie nicht verstehen, auch wenn sie manche seiner Gewohnheiten teilen, nur noch sehr wenig gemein. Sie reden unter sich Spanisch und zuweilen eine Art Platt, ich glaube, eine Verstümmelung des andalusischen Dialektes. Die Rasse hat sich stark mit spanischem Blut gemischt, so stark, daß der mongolische Gesichtsschnitt oft bis auf ein Minimum verschwindet. Trotzdem unterscheidet man sie sofort von den Spaniern und zwar als höhere Gattung. Der Ausdruck ist viel differenzierter. Die Kinder sehen, auch wenn sie Lumpen tragen, neben spanischen Kindern wie Prinzen und Prinzessinnen aus. Es ist unmöglich, Ihnen die Delikatesse ihrer Bewegungen zu schildern. Diese Grazie mag von der Freiheit von körperlicher Arbeit herrühren. Ich habe mich hier fast zu der Annahme bewogen gefühlt, daß Betteln adelt.

Die tanzenden Zigeuner gruppieren sich um ihren Capitano, Pepe Amaya, der 1900 mit einer Anzahl seiner Stammesgenossen auf der Pariser Weltausstellung tanzte. Da Ihnen so selten etwas entgeht, könnten Sie glücklicher als ich gewesen sein, der die Leute damals nicht gesehen hat. Aber, dem Tanze geneigt, wie wir damals beide waren, hätten Sie mir sicher davon erzählt. Lieber Graf, seitdem hat wohl auch Ihre Lust ein wenig nachgelassen. Ich glaubte fest, als ich mich die letzten Jahre nicht zu den Sternen entflammen konnte, die das ein wenig unwählerische Berlin zu seinen Lieblingen erkor, es liege an meinen Jahren, die, soweit sie in Berlin verbracht sind, doppelt zählen, und habe Sie, lieber Sassen, zuweilen auf der gleichen Reflexion ertappt. Trösten Sie sich, lieber Freund! Auch der Tanz, obwohl nicht der hohen Gattung von Künsten angehörend, deren Idealen man mit wachsendem Alter immer näher kommt, erschließt reine Freuden jenseits der schlimmen Grenzen.

Die Truppe – Sie lächeln. Ich sprach von einer grassierenden Genialität, und nun rede ich von einer Truppe. Doch dieser Ausdruck klingt mir genau so fremd wie Ihnen. Es handelt sich um keinerlei feste Berufsgemeinschaft und um nichts weniger als um die zusammengedrillte Bande von Individuen, die sich vereint vor anderen sehen lassen. Hinter die Autorität des Capitanos, die nicht gering ist, bin ich noch nicht gekommen. Sie ist jedenfalls alles andere als die des Tanzmeisters. Und ich habe konstatieren können, daß die Zusammensetzung des Ensembles keineswegs feststeht. Heute tanzen die, morgen andere. Ich habe, obwohl ich manchen langen Tag bei den Leuten verbringe, nie eine Probe miterlebt, und als ich mich erkundigte, wann die Kinder, unter denen sich Fünfjährige finden, lernen, wurde ich ausgelacht. Natürlich hat der Capitano seine Lieblinge, wie auch wir unsere Lieblinge haben, die wir gern immer wieder sehen. Die Gabe aber scheint allen Mädchen des Stammes eigentümlich.

Diese Mädchen sind Künstler. Sie lächeln wieder. Was Sie sagen wollen, weiß ich nur zu gut. Aber trauen Sie mir bitte nicht zu, daß ich wagen könnte, Ihre kostbare Muße mit Nachrichten von Tändeleien moderner Art auszufüllen, deren mangelhafter Inhalt nur von dem artistischen Rahmen Relief erhält. Wir haben beide, Schulter an Schulter, den Reizen des Fräulein Duncan mannhaft zu widerstehen gewußt, und Sie werden mir den Argwohn ersparen, ich könnte hier unten vergessen, welche Ehrenpflichten mir diese Waffenbrüderschaft auferlegt. Die Kunst dieser Mädchen, Kinder und Frauen ist ganz unartistisch. Der Ruf unserer literarischen Künsteleien ist noch nicht in die weißen Höhlen des Sacro Monte gedrungen und er würde an dem primitiven Sinn ihrer Bewohner ohnmächtig zerschellen. Ich gäbe viel darum, wenn ich Ihnen sagen könnte, worin der außerordentliche Unterschied zwischen diesem Tanz und den Tänzen des Nordens besteht. Aber wenn ich das wirklich erreichte, bliebe noch übrig, dieser negativen Feststellung das Positive der Neuheit hinzuzufügen, das ja doch wohl allein Sie zu dem Entschluß bestimmen könnte, den ich mit werbender Feder in Ihnen wecken möchte. Ich würde mich an das Zigeunerhafte der Tänzerinnen halten, um in Ihrem allen Andeutungen so leicht zugänglichen Geiste eine meinen Plänen günstige Vorstellung zu erwecken, wenn ich nicht gerade diese ungemein regsame Zugänglichkeit fürchtete. Bei Zigeunern können Sie nicht anders, sobald ich auf künstlerische Vorstellungen anspiele, als an Zigeunermusik denken. Und da Sie, dank der klassischen Zügelung Ihrer schönen Begierden, diese Art von Musik, selbst wenn sie von einem Virtuosen wie Liszt interpretiert wird, nicht zulassen – und ich bringe es nicht fertig, Sie dafür zu tadeln – würden Sie meinen Lieblingen unrecht tun. Unsere Zigeunerinnen würden zu den nur zu rauschenden Klangwellen der Ungarn nicht tanzen können. Sie würden diese allzusehr an der Oberfläche haftende Leidenschaft nicht mögen. Ich weiß nicht, ob sie dafür zuviel oder zuwenig Leidenschaft besitzen. Ich würde an das, was Ihre reiche Erfahrung an spanischen Tänzen besitzt, anknüpfen und dann sicher weniger in Gefahr kommen. Aber es ist die Frage, ob nicht gerade die relative Ähnlichkeit dieser Erscheinungen Ihnen die Erfassung der Eigenart unserer Tänzerinnen erschwert. Die Otero und die anderen ihresgleichen, ich denke auch an die nicht in Spanien geborenen und zumal an eine, die uns einst – lieber Graf, wie lange ist das her! – gleich teuer war, die tapfere Duclerc, alle diese Spanierinnen mimen, indem sie tanzen. Der Tanz ist ihnen nur die Erleichterung, nicht die Grundlage ihrer Darstellung. Sie geben etwas, was nicht ausschließlich des Tanzes bedarf. In ihnen äußert sich derselbe Niedergang unserer Kunst, den wir in der Malerei und in der Musik so oft bemerken; eine Verwischung der Kunstgrenzen, die ich genial nennen würde, wenn Sie mich nicht so oft darauf aufmerksam gemacht hätten, daß das Barbarische nicht diesen Titel verdiene. Wohl finde ich die Verwirrung der klassischen Begriffe vom Tanz, die die Oteros verschulden, wertvoller als alle Restaurierungsversuche gräzisierender Engländerinnen, weil es immer noch besser scheint, daß sich jemand, der etwas zu sagen hat, auf eine ihm gelegene Art äußert, auch wenn daraus keine abgeschlossene Form entsteht, als wenn sich ein anderer dreht und wendet, ohne etwas zu sagen, auch wenn die Wendung an gute Vorbilder anklingt. Das Fragment kann einer zukünftigen Form förderlich werden, die unverstandene Nachahmung ist belanglos. Sie werden mir recht geben, wenn ich die kultivierte Form einer Duncan sogar roher als die einer Otero nenne. Erlauben Sie mir einen Augenblick, diesen höchst unbescheidenen Diskurs fortzusetzen. Während ich Eulen nach Athen trage, komme ich unbemerkt meiner stillen Absicht näher. Neben der Häßlichkeit einer Duncan, die keinen Vorteil aus ihrer Häßlichkeit gewinnt, scheint mir die Ruth St. Denis ein Typ von gleich unvorteilhafter Schönheit. Ihre Schönheit bleibt ein Faktum jenseits ihrer Kunst. Sie nimmt mit geringerem Takt als die Otero entlegenere Motive und tanzt dazu. Die Gattung der Loie Fuller trägt einen anderen fremden Faktor in die Kunst. Wir verehren sie beide, aber sicher nicht das, was man an einer Tänzerin verehren sollte. Ihre schönen Farbenspiele setzen den Mechanismus des Kaleidoskops und der elektrischen Beleuchtung an die Stelle gestaltender Körperlichkeit. Auch wenn man von ihrer schwächsten Seite, der englischen Sentimentalität, abstrahieren könnte, bliebe ein Rest. Ihre Anstrengung zielt allenfalls auf die Darstellung eines tanzenden Schmetterlings, dessen Leib aus Flügeln bestehen möchte. Verschwände wirklich aus dem Spiel das sanfte Gesicht der Miß, immer eine höchst fatale Zutat, so bliebe ein rhythmisches Farbenmuster übrig. Das heißt, die bescheidenen Grenzen des Tanzes nicht ausdehnen, sondern ungebührlich verengen.

Sie ahnen, wohin ich will. Meine Leute sind Tänzer, wirkliche Tänzer. Vielleicht macht mich die Fülle der vielgestaltenen Irrtümer unserer modernen Schaubühne genügsamer, als Ihr Berichterstatter sein dürfte. Vielleicht wirken sie nur so außerordentlich auf mich, weil sie sich vor den Fehlern der anderen hüten, und die Einsicht, daß sie innerhalb der Grenzen ihrer Kunst bleiben, spiegelt mir positive Werte vor. Profitiert ja doch auch heute im Zeitalter geräuschvoller Musik ein harmloses Talent, dem es einfällt, einfach zu sein, von dem Ungewohnten seiner Einfalt und wird erst später als schlechterdings einfältig erkannt. Es könnte auch sein, daß das Lokal ihnen zu statten kommt, diese Natur, die uns so menschlich scheint, daß die geringste Gebärde als ihre Sprache ausgelegt werden kann; daß sie es im Grunde also nicht anders als die Tänzer der Schaubühne machen, die sich eines großen Apparates für kleine Zwecke bedienen. Sie wären dann immerhin von genialem Raffinement. Mir aber erscheinen sie einfach, von jener natürlichen Einfachheit, die sich nicht zu beschränken braucht. Das Leben gleitet in ihnen zum Tanz wie in einem großen Künstler zur Abstraktion seiner Empfindung. Und ich meine, diese Natur, die ihnen zu Hilfe kommt, könnte Geringeren leicht gefährlich werden. Ist es nicht doch sehr schwer, einer gegebenen Natur die passende Gebärde zu erfinden, die uns nicht banal, nicht überflüssig, nicht übertreibend erscheint? Ist es überhaupt möglich, sie zu erkünsteln, wenn sie nicht von der Empfindung geschaffen wird? Und für die Natur dieser Zigeuner spricht ihr Reichtum. Ich sah sie oft und fand sie stets neu, obwohl die Tänze die gleichen waren. Kein Zigeuner tanzt wie der andere. Nur die Umrisse der Figuren stehen fest. Es sind die bekannten spanischen Nationaltänze maurischer Herkunft; Sevillana, Morrongo, Fandango usw. Sie werden von den Spaniern mit dem spießbürgerlichen Konventionalismus vorgetragen, den wir von der französischen Tanzstunde unserer Mütter kennen, wenn sie die Contredanse lernten. Ein wenig runder und gefälliger, natürlich. Diese Zigeuner machen eine lebendige Sprache daraus. Nichts würde weniger ihre Art treffen, als wenn ich sagte, daß sie sich über den Konventionalismus hinwegsetzten und etwa zu einem gegebenen Schema freie Variationen erfinden. Das ist durchaus nicht der Fall. Ihre Tänze sind so konventionell wie möglich. Nie zielt ihre Empfindung dahin, eine pikante Dissonanz gegen den Rhythmus zu suchen. Ich kann auch nicht sagen, daß sie die Tradition erneuern. Man hat vielmehr das Gefühl, daß sie sie besser besitzen, daß sie der Urform der Tradition näher sind. Manchmal erscheinen sie mir den Mauren verwandt, die diese Tänze aus einer Traumwelt erfanden. Sie vermögen tanzend zu träumen, und ihr Tanz entzieht dem Traum den erotischen Inhalt. Ihre Liebestänze sind ganz ungeschlechtlich. Sie rühren von der Liebe her, aber dehnen sich in reichere Welten der Sinnlichkeit aus, wo die Gebärde die spezifisch erotische Bedeutung einbüßt. Das ist der Unterschied zwischen ihnen und den verzückt zappelnden spanischen Tänzern, die den armen Lautrec berauschten. Deren Kunst war eigentlich nur Natur, die Zuckung des menschlichen Tiers, deren Höhepunkt in krampfartige Zustände ausartet. Die Kunst machte erst Lautrec daraus, trotzdem er gerade das Krampfartige übertrieb, weil er aus der Übertreibung den Rhythmus gewann, den das Vorbild versagte. Das Anreizende an den Modellen war nur die Einsicht, daß sich aus den greulichen Verrenkungen der Burschen neue Ornamente zusammensetzen ließen, weil uns die Genesis der Kunst zu vertraut ist und weil wir in solchen Momenten nicht mit den Augen des genießenden Kenners, sondern mit denen des suchenden Künstlers betrachten. Nun verzichten auch die Zigeuner nicht auf jedes psychologische Element. Aber sie wählen, während sich Lautrecs Burschen überließen. Sie wählen das, was der konventionellen Rundheit des Tanzes gerade genug Eckigkeit zuführt, um uns das Runde als Überwindung plastisch zu zeigen. Dieser Ausgleich macht hundert Erfindungen möglich und notwendig. Ihre Originalität schreckt nicht, weil wir den Zweck zu verfolgen vermögen. Da die Hauptdarsteller kleine Mädchen sind, gewinnt das Spiel noch an Verschwiegenheit. Wenn ich Ihnen meine letzten Gedanken verraten soll, möchte ich sagen, daß mir diese in Höhlen tanzenden Kleinen nicht exotisch, sondern im äußersten Maße europäisch erscheinen. Sie spielen, wie man im achtzehnten Jahrhundert zu spielen wußte, und erinnern doch nicht an das Dixhuitième. Es ist nicht zu verwegen, an die ungarische Seite Haydns, selbst an Mozart zu denken, wenn auch nicht an Mozarts Musik. Aus dem merkwürdigen Umstand, daß ihre uns vertraute Gesittung aus einer uns fremden Sitte entspringt, gewinnen wir vielleicht ihren süßesten Reiz. (...)

ALFRED KERR

El Greco

I

Seit ich Bilder sehe, zog mich die spanische Gattung tiefer an als irgendeine. Wob dahinter ein Traumgemächt – oder das wirkliche Spanien?

Nachher sah ich das Land. Eine gewisse Dunkelnis, inmitten hellen Gehegs; dieser nur zehrend-lichte, fast grünliche Ton, in feierlich-schwarzer Umwelt; oft unter schwarzem Haar.

Nicht bloß Castiliens steiniger Ernst! Vielmehr was Adelsvolles; Großherziges; Verinnigtes. In halber Knabenzeit brauchte man bloß die gemalten schwarzen Brauen, den schwermütigen Dunkelton, die tief saugenden Blicke zu sehen – und war weg.

Dies packte mich, meiner Lebtag, mehr als Italiens Farblerei und Formlerei. Mehr als die Schönseligkeit des fürchterlichen Raffael. (Gnade! Der Mensch soll schreiben, was er fühlt.)

II

Den wir Greco nennen, hat bloß manchmal hiermit was zu tun. (Nicht in solchen Teilen seines Werks, um derentwillen er heute geschätzt und gehißt wird.)

El Greco; deutsch also: der Grieche. Weil ja Domenikos Theotokopulos aus Kreta war. Von dort über Venedig und Rom kommt er nach Spanien, als ein Mann.

Der Vollblutspanier Cossio findet: vom Greco sei das »Genie der spanischen Rasse« bisher am stärksten ausgedrückt worden. Dieser Satz entschlüpft ihm. Also von dem Fremdling am stärksten. »Cepa Hellas«, dacht' ich –, griechische Rebe, verpflanzt in spanisches Erdreich . . ., und wird spanischer als die Spanier selbst.

(Aber gewiß; Dürer, welcher die Wesenheit der deutschen Rasse verkörpert, stammt aus Ungarn; Beethoven aus Belgien; und Goethe, trug nicht blondes Haar. Waren alles . . . Landfremde. Der Greco knapp um einen Grad sichtbarer.)

III

Was gilt heute, zusammengefaßt, an ihm? – Vor dem Greco malte man mit rotem Farbschimmer; er mit bläulich-grünem. Vor dem Greco malte man mit Goldton; er mit Silberton. Vor dem Greco malte man warm; er kalt.

(Hätte sich das alles umgekehrt vollzogen: das Glück wäre vielleicht ebenso groß . . .)

Und was ist Ursache für seine Wendung zum Bläulichen, Kalten, Stumpfen? Erstens: weil schon Tintoretto stumpf gemalt hat. Zweitens: weil die Natur schon Castiliens Hochebene stumpf gemalt hat.

(Es kann auch völlig, völlig anders gewesen sein . . .)

IV

Weiter. Nicht loslassen.

Mit Blau und Stumpf und Kalt ist es bei dem Greco nicht getan. Hinzu kommt etwa: Lichtjähheiten. Hinzu kommt: ein Zug der Verzückung. (Vom heiligen Franz aus Assisi hat er bloß vierundsechzig Bilder gemacht.)

Hinzu kommt: neben dem Überirdischen das Ganzirdische: Bildnismalerei – voll höchster Treffkraft. Kurz: außer dem Expressionismus letzter Naturalismus.

Seine Wesenheit: verstandesgeschult; klügelnd; künstelnd; zugleich aber voll Kraft im Wurf; zugleich maßlos; zugleich verwegen; zugleich sehr wild. (Die Leute sagen: auffallsüchtig. Die Wahrheit ist wohl: eigenwillig.)

Als Unwirklicher somit: ein Ahnherr der vorletzten (expressionistischen) Gegenwart. Als Wirklicher: ein Ahnherr des Velazquez.

Ecco.

V

– –

Als ich zuerst in Toledo war, vor achtzehn Jahren, begann Grecos Laufbahn. (Er starb gegen 1614.) Heut spielt er, um ein Haar, die Rolle Shakespeares im achtzehnten Jahrhundert: zwei Verscharrte; zwei Erweckte.

(Auch zwei Vettern an Wert?) –

... Im Äußeren war Theotokopulos eine Rübe mit abstehenden Ohren. Sein Kopf soviel zu länglich, wie öfter seine Gebilde.

Man hielt ihn damals für augenkrank –, wohl wegen der pfropfenzieherhaften Höhe mancher Gestalten.

Oder, kurz, für irrsinnig.

VI

Weil sich Grecos Art mit Neueren manchmal deckt: darum liegt (wegen des Begriffs »Schon damals!«) Überschätzung nahe.

Doch staunende Schätzung ist nicht Überschätzung.

Ich frage mich, unbeirrt, nur auf das Gefühl pochend: Hat er manche der stupsnasigen Übermänner, Überweiber mit Absicht so gemalt – oder weil er's nicht besser konnte? Fast komisch: wie er im Gesichtsausdruck oft ein Gegenteil dessen ausdrückt, was er ausdrücken will. (Exempelshalber bei ... Christus.)

Was besitzt er: Seele? – oder: Kunstsinn?

Er hat kalte Verzückung. Wobei er jedoch ein Genie durch und durch ist. Ein wirkliches Wunder ...

Vielleicht mehr ein Wunder als ein Bruder des Menschen.

(Aber der Franciscus – mit dem auf der Erde sitzenden Mönch, den man bloß von hinten sieht, wie er die Hand lichtbeglänzt hochhebt –, das ist ein Bruderbild. Auch ein Bruderbild!)

Andren Meistern erliegt man rasch. In den Greco muß man ... dringen.

(Weil er zuletzt erschien – für die Kenntnis.)

VII

Im Prado – wie seltsam der Eindruck: mit so stupsnasigen Gestalten erinnert er fern an Niederländer. Hier in der »Taufe Christi«. Oder: in der »crucifixion«.

Aber, sofort, wie bannend ist »La virgen«: die Mutter Gottes mit bohrenden, ja stechenden Augen – als Nonne; blaues Kopftuch; gelblich umleuchtet; schmalgesichtig; indolent; nicht liebenswert; reizlos; mit dünnen Lippen ... Naturalistisches Haupt; von einem Kenner und Wähler wie geschmeckt.

In der »crucifixion« wird ein Gekreuzigter von offenbar Platt sprechenden Engeln ... und von erwachsenen Hispano-Holländern, tölpelnasig, umringt.

In dem »bautismo« guckt Jesus von Bethlehem spießigbieder... Oben jedoch was Gedrängtes, Gestaltenschwangeres – (in Verschossen-Bläulich und Gelb).

O seltsamer Kreterich!

VIII

Hier, ergreifend, wiederum, das nicht umfängliche Bild von Johannes und Franciscus: der braunkuttige hl. Franz mit seinen abgezehrt eingetrockneten Raupenfingern... (Im Frauenhospital zu Cadiz hatt' ich vom Greco schon eine Verzückung des Franz gesehen, zur Abendzeit, was brünstig Sehendes, im Dämmer.)

Jetzt, im Prado, die sacra familia, karikaturhaft schlecht! Dort: ganz stupsnas-wurstig der kreuztragende Christus. Wer ist, in drei Teufels Namen, dieser Greco – ?

Da, in der »resurreccion«, ein Auferstandener mit sanftaffigem Gesicht... aber die staunenden Christen im bläulich-gelben Dämmernebel, mit ihrer Raseverzückung – die sind ja unerhört.

Oder: die Ausgießung des Heiligen Geistes, das Pentekostesbild. Die (blau-rosa?) Flämmchen fallen hüpfend, wie mir scheint, auf zwei Klassen Dargestellter: auf Gekonnte und auf Nichtgekonnte.... Hier auf ernsthaft Versenkte – hier auf nur Abgemalte (die den Zuschauer angucken). Und die Taube... die Taube hat einen Raubmöwenkopf.

Wer war dieser Greco?

(Farben: stumpf; dreimal vorstechendes Blau; dies Dreimalige kriegt man satt; oben Gelblichgrün... Sonderbar. Sonderbar. Höchst sonderbar.)

IX

Doch nicht sonderbar, vielmehr einzig und fast ohnegleichen ist ein »Unbekannter«; ein Bildnis.

Der Verschollene steckt grauhaarig, mit graudünnem

Spitzbärtchen, in der ansteigenden Halskrause. Oh, welcher halbbekümmert feine Affenblick; schmal alles an ihm; dazu das trockne Haar ... Ein Wunder; ein Wunder.

(Staunend liest man in griechischen Lettern den Schriftzug: *Δομενικος Θεοτοκοπουλος Κρης*.) [Domenicos Theotokopulos der Kreter]

X

Noch eine Reihe von Bildnissen: hochnaturalistisch. Aus der Pistole geschossen. Hier mit einem Schlag alles unverkünstelt, unschnörklig, unverkrümmt. Der Kerl hatte zwei Seelen ... (Bloß zwei?)

XI

Da ist gleich wieder sein Evangelist Johannes an Affektiertheit schon fast pervers. Und eine Trinität, fühllos, wie Zimmerschmuck sozusagen. Jedoch der Antonius ...

Der Antonius mit dem Lilienstengel in der Rechten, dem Buch in der Linken – der ist zwar auch gekünstelt: aber vor allem sehr sinnig, sehr liebenswert. In seinem tiefliegend verhüllten Lächeln – unnennbar fein ... Wer waaar dieser Greco? – –

Der gleiche war's, welcher (im schönsten Zimmer der Maria Luisa Kocherthaler zu Madrid) ohne Gekringel, ohne Verblüffsamkeiten die Heilige dort beschworen hat ... mit dem gebreiteten Tuch.

Nicht, weil die Heilige Beziehungen zum Himmel unterhält, ist sie himmlisch ... Im letzten Kern eine spanische Dame.

XII

Zu Toledo sah ich das Begräbnisbild. Bestattung des Grafen Orgaz. In der Kirche Santo Tomé. Wer das anblickt, verstummt.

Hier leuchtet Grecos Doppelart: die Treffkunst – und die Geheimniskunst. Fast schematisch ... Unten der Bildnismaler, oben der Mystiker. Er macht selber die Trennung, wie ich sie hier mache.

Unten: zwo Heilige, herabgestiegen vom Himmel, welche den Orgaz mild betten – im Kreis von caballeros mit sehr, sehr vornehm-innigem Anteilsblick ... (Aber die zwo Heiligen sind hier noch Porträt! Was man also beseeltes Gruppenbild nennt.) Scharf hervortretend.

Drüber jedoch, oberhalb vom Naturalismus, geht Phantastik los – in der Farbe verdämmernd; verebbender; das Märchen eines (matten) Himmelstraumes.

Und noch weiter oben, als Abschluß, der Heiland – in verleuchtend stumpfem Glanz ...

XIII

Abermals hat man das Gefühl: er ist eine Kreuzung von latentem Holland, Italien, castilischer Farbenstumpfheit, spanischem Hochsinn – und eigner Willkür.

Oft ein Nichtfertigmacher; zum Vergnügen. Verwunderbar jedoch diese Mischung – nämlich: scheinbar ein Stegreifmann ... der aber seine Gestalten und Köpfe sorgsam-häufig wiederholt. Sie kehren stets wieder; fleißig verbessert. Er hat (man merkt es) einmal errungene Rosinen öfters in andren Teig gesteckt ... Ein Rätsel.

(Der phantastische Nichtfertigmaler Theotokopulos scheint mir übrigens ein Vorläufer auch des Phantasto-Huschers Goya. Dies nebenbei.)

XIV

Doch im stärksten seiner Bilder, hier, in der toledanischen Bestattung, stört etwas. Stört? Nein: läßt unerfüllt.

Der Raum zwischen dem Naturalismus und der Verzükkung ist... nicht vorhanden. Das Verzückte nur gleich drübergesetzt. Alles hart angedrängt. Hier das praeter-propter Irdische; dichtbei das Nichtmehrirdische. Es wirkt ... frühstufig.

Der Leser weiß also Bescheid. Über dem Porträtalltag ist, ohne Zwischenluft, eine »Abteilung: jenseitiges Leben« befestigt ... (wo der Murillo gern ein bißl Dampf macht und Wolkenpflanz und Äther, wenn auch süß, meinethalben).

Kurz und gut: so wirkt alles Obere, Paradiesische viel zu eng; zu drangemalt: als hätte der Grieche Schwund an Leinwand befürchtet – und vieles noch rasch hingepreßt. Die Sphären drücken einander ... Das Bild ist wie ein Tennisplatz ohne Auslauf.

(Oder wie jemand am Schluß der Seite beginnen muß zu kritzeln.)

Zweitens: Obschon die Phantasmen ganz nahe sind, malt er sie doch sofort unverhältnismäßig klein. Auch daher quillt mein Mißgefühl.

Trotzdem schuf ein Jahrtausendgenius dieses ... mangelhafte Werk.

XV

– –

Auf dem Mauritiusbild – bei Vormittagslicht im Escorial – ist mehr Luft zwischen dem Naturalismus und dem Phantasma. Das zweitberufenste Werk des Greco.

Sankt Mauritius weigert sich, den Göttern zu opfern (wie ich nachträglich ermittle; kein Atom davon aus dem Bild).

Hier ist vorwiegend, wenn ich offen sein soll, eine Figurenhinstellung. Sehr mit Blau; herrlich-scheußlich; für mich zu grell.

Vorn etwas in Haltungen und Antlitzen wunderbar Hispano-Edles. Dann: gleich hinter diesen paar großen Leibern eine wirrblasse Fülle von Kleingestalten. Von Heerscharen, die sich verkrümeln ...

Es ist etwa: Porträtausstellung samt einem Stück Legende. Mehr nicht. Ich traue meiner Brust.

(Obschon es mir bei der ersten Begegnung mit Velazquez schwer aufs Herz fiel, daß ich aus eigner Kraft niemals ihn als den größten Maler der Welt erkannt hätte. – Ich hätt's und hätt's halt nicht!)

XVI

Madrid, wo diese Zeilen ins Tagebuch kamen, liegt hinter mir. Auf der Heimfahrt in Stuttgart Sonntags in die Galerie. Regen. Bloß zwei Dutzend Leute, Spießer und Schmecker, verspärlichen sich durch den schlummernden Bau ...

Doch die einen wie die andren bleiben vor zwei Bildern stehn. Behext; angeschluckt; hingebannt.

Sind zwei Grecos.

Die Blicke haften: weil er sie einsaugt. (Auch der Spießer ihre!) Weil er alles totmacht – rings, im größten Radius.

... Spricht es für seinen Wert? – Es spricht, zuvörderst, für seine Unterschiedlichkeit.

XVII

Velazquez (mit dem man sich in achtzehn Jahren ausgesöhnt hat) ist ein Genie der sicheren, fast reglos-meisterlichen Hand. Domenikos Theotokopulos ist aber: das Schwirrphantasma; locker-flimmernd; voll chaotischen Geleuchts; in erzitternder Farbe. Linien bibbern farbhaft. (Das ist es: Linien bibbern farbhaft.)

Greco wirkt sozusagen dantischer als der Erdmensch Velazquez.

Doch Irdisches ist mir überirdischer als Überirdisches ...

XVIII

Für die zwei gibt es kein Entweder-Oder. – Nur ein Sowohl-als-auch.

XIX

Immerhin mit Unterschieden. Hier ist einer.

In der Mitte vom Bredabild des Velazquez findet sich eine weltberühmte Gebärde: die edle Beugung des herzlich vornehmen Siegers zum Besiegten. Und in der Mitte von Grecos Bestattungsbild seh' ich wieder so eine köstlich edle Gebärde: wie gütevoll die heiligen Männer den toten Orgaz halten.

Diese Haltung ist nicht ein körperliches Ding: sondern ein Ethos. Beidemal, auch bei dem Griechen. Die Handhaltung, die Leibesbeugung wirkt menschenaristokratisch. Ja, nicht nur vornehm – sondern innig menschenhaft.

Aber das ist beim Velazquez rein irdisch. Darum höher ... Indes Greco doch an »Grablegungen« erinnert. An Überliefertes.

Velazquez erschuf. Der Entpupptere, Freiergewordene, der schmuckloser Prometheische bleibt letztens doch Velazquez, – – auch wenn er nie das erste Fabrikbild, die Hilanderas oder Teppichweberinnen, gemalt hätte. Schlagt mich tot.

XX

Velazquez malt hier vielleicht nicht »die Arbeit«, sondern die kgl. spanische Manufaktur. Vielleicht auch das hübsche Mädel rechts. Doch er paßt in unser Glück; Greco nur in unser wirres heutiges Unglück.

In gewissen Zeitläuften ist das »Modernere« weniger modern als das Vorletztmoderne. Weil die Zeit unmoderner ist ... Es geht ja nicht nach der Reihenfolge. Sondern es geht nach dem Gehalt.

Das Hilanderasbild, voll mattfarbig-heiterer Lust, ist ein

Neubeginn – voll unsrer, unsrer, unsrer Wesenheit. Nicht ein Sinnbild jenes Ausnahmerückfalls, jener Apokalypse, worin wir jetzo siechen. Velazquez weist vorwärts. Unbewußt; ungewillt.

XXI

Ja, meine Teuren: »Inhalte« sind nicht wegzudenken ... selbst aus der Malerei.

Das zu glauben war ein (berechtigter) Irrtum – so lang man für die Kunst um der Kunst willen kämpfte; für das Erhaschen eines Abbilds ... oder eines Reizes; solang ein gutgemalter Nachttopf gleichviel gelten sollte wie ein gutgemalter Hiob.

Die Zeit ist um!

Fallt nicht auf den Rücken: Es kommt, wenn in zwei Fällen die Malerei vom selben Wert ist, eben doch darauf an, welcher der zwei Stoffe mehr umfaßt.

Vor der Betrachtung der Mittel verlort ihr die Gedanken an den Zweck!

XXII

(Für den Velazquez und seine spanischen Schwäger beginn' ich ein neues Blatt.)

Drittes Kapitel

Unterwegs

»Wer einigermaßen bequem reisen will, muß sich mit einem Bette, Küche und Keller versorgen.«

Johann Jacob Volkmann

Johann Jacob Volkmann

Die Art zu reisen

Zuletzt müssen wir, zum Behuf der Reisenden, noch etwas von der Art, wie man in diesem Reiche reiset, hinzusetzen, weil solche mit weit mehreren Beschwerlichkeiten, und Verdrießlichkeiten, als in andern gesitteten Ländern von Europa, verknüpft ist. Wie bald diese werden gehoben werden, da man jetzt so ernstlich auf Verbesserung der Landstraßen, auf Anlegung der Posten und Wirtshäuser bedacht ist, läßt sich nicht bestimmen. Weil die Kosten sehr groß sind, und wenn auch die vier Hauptstraßen durch Spanien von Madrid aus nach Bayonne, nach Cadix, nach Barcelona, und Lissabon zu Stande gebracht werden, doch viele andre zu bereisende Gegenden noch so bald nicht daran kommen werden, so wollen wir die Art und Weise beschreiben, wie man bisher gereiset ist, und noch ferner wird reisen müssen.

Wer einigermaßen bequem reisen will, muß sich mit einem Bette, Küche und Keller versorgen. Sonst lauft er Gefahr den elendsten Wein zu trinken, gar nichts zu essen zu bekommen, und auf dem Stroh mit den Mauleseltreibern an der Erde zu schlafen. Man kann sich die Wirthshäuser nicht so elend vorstellen, als sie sind. Ein Wirthshaus in der Stadt, oder in einem Flecken, oder Dorfe heißt, eine *Posada*, ein einzelnes zu dieser Absicht an der Heerstraße liegendes Haus *Venta*. Die erträglichsten trifft man auf obgedachten vier Heerstraßen an. Das beste darinn ist der Stall der Maulthiere, für die immer am meisten gesorgt wird, weil diese mit ihren Treibern vorzüglich in Spanien reisen. Unterdessen daß jene ihren bequemen Stall haben, liegen diese des Nachts in einer Maulthierdecke eingehüllt auf dem Boden. Die Wirthshäuser bestehen insgemein aus zwey Stockwerken, und einem großen Vorhause mit gleich daran stossendem Stalle, und ein paar elenden Zimmern. Am Ende des Vorhauses, oder der Diele, ist der Heerd, und die offne Küche, hier bratet und siedet, und wärmet sich jedermann. Im obern Stock sind die besten Zimmer, wiewohl oft unter dem bloßen Dache. Die nicht an der Heerstraße liegenden Wirthshäuser sind noch weit schlechter.

Vor allen Dingen muß sich der Reisende von einem Orte zum andern mit Lebensmitteln versorgen, sonst wird er oft selbst in ansehnlichen Städten gar keine bekommen, wenn er nicht erst den Befehl dazu von der Polizey auswirket. Die Fleischlieferung ist nämlich an einen Mann jeden Orts verpachtet; dieser läßt das Fleisch nur an gewissen Tagen Vormittags verkaufen, außer der Zeit kann man nichts haben; und die Wirthe kaufen nichts im Vorrathe: will ein Reisender Fleisch haben, so muß er sich erst den Befehl dazu holen, sonst nimmt der Fleischer sich nicht die Mühe den Scharren aufzuschließen. Man muß also an den Orten, wo man den Fleischmarkt findet, Vorrath kaufen, um den Topf gleich in der leeren Herberge ans Feuer zu setzen, und Abends kochen, damit man es den folgenden Mittag nur wärmen lassen darf. Man versorget sich über dieses mit einem Schinken, Brod, und Wein. Der letztere ist in den Wirthshäusern der schönsten Weinländer erbärmlich. Der Wirth sieht indessen zu, und glaubt viel zu thun, wenn er seinen Heerd, Feuer, Wasser, etwas Küchengeräthe, Salz, und etwa eine Lampe liefert, welches man ihm theuer genug bezahlen muß. Da das Reisen in Spanien nicht so häufig ist, und der Spanier auf der Reise sehr mäßig lebt, auch keine ordentlichen Posten angelegt sind, so können die Wirthe nichts aufs ohngefähr einkaufen, und dieß entschuldiget sie einigermaßen.

In Ermanglung der Posten, muß man den Handel, so gut man kann, von einer Stadt zur andern mit Fuhrleuten machen. Die Catalonier und Valencianer werden für die besten gehalten: sie fahren mit ihren sechsspännigen Kutschen, und zwey- oder dreispännigen Kaleschen durch ganz Spanien. Wer seine eigne Kutsche hat, miethet sechs Maulthiere, mit zween Fuhrleuten. Die Reise geht alsdenn sehr langsam, weil man den ganzen Weg mit ihnen machen muß, kein frisches Vorspann erhält, sondern den ganzen Tag nur 6 bis 9 Meilen zurücklegt. Auf manchen Wegen kann man nicht einmal fahren, sondern muß wegen der Gebirge auf Pferden oder Mauleseln reiten, zumal in dem gebirgigten Granada. Auf den großen Routen kann einer der Kräfte genug hat, auch Courier reiten, da er am geschwindesten fortkommt.

Ein Reisender, der nicht wenigstens etwas von der Landessprache weis, wird übel daran seyn. In Cadix und Barcelona könnte er allenfalls mit dem Französischen fortkommen, aber sonst wird er sich oft, und so gar in Madrit, in großer Verlegenheit befinden. Beynahe könnte sich einer noch eher mit dem Italienischen, wegen der großen Verwandtschaft beyder Sprachen durch helfen. Ein Protestant, der nicht selbst durch unbehutsame Reden, oder unanständiges Betragen Anlaß zum Verdruß giebt, kann sicher und ungekränkt in Spanien reisen, und darf sich auch nicht für die sonst so schreckliche Inquisition fürchten. Man hört immer viel Warnungen wegen der Gefahr für Räuber, und es ist beynahe zu verwundern, daß bey der Armuth des Volks, und der Kirchenfreyheit nicht mehr Mordthaten verübet werden, gleichwohl beschweren sich die neuern Reisenden gar nicht über die Unsicherheit der Wege; jedoch wird man allemal wohl thun auf den einsamen Heerstraßen und den ganz allein liegenden Ventas auf der Hut zu seyn, und Gewehr bey sich zu führen.

J.P. Texier

Reisevorbereitungen

Endlich sind wir mitten unter den Schrecknissen unserer Reisezurüstungen und rings von Koffern, Mantelsäcken, Proviantkasten, Körben, Stricken, Matten und Ketten umgeben. Welch eine unangenehme Beschäftigung! Schon seit zwei Tagen haben wir nichts anderes zu thun, als Sachen zu transportiren, einzupacken, Ausmessungen vorzunehmen und mit Fuhrleuten, Maulthiertreibern und Arbeitsleuten uns herumzuzanken. Sollte man nicht glauben, daß eine Karavane durch die Wüste Arabiens geführt werden sollte! Gleichwohl verhält es sich damit fast ebenso und eine Reise durch das Innere von Spanien ist davon wenig verschieden. Auf dem ganzen Wege von Cadix nach Madrid und von da nach Lissabon sind kaum zwei erträgliche Gasthöfe zu finden; diesen Namen verdienen wenigstens die Wirthshäuser nicht, welche der Spanier *Posadas*, *Ventas* oder *Mezons* nennt, und die man in den Städten, Flecken, oder an der Heerstraße im freien Felde trifft. Diese scheinen nur da zu sein, um den Mauleseln und Lastthieren ein Obdach zu geben, oder höchstens die Maulthiertreiber aufzunehmen. Man findet darin weder Betten noch Meubeln, selbst nicht einmal frisches Stroh; kein Küchengeschirr oder andere Utensilien und mit Ausnahme von Zwiebeln und Oel – auch dieses findet man nicht einmal überall – keine weitere Mundvorräthe. Man muß daher eine ganze Haushaltung mitschleppen und sich mit allen möglichen Lebensmitteln versehen, gleich als ob die Reise durch eine endlose Wüste gehen sollte.

Wir haben uns mit der Familie E., welche mit uns gemeinschaftlich reisen wird, auf folgende Weise eingerichtet. Herr E., seine Gattin, sein Schwager, der Licentiat M. und ihr Bedienter, – ein Italiäner, der sich gut auf die Küche versteht und uns deshalb auf der Reise von großem Nutzen sein wird, –

fahren in einer herrlichen Berline, welche zum Behuf unserer Reise alle nöthigen Bequemlichkeiten hat. Mein Reisegefährte und ich mit meinem Bedienten haben eine spanische Landkutsche mit sechs Maulthieren; von Cadix bis Madrid giebt man dafür 40 Doublonen (jede zu drei Piaster). Diese Kutschen sind sehr groß, ziemlich bequem und stark genug, um auf den schlechtesten Wegen auszuhalten. Statt des Sitzes liegt vorn ein starkes, dickes Brett, welches zwei oder drei Koffer tragen kann; das Hinterbrett kann eben soviel aufnehmen. Unter diesen beiden Brettern sind Netze von starken Schnüren angebracht, um allerlei Reiseeffecten zu bergen, und unter dem Wagenkasten befindet sich noch ein sehr geräumiger Behälter. Außer den Kleiderkoffern und Mantelsäcken haben wir noch einen großen Koffer, der bloß zu 2 Matratzen und eben so viel Decken und Betttüchern bestimmt ist; zwei Körbe mit allerlei Mundvorrath, – Kaffe, Thee, Chocolade, Zucker, – selbst mit Pfeffer und Salz; andere mit Küchengeschirr, (Töpfen, Kesseln, Pfannen,) Tisch- und Theezeug, Flaschenkeller für Wein, Wasser, Oel und Essig. Wir haben uns also, wie man sieht, auf Alles vorgesehen, und doch war noch eine wesentliche Sache vergessen, worauf uns ein erfahrener Freund aufmerksam machte: – ein Nachtstuhl. Bei dem ekelhaften Schmutz in den Wirthshäusern wird uns dieser von sehr großem Werth sein.

Alle Geräthschaften werden auf unsere beiden Wagen und einen zweirädigen Karren vertheilt, der mit getheerter Leinwand überspannt ist und von 3 Pferden gezogen wird. Dieser ist vorzugsweise für das Küchengeschirr und unsern Mundvorrath bestimmt, damit wir das Nöthige zwei Mal des Tages gleich bei der Hand haben können, ohne das übrige Reisegepäck anzurühren. Da man in Spanien fünfzig Meilen Weges und darüber mit denselben Zugthieren machen muß, so sind die Tagereisen nur kurz, von sieben, acht oder höchstens zehn Stunden Weges, um die Maulesel nicht zu ermüden und ihnen Zeit zur Erholung zu gönnen. Zu diesem Ende bricht man früh Morgens vor Sonnenaufgang auf; man macht vier oder fünf Stunden Weges, etwa bis 11 Uhr, und dann Halt, um Thier und Treiber ausruhen zu lassen. Zwei gute Stunden wird angehalten und Nachmittags legt man bis zum Sonnenuntergang noch den Weg bis zum Nachtquartier zurück. Die Weite der Tagereisen richtet sich gewöhnlich nach der Entfernung der auf dem Reisewege liegenden Städte; man macht den einen Tag oft nur fünf oder sechs, dagegen Tags darauf acht oder zehn Stunden. Die auf dem Wege vorkommenden Ventas's oder Posada's laden nemlich zum Anhalten nicht ein, da sie alle gleich schlecht sind; man bekümmert sich in denselben um die Reisenden nicht im Geringsten, und die Wirthe in diesen Kneipen achten bloß auf die Maulthiere und deren Treiber. (…)

Wären die spanischen Gasthöfe besser und die Straßen eben so sicher, wie gut im Stande, so würde man in Spanien, wenn gleich immer sehr langsam, doch mit vieler Annehmlichkeit reisen können. Aber die Umgegenden der großen Städte, die Grenzstriche und besonders der Weg von Cadix nach Sevilla bis nach der Sierra Morena, so wie die Gegend von Malaga werden von Straßenräubern und Banditen beunruhigt, welche die Reisenden ausplündern und zum öftern selbst ermorden. Gewöhnlich sind ihrer mehrere beisammen; sie sind gut gerüstet und mit Gewehr und Pistolen bewaffnet. Man trifft unterweges sehr häufig Kreuze, die zum Gedächtniß der unter der Hand dieser Räuber gefallenen Schlachtopfer errichtet sind. Da wir gehört haben, daß erst jüngsthin auf der Straße von Xeres und Sevilla mehrere Ausplünderungen vorgefallen sind, so haben wir zu unserer Sicherheit drei *Escopeteros* angenommen, um uns bis Madrid zu begleiten. Dies sind gewöhnlich Jäger, gute Schützen und wohlbekannte Leute. Sie sind mit einem Gewehre bewaffnet, gehen voraus, hinten nach oder dem Wagen zur Seite und machen den ganzen Weg zu Fuß. Man giebt täglich einem jeden zwei Piaster und eben soviel für den Rückweg nach bestimmten Tagereisen. Für ihren Unterhalt sorgen sie auf der Reise selbst. Mit den Mauleseltreibern und diesen Escopeteros sind wir 14 Mann stark; wir haben daher so leicht keinen Ueberfall zu befürchten.

Trotz aller dieser Reiseanstalten werden wir unterweges mit vielem Ungemach kämpfen müssen und öftere Unannehmlichkeiten haben; allein da wir gute Gesellschaft sind, mit einander bekannt und – Landsleute, da wir die Sprache verstehen und uns nach den Gebräuchen des Landes bequemen, so werden wir bei etwaigen Reiseabentheuern einen leichten Ausweg finden und uns durch alles Ungemach besser durchschlagen, als der unkundige und unerfahrene Reisende solches vermag. Was mich betrifft, so bin ich schon weit in der Welt herumgewesen und es wird mir nicht schwer fallen, die kleinen Unannehmlichkeiten der Reise zu überwinden und den Widerwillen zu besiegen, den die Unreinlichkeit der spanischen Wirthshäuser und Nachtherbergen einflößt. Ich freue mich schon im voraus darauf, unterweges oft zu Fuß herumzustreifen und die schönen Gegenden, welche vor uns liegen, recht nach Herzenslust zu genießen.

August Ludwig von Rochau

Übernachtung vor Barcelona

Endlich hatten wir zum letztenmale die Pferde gewechselt (...) Badalona lag hinter uns, und wir waren nur noch eine halbe Meile von Barcelona entfernt, wo wir trotz des schlechten Wetters und Weges drei Stunden vor der bestimmten Zeit anzukommen glauben durften. Da auf einmal schlägt die Schreckensnachricht an unser Ohr: der Besos ist so stark angeschwollen, daß an ein Hinüberkommen für heute nicht zu denken ist. Noch ein paar hundert Schritte weiter, und wir sind an der Furth des Flusses, wo ausgestiegen und ein allgemeiner Kriegsrath gehalten wird. Es war inzwischen dunkel geworden, der Zustand des Wassers ließ sich nur sehr unvollkommen beurtheilen, und das ganze stimmführende Personal des Eilwagens, Schaffner und Kutscher einbegriffen, erklärte sich dahin, daß in dieser Lage der Dinge die Ueberfahrt nicht zu wagen sey. Ich für meine Person war zwar anderer Meinung, weil es mich drängte, in Barcelona anzukommen, aber ich begab mich meiner Stimme als ein des Landes völlig Unkundiger, und um keine Verantwortlichkeit auf mich zu laden, die sehr ernstlich hätte ausfallen können. Die Spanier fügten sich mit dem größten Gleichmuthe in ihr Geschick. Kein Einziger von ihnen ließ ein Wort der Ungeduld oder der übeln Laune laut werden, Keiner beklagte sich über die Aussicht, die Nacht, statt in der Mitte seiner wartenden Familie, in einer elenden Fuhrmannsherberge zuzubringen. Das gute Beispiel brachte eine wohlthätige Wirkung auf mich hervor; wir stiegen sämmtlich in philosophischer Ruhe wieder in den Wagen, und kehrten nach einem nahe gelegenen einzelnen Wirtshause am Wege zurück, das lediglich für ähnliche Fälle hergerichtet zu seyn und von dem Anschwellen des Besos zu leben scheint. Wir wurden mit freundlicher Miene empfangen und in das Ehrengemach des Hauses, die große Küche, geführt, wo das Feuer prasselte und die Pfannen schmorten, als ob man uns erwartet hätte. Ein sauber gehaltener Gasttisch, der die eine Wand der Küche einnahm, und blankes Kupfergeschirr auf den Simsen milderten das ungünstige Vorurtheil, mit dem ich das Haus betreten hatte. In dem ungeheuren Kamine neben dem ausgebrannten Feuer saß schlafend mit unterschlagenen Armen ein kleines hübsches Mädchen, das sich durch den Lärm der ankommenden Gäste und durch das geschäftige Treiben am Herde eben so wenig stören ließ, als die etwas ältere Schwester, die, auf einer hölzernen Bank halb sitzend und halb liegend, gleichfalls eingeschlafen war. Das Kind wird sich die Glieder verrenken und sich wund liegen, sagte ich zu meinem Wagennachbar. Seyen Sie ohne Furcht, erwiederte er lächelnd, das Mädchen ruht auf der harten Bank und trotz seiner verquälten Stellung eben so sanft und süß wie Sie auf einer Matratze mit Springfedern; die Gewohnheit ist Alles.

Es wurde mir zu warm in der Küche, und ich ging hinaus auf die geräumige Hausflur. Hier lagen in einem Winkel auf frischem Stroh fünf oder sechs Maulthiertreiber und Fuhrleute. Deine Schlafkameraden für diese Nacht, sagte ich mir in der Stille. An einem der großen Tische saß ein Graubart, dessen schöner charaktervoller Kopf aus einem Bilde Murillo's herausgeschnitten zu seyn schien, und ihm gegenüber ein französischer Ausreißer, ein Sergeant, der, nach seiner noch sehr frischen Uniform zu urtheilen, erst ganz kürzlich über die Gränze gekommen seyn mußte. Ich hätte diesen Deserteur – den zweiten oder dritten, der mir seit meinem Eintritte in Spanien aufstieß – gern ein wenig ausgefragt, aber ich mußte meines Sprach-Incognito halber darauf verzichten.

Inzwischen waren noch mehrere andere Mitglieder der Reisegesellschaft herausgekommen, um an der offenen Hausthüre Luft zu schöpfen. Ich gesellte mich zu der Dame aus Barcelona, deren Blicke in den stillen wunderschönen Abend hinausschwärmten, und so fabelhaft es auch klingen mag, die Spanierin hub ein ursentimentales Gespräch an, über den blauen Nachthimmel, den hier zu Lande nicht silbernen, sondern goldenen Mond, und über die freundlich blinkenden Sternelein. Ich traute meinen eigenen Ohren nicht, denn ich hatte mich in Frankreich gewöhnt, das Weib ebensowohl wie den Mann diesseits der deutschen Sprachgränze einer solchen Gemüthsstimmung für absolut unfähig zu halten. Die deutsch-empfindsame Barceloneserin hauchte mit ihren leisen, weichen Worten mein ganzes System der Volkscharaktere um wie ein Kartenhaus, ich war völlig aus meiner frischen Fassung gebracht, und wußte nicht, welchen Heiligen ich in meiner Noth anrufen sollte, als mir vom Himmel gesandt ein rettender Engel in der Gestalt der Küchenmagd erschien, die uns ankündigte, daß das Essen bereit sey.

Wir setzten uns zu Tische. Die erste Schüssel bestand in

weichgesottenen Eiern. Indem ich mich anschickte, das Meinige zu verzehren, bemerkte ich mit einiger Verwunderung, daß mir als ganzes Tischzeug nichts zugetheilt war als – eine hölzerne Gabel. Die drei oder vier Messer des Hauses waren in andere Hände gefallen, von Eierbechern und kleinen Löffeln keine Spur. Soll hier etwa das Gastmahl wieder aufgeführt werden, das der Fuchs dem Storche gab? fragte ich mich. Wenn dem so ist, so wird der Fuchs dießmal geprellt. Ohne alle nutzlosen Deklamationen trank ich mein Ei aus, nachdem ich die Schale desselben mit der Gabel zerbrochen hatte. Die Spanier, als Leute, die an solche Dinge gewöhnt sind, behalfen sich gleichfalls, ohne die mindeste Bemerkung, jeder auf seine Weise. Ein Franzose würde seines Eies wahrscheinlich mit größerem Geschicke Meister geworden seyn, als wir alle, aber gewiß nicht ohne einige Sarkasmen, Deklamationen, Berufungen auf Very und den Rocher de Cancale, kurz, ohne eine Menge Worte, die, ohne böse gemeint zu seyn, doch so den Wirth wie die spanischen Gäste hätten verletzen müssen.

Ein saftiges Stück gebratenes Rindfleisch, ein Hühnchen mit Salat, und zum Nachtisch geröstete Nüsse und Mandeln vervollständigten unser Mahl, das unter lebhaftem Geschwätze und in der besten Laune von der Welt eingenommen wurde. Wer künftig von spanischen Herbergen und ihrer Küche etwas Böses nachsagt, der wird es mit mir zu thun haben. Die schändliche Kneipe in Gerona machte allem Anscheine nach eine Ausnahme, und sie wird überdieß, wie ich glaube, von einer Französin gehalten. Um den spanischen Gasthäusern in kleinen Städten und auf dem Lande ihr Recht angedeihen zu lassen, muß man vor allen Dingen wichtige Vergleichungspunkte wählen und keine widersinnigen Ansprüche machen. Ich, für meine Person, würde wahrscheinlich zu Hause geblieben seyn, wenn ich erwartet hätte, in Spanien dieselben Bequemlichkeiten, dieselben Einrichtungen und Gebräuche zu finden, die ich dort verlassen habe. Die kleinen Mühsale und Entbehrungen sind meinem Geschmacke nach der größte Reiz des Reisens, zumal wenn das Neue, das Schöne, das Überraschende auf Schritt und Tritt neben ihnen hinläuft, wie hier zu Lande. Das ist nun aber freilich nicht die Meinung der Franzosen, durch deren Berichte und Schilderungen unsere Begriffe von Spanien noch immer fast ausschließlich bestimmt werden. (...)

Nach aufgehobener Tafel zündeten wir bei einem neuen Glase Wein die Zigarren an, und das Gespräch wendete sich auf die Räuberbanden, die Catalonien noch immer in Alarm halten, obgleich sie mit Rücksicht auf die bevorstehende Badereise der Königin nach Barcelona seit einiger Zeit mit ungewöhnlichem Nachdrucke verfolgt worden. Der Generalkapitän ist noch vor vierzehn Tagen in eigener Person gegen die Trabucayres im catalanischen Oberlande ausgerückt, und als ich am vorigen Sonntage durch Perthus fuhr, sollte dort auf der Gränze von spanischen und französischen Truppen ein gemeinschaftliches Treibjagen auf dieses Gesindel angestellt werden, das in schwierigen Fällen sehr oft auf französischem Gebiet eine Zuflucht sucht und findet. In Gerona wurde während meines unvergeßlichen Frühstücks ein wenige Tage zuvor eingefangener Trabucayre nach Standrecht erschossen. Einige Meilen diesseits Gerona, in einem stundenlangen, aber ziemlich magern Gehölze, fanden wir an der Stelle, wo der Eilwagen im vorigen Monate zum letztenmale ausgeplündert worden ist, einen etwa zwölf Mann starken Gensd'armerieposten, Kerle mit wahren Galgengesichtern, den Dreimaster mit aufgekrümmten Zinken verwegen auf das Ohr gesetzt, und mit einer nicht gerade militärischen Haltung auf ihre langen Musketen sich lehnend. Ich wollte darauf wetten, daß die Hälfte dieser braven Leute noch vor sechs Monaten Brüderschaft mit den Buschkleppern getrunken hat, gegen welche sie jetzt zu Felde liegen, und ich gestehe, daß mir erst dann wieder sicher zu Muthe war, als wir diese verdächtige Sicherheitswache aus den Augen verloren hatten. (...)

Es war eilf Uhr, als wir zum Schlafengehen aufbrachen. Man wies mir ein »Zimmer« an, in welchem ich außer dem für mich bereiteten Nachtlager nichts, aber auch durchaus nichts fand, als vier Lehmwände und einen hölzernen Laden, der die Stelle des Fensters vertrat. Auf ausdrückliches Verlangen wurde mir indessen ein Stuhl verabfolgt, um meine Kleider darauf zu legen. Mein Bett bestand aus einer kaum einen Fuß hohen Pritsche, einem Strohsacke, einer wollenen Decke und ein paar weißen Leintüchern. Ich legte mich guten Muthes nieder, und da seit halb drei Uhr Morgens die furchtbaren Stöße des Wagens jeden meiner Versuche, ein Auge zu schließen, vereitelt hatten, so schlief ich auf der Stelle ein und ruhte die ganze Nacht hindurch wie ein Seliger.

Es mochte sechs Uhr seyn, als ich durch den Lärm des Hauses geweckt wurde. Ein freundlicher Sonnenstrahl fiel durch das kleine viereckige Loch, welches das Fenster meines hölzernen Fensters bildete, und bei seinem Lichte kleidete ich mich an. Während dieser Beschäftigung kam mir gewohnheitsmäßig der ausschweifende Gedanke, mir Waschwasser heraufbringen zu lassen; allein ich besann mich bald eines Bessern und begriff, daß ich, um mich zu waschen, hinuntersteigen müsse. Das geschah, nachdem ich meinen Anzug vollendet hatte, und ich war eben im Begriffe, nach dem Brunnen zu fragen, als man mir zu meinem Erstaunen den Wrack eines irdenen Waschbeckens brachte, das meinen sämmtlichen Reisegefährten zuvor gedient hatte und in dem ich mich, nachdem es bis an den Rand mit dem frischesten Wasser gefüllt war, nun gleichfalls ohne alle Umstände coram populo auf der Hausflur badete. Hierauf wurde mir eine Tasse vortrefflicher Chocolade mit gerösteten Brodschnitten gereicht, und dann traten wir die Expedition nach dem Besos zum zweitenmale an.

Am Ufer des Flusses fanden wir bereits fünfzig oder sechzig Fuhrwerke aller Art versammelt, von denen sich eben die ersten in den Fluß gewagt hatten. Die leichten Marktwagen kamen ohne große Schwierigkeit hinüber, einige schwerere Gefährte dagegen blieben nach den ersten Schritten in dem aufgewühlten Treibsande stecken. Nachdem wir den andern eine Weile zugesehen, setzte sich auch unsere Diligence in Bewegung. Da die gewöhnliche Furth noch immer für durchaus unwegsam galt, so mußten wir eine Strecke unter den Weiden und Pappeln am Ufer hinfahren, das ober- und unterhalb der Furth steil in den Fluß abfällt. Die Aussicht auf den Sprung vom Lande in das Wasser schien mir das Bedenklichste bei der ganzen Unternehmung. An der ausgewählten Stelle angekommen, versagten die sonst so gelehrigen Pferde hartnäckig den Dienst, und sie schienen mir in diesem Augenblicke wirklich vernünftiger als der Kutscher und der Schaffner, die mit den Peitschenstielen auf sie einhieben. Nehmt euch in Acht, warnte ein Landmann aus der Nachbarschaft, an dieser Stelle ist ein sehr gefährliches Loch, *es terrible* wiederholte er. Die Pferde wurden indessen zuletzt in den Fluß hinunter gepeinigt, und der Eilwagen folgte ihnen in schwerem Sturze, so daß seine Achsen krachten und daß das Wasser stromweise zu den Wagenfenstern hereinspritzte. Doch der *salto mortale* war gelungen, und ich glaubte uns aus aller Noth. Diese sollte aber erst jetzt beginnen. Der Wagen war so tief in den Sand hineingefallen, daß die Pferde ihn mit der größten Anstrengung nur zollweise vom Flecke brachten. Kutscher und Schaffner sprangen in's Wasser, zerrten die Pferde bald rechts, bald links, um durch eine Art von Laviren vorwärts zu kommen; aber es wurde dadurch kaum etwas Anderes erreicht, als daß der Wagen bei jeder der gewaltsamen Wendungen, die man ihn machen ließ, in augenscheinliche Gefahr gerieth, umzustürzen. Und ein solcher Fall würde, obgleich das Wasser nur etwa anderthalb Schuh tief war, doch vielleicht mehr als Einem von uns in dem vollgepfropften Wagen lebensgefährlich geworden seyn.

Während unseres vergeblichen Arbeitens war die Zahl der Fuhrwerke auf beiden Ufern des Flusses zu Hunderten angewachsen, und der Fluß selbst wimmelte von Menschen, Pferden und Maulthieren. Mehrere andere Wagen waren in einer eben so schlimmen oder in einer noch schlimmeren Lage als wir. Rechts und links wildes Fluchen und Schreien, knallende Peitschenhiebe und das Getöse des von den Füßen der Pferde gewaltsam zerarbeiteten Wassers. Mehrere Menschen und Thiere wurden von dem Flusse fortgerissen, andere verschwanden ausgleitend unter dem Wasser, die Noth und Verwirrung hatte den höchsten Grad erreicht, und die Thränen meiner Reisegefährtin, die sich fest an ihren Mann angeklammert hielt, fingen an in reichlichem Maße zu fließen. Ich war der Sache endlich überdrüssig geworden, ich rief einen rüstigen Bauernburschen heran und wurde mit ihm Handels einig, daß er mich rittlings über den Fluß tragen solle. Wohlbehalten, wenn auch mit durchnäßten Füßen, kam ich auf dem jenseitigen Ufer an; mehrere meiner Mitreisenden folgten meinem Beispiele, und die so erleichterte Diligence konnte sich jetzt aus dem Sande herauswinden, in welchem sie beinahe zwei Stunden festgesteckt hatte. Daß solche Dinge an den Thoren der zweiten Stadt des Landes vorkommen können – und allem Anscheine nach wiederholen sie sich sogar sehr häufig –, daß das reiche Barcelona nicht ein paar Hundert Piaster hat, um die Wegsamkeit der unermeßlich wichtigen Straße nach Frankreich durch eine Brücke über den Besos zu sichern, das sehe ich zwar mit eigenen Augen, aber begreifen kann ich es nicht.

Nachdem unsere neuen Pferde einen Augenblick verschnauft hatten, setzte sich die Diligence wieder in Bewegung; mein Barceloneser Nachbar vertheilte Zigarren an das ganze Personal des Wagens, Mayoral und Kutscher natürlich einbegriffen, und nach einer Stunde raschen Trabes rollten wir durch die Puerta nueva in die Hauptstadt des Catalanenlandes ein.

Reinhold Baumstark

Die spanischen Eisenbahnen

Was der Besitz eines Eisenbahnnetzes für die allseitige Culturentwicklung eines Landes zu bedeuten hat, das braucht man in jetziger Zeit glücklicher Weise Niemanden mehr auseinander zu setzen; ich kann also gleich mit den *spanischen* Eisenbahnen anfangen. Als *Hackländer* und *Lorinser* in der Mitte und noch in der zweiten Hälfte der fünfziger Jahre in Spanien reisten, fanden sie wenige und kleine Eisenbahnstrecken vor, die kaum der Rede werth waren. Noch meine neuesten Vorgänger fuhren mit der Diligencia über die Sierra Morena, welche ich im behaglichen Coupé des Expreßzuges durchträumte; jetzt umgürtet ein ziemlich umfassendes und vollständiges Eisenbahnsystem Spanien (...). Diese gewaltige Veränderung ist größtentheils das Werk der liberalen Union, der Regierung O'Donnell's, und man kann dieses Verdienst gar nicht hoch genug anschlagen. Natürlich wird an weiteren Linien fort und fort gebaut; gelingt es der jetzigen Regierung, die Entwicklung des Landes auf der friedlichen Bahn besonnenen Fortschritts festzuhalten, so wird in einigen Jahren auch in dieser so hochwichtigen Beziehung noch Großes geleistet sein.

Nach dem offiziellen Fahrplan für den Monat Mai 1867 waren in Spanien folgende Linien im Betrieb, welche sich der Leser auf seiner Karte roth bezeichnen möge, um eine Vorstellung von ihrer Gesammtwirkung zu erhalten.

1) Von Madrid nach Alicante, 2) von Albacete nach Cartajena, 3) von Madrid nach Cadiz, 4) von Malaga nach Cordova, 5) von Loja nach Granada, 6) von Boballa nach Antequera, 7) von Utrera nach Moron, 8) von Castillejos nach Toledo, 9) von Madrid nach Saragossa, 10) von Saragossa nach Barcelona, 11) von Barcelona nach Gerona zwei Parallelbahnen, 12) von Barcelona nach Valencia, 13) von Valencia nach Almansa, 14) von Tarragona nach Reus und Bimbodi, 15) von

Saragossa nach Pamblona und Alsasua, 16) von Madrid nach Irun, 17) von Venta de Baños nach Santander, 18) von Medina del Campo nach Zamora, 19) von Gijon nach Sama, 20) von Palencia nach Astorga, 21) von Castejon nach Bilbao, 22) von Barcelona nach Sarria, 23) von Tardienta nach Huesca, 24) von Madrid über Ciudad Real nach Badajoz und Lissabon. Ich möchte fast bezweifeln, ob irgendwo in Einem Decennium mehr geleistet worden ist.

Die natürliche Folge dieser Plötzlichkeit und Ueberanstrengung, verbunden mit den zum Theil, namentlich auf der großen Nordbahn, ganz außerordentlichen Schwierigkeiten und Kosten des Bahnbaues durch das mit den gewaltigsten Gebirgen angefüllte Land war, daß es den Eisenbahngesellschaften schlecht genug geht und ihren Actionären, so viel ich weiß, noch schlechter. Die Gesellschaften suppliciren daher immer um Staatshilfe, Subvention, Garantie, und wie alle die Sachen heißen, die mit Einem Wort bedeuten, daß der Staat ihre Schulden zahlen soll. Meines Erachtens haben sie wenig Aussicht, mit dieser Bestrebung einen irgend erheblichen Erfolg zu erreichen. Denn auf der einen Seite ist der spanische Staat selbst in einer schlimmen finanziellen Lage. Die Schulden der Vergangenheit und die immer steigenden Bedürfnisse der Gegenwart liegen schwer auf ihm, während die wirtschaftliche Lage des Landes und mit ihr die Steuerkraft noch viel zu wünschen übrig läßt. Auf der andern Seite ist es zwar unbestreitbar und selbstverständlich, daß die Eisenbahnen eine außerordentliche Wohlthat für das ganze Land sind; allein auch andere industrielle Unternehmungen sind wohlthätig, und doch darf es dem einzelnen Industriellen nicht einfallen, seine Schulden aus Staatsgeldern zu zahlen, wenn er in Gant kommt. Endlich aber ist mit solcher Staatsaushilfe etwas Wesentliches und Entscheidendes niemals gethan; nicht Geschenke bewirken Wohlstand, sondern Arbeit. In die traurige Lage eines zinsendarbenden Actionärs kann ich mich recht gut denken; aber es gibt für diesen beklagenswerthen Mann nur Eine Hoffnung, die Hebung des Nationalwohlstands, und diese wird nur erreicht, wenn die Putsche und die Revolutiönchen aufhören.

Bekanntlich und natürlich ist es nicht sowohl der Personen- als der Güterverkehr, der die Eisenbahnen rentabel zu machen im Stande ist. Würde der Personenverkehr dazu hinreichen, so könnte die Lage der spanischen Bahnen keine üble sein, denn es wird fast auf allen Linien viel, und auf den großen Linien wird sogar außerordentlich viel gereist; aber es fehlt noch an den Gütertransporten; d.h. an Handel und Industrie. Das sind Sachen, die sich nicht über Nacht geben, sondern an denen redlich, ernsthaft und unermüdlich fortgearbeitet werden muß; dann werden sie kommen.

Was nun die Art betrifft, wie man auf diesen spanischen Bahnen reist, so kann ich sie im Allgemeinen nur loben. Die Wagen der ersten und zweiten Klasse sind an Eleganz und Bequemlichkeit nicht so weit voran, wie diejenigen auf den deutschen, österreichischen und schweizerischen Bahnen, wohl aber eben so weit als die französischen. Die Wagen dritter Klasse sind ungemein verschieden. Auf einzelnen wenigen Strecken kommen noch Wagen ohne Fenster und Vorhänge vor, wie auch bei uns, in einem viel kälteren Klima, noch vor wenigen Jahren; Wagen mit Vorhängen sind häufiger, und solche mit Fenstern ganz nach Art der unsrigen am häufigsten; Stehwagen wie früher bei uns, gibt es nirgends. Die Wagen dritter Klasse sind hoch und geräumig, bequemer als die französischen. Die Zahl der Plätze steht in jedem angeschrieben. Eine originelle und der Eigenthümlichkeit eines südlichen Landes sehr entsprechende Wageneinrichtung sah ich in Andalusien. Hier wird nemlich auf der Decke des Wagens noch ein zweites, nach allen Seiten offenes, aber gedecktes Stockwerk mit eben so vielen Plätzen, wie das erste, angebracht, in welchem sich außerordentlich luftig und kühl reisen läßt. Das Hinaufklettern macht nicht mehr Schwierigkeiten, als die Ersteigung des Imperials einer Diligence; das schöne Geschlecht kann unten bleiben. Für letzteres sind reservirte Coupés in der ersten und zweiten Klasse eingerichtet.

Die Geschwindigkeit der Züge beträgt bei den gewöhnlichen dreißig, bei den Eilzügen vierzig Kilometer in der Stunde, ungefähr wie bei uns.

Bei den gewaltigen Dimensionen der Hauptlinien und bei den heißen Tagen des Sommers sind Nachtzüge selbstverständlich auf allen Linien eingerichtet; die Beleuchtung der Wagen dritter Klasse ist entschieden besser als in Frankreich und bei uns.

Der Dienst an den Bahnhöfen und die Controle der Reisenden wird unter möglichst großer Sparsamkeit hinsichtlich des Dienstpersonals gehandhabt. Dieß hängt einerseits zusammen mit der öconomischen Lage der Gesellschaften, andrerseits ist es aber auch eine große Wohlthat für den Reisenden, wenn er nicht, wie bei uns, durch das ewige Herein- und Hinauslaufen der Schaffner, ihr beständiges halsbrechendes und beängstigendes Umklettern der Wagen, ihr nimmer aufhörendes Billetverlangen und Coupiren geplagt wird.

Die Reisenden werden mittels des Bahnhofverschlusses controlirt; nur nach Vorzeigung des Billets gelangt man in den Wartsaal, welcher meist unfreundlich und, wie in Frankreich, blos durch niedrige Zwischenwände nach den Fahrklassen abgetheilt ist. Von nun an aber hat man meistens Ruhe bis kurz vor der Hauptstation am Ende der Linie; hier wird vor der Einfahrt in den Bahnhof gehalten und controlirt, und dann hat man wieder Ruhe. Beim Ausgang aus dem Bahnhof werden die Fahrkarten abgegeben.

Die Ruhe, welche das Dienstpersonal den Reisenden unterwegs läßt, wird nicht selten übertrieben. Geschlossen werden die Wagen nicht, aber an den Zwischenstationen meistens eben so wenig geöffnet; die Stationen werden auch auf den meisten Linien nicht angerufen, sondern man überläßt Jedem, auszusteigen, wo er es für gut findet, und sich am Ziel seiner Reise glaubt. Dieß ist ein Mißstand, der auf den ältern Linien bereits aufgehört hat.

In einem ganz neuen Buch über Spanien habe ich gelesen, daß in diesem unglücklichen Lande fast kein Bahnzug zur rechten Zeit ankomme. So dumm-leichtfertig in die Welt hineinzulügen, ist nahezu polizeiwidrig; ich möchte nur wissen, was für einen Zustand das binnen acht Tagen absetzen würde, wenn bei einem großartigen, nach allen Richtungen hin verzweigten, mit allen französischen Bahnen in unmittelbarer Verbindung stehenden Eisenbahnnetz fast alle Züge zu spät ankommen würden! – Das ist ja baarer Unsinn. Ich bin viele tausend Kilometer mit spanischen Locomotiven gefahren, und auf meiner ganzen Reise, Alles in Allem, nicht um eine Viertelstunde zu spät angekommen.

Daß das Benehmen der Bediensteten gegen die Reisenden tadellos ist, versteht sich von selbst bei *diesem* Volk; nirgends sah ich einen derselben von der Ansicht ausgehen, das Publicum reise, damit er an ihm sein Amt übe und sein Brod verdiene.

Tadeln muß ich dagegen, daß im Allgemeinen zu viel Zeit mit mehrminutigem Aufenthalt verloren geht. Zum Ein- und Aussteigen genügen einige Augenblicke; für weitere Zwecke ist auch ein Aufenthalt von drei oder vier Minuten unzureichend, und es ist sicherlich besser, einmal im Tage eine halbe oder dreiviertel Stunden zum Essen und kurzem Gehen zu haben, als alle halbe Stunden ein paar Minuten, und in der Mitte des Tages nichts Rechtes. Gegen Abend wird zwar auf den großen Linien überall eine Mittagsstation mit etwa fünfundzwanzig Minuten Aufenthalt eingeschoben; allein ich bekenne, daß mir diese Zeit zu kurz ist, um zwanzig bis fünfundzwanzig Realen zu verspeisen, und da ich für meine Leistungen die entsprechenden Gegenleistungen zu verlangen pflege, so zog ich es in solchen Fällen meistens vor, mein Fläschchen füllen zu lassen, und im Wagen, während die Andern rannten, eilten, verschlangen, in aller Ruhe und Gemüthlichkeit mein Huhn oder Hammelfleisch zu verspeisen.

Auffallend und seltsam war es für mich, zu sehen, wie außerordentlich früh das spanische Reisepublicum sich auf seinen Bahnhöfen einfindet. Selbst wenn ein Zug Morgens um drei Uhr abging, so waren sie schon um zwei Uhr versammelt, hüllten sich ernst und würdevoll in ihre Mäntel, und rauchten unermüdlich Papiercigarren dazu. Das kommt wohl daher, daß die Eisenbahnen einem Theil des Volkes noch immer neu sind.

Die Fahrpreise sind theurer als in Deutschland; in dritter Klasse mag etwa einen Real kosten, was in Süddeutschland sechs Kreuzer ausmacht; das sieht auf den ersten Blick nicht bedeutend aus, aber auf einige tausend Kilometer gibt ein Aufschlag von fünfundzwanzig Procent schon eine ordentliche Summe Geldes.

Daß die spanischen Bahnhöfe gar nicht darnach streben, monumentale Gebäude zu werden, kann ich nur loben; die Art, wie man in Mitteleuropa Bahnhöfe baut, scheint mir mit Hinauswerfen des Geldes gleichbedeutend zu sein; wo kein im Wechsel beharrender, idealer Zweck ist, da ist auch die monumentale Baukunst nicht an ihrem Platze.

An Sorgfalt, Sicherheit und Präcision desjenigen Dienstes, von welchem das Leben und die Gesundheit der Reisenden abhängen, nehmen es die spanischen Bahnen, so weit meine Wahrnehmungen reichen, mit denen einer jeden andern Nation durchaus auf; das Unglück in der Nähe von Toledo im letzten Frühjahr war etwas ganz Vereinzeltes; außer diesem habe ich noch von *keinem* spanischen Eisenbahnunfall gehört.

Viertes Kapitel
Nordspanien

»Merkwürdig, wie konsequent sich alle unsere, außerhalb Spaniens gebildeten, Vorstellungen von den Schätzen des Landes als Irrtümer erweisen.«

Julius Meier-Graefe

Wilhelm von Humboldt

Guernica

Ein lieblicher Weg führt landeinwärts an dem Fluss hin zu diesem Städtchen, das nur etwa aus 100 Familien besteht, aber gut und reichlich gebaut ist. Zuerst kommt man durch eine bergigte und waldreiche Gegend, die sich aber gegen Guernica zu in eine schönbebaute Ebne öffnet. Der Fluss ist wenigstens hinreichend gross, um mit Getreide und Eisenerde beladene Kähne bis an die Stadt zu bringen. In der Zeit, in der ich in Guernica war, überzeugte ich mich nur zu sehr, dass er manchmal ein sogar seinen Ufern gefährliches Anschwellen erreichen kann. Er überschwemmte in einer einzigen Nacht die ganze Gegend so fürchterlich, dass das Wasser 7 bis 8 Schuh hoch über der Brücke stand, und die Communication mit allen benachbarten Orten auf einmal abgeschnitten war. Hier drei Tage lang in einer elenden Herberge eingeschlossen, war meine Lage nichts weniger als angenehm. Zwar fand ich glücklicherweise einen Don Quixote, der selten in einem Spanischen Wirtshause fehlt; allein da mir eine ganz dunkle Kammer zur Wohnung angewiesen war, so blieb mir zum Lesen kein anderes Zimmer, als das meines Wirthes übrig, und selbst aus diesem wurde ich jeden Nachmittag, wann er seine nicht kurze Mittagsruh halten wollte, auf eine zwar sehr höfliche, aber darum nicht minder dringende Weise in die Küche verwiesen. Ich benutzte indess diesen Aufenthalt, um mich genauer mit der Vizcayischen Verfassung bekannt zu machen, die in Guernica ihren eigentlichen Sitz und Mittelpunkt hat, da alle öffentliche Verhandlungen immer mit den Worten: *so el arbol de Guernica*, unter dem Baum von Guernica, anheben.

Denn so wie sich, wie ich oben bemerkt habe, die Gemeinen von Alava, bis zu ihrer freiwilligen Auflösung, auf dem Felde von Arriaga versammelten, so versammeln sich noch bis auf den heutigen Tag die Deputirten von Vizcaya unter dem Baum von Guernica, und wenn sie auch jetzt nicht mehr dort, sondern in der dabei erbauten Kapelle ihre Berathschlagungen halten, so übergeben sie doch hier unter freiem Himmel ihre Vollmachten, und fangen allemal unter dem Baume selbst die Feierlichkeit an. An diesen dürfte die Einbildungskraft nun freilich wohl andre Forderungen machen, als sie beim wirklichen Anblick erfüllt findet. Man wünschte eine durch ihr Alter ehrwürdige, laubreiche Eiche auf einem schönen freien, ländlichen Platze zu sehen, um sich lebhafter jene Zeiten zurückrufen zu können, in welchen die Angelegenheiten einer Nation einfacher, als jetzt kaum die einer Familie entschieden wurden. Allein man findet eine zwar ziemlich große, aber nichts weniger als mahlerische Steineiche, mit einem vom Winde gewundenen aufgeborstenen Stamm, und einigen vertrockneten Aesten, ein Bild, wenn man will, der Verfassung, die auch manchen Stürmen getrotzt, allein auch manchen unterlegen hat, und in mehr als einem Stück von ihrer ursprünglichen Form ausgeartet ist. Neben den eigentlichen Baum sind einige jüngere gepflanzt, um jenen, wenn er ausgehen sollte, sogleich zu ersetzen. Keiner von allen steht frei, sondern vor ihnen ist eine Art steinerner Schranken und Bühne gebaut, zu der man einige Stufen in die Höhe steigt. Hier sitzen zur Zeit der Versammlungen die Personen, welche die Regierung der Provinz ausmachen, auf einer Bank mit sieben, durch steinerne Zwischenlehnen abgesonderten Plätzen. Den mittelsten nimmt der Corregidor ein, und auf ihn folgen zu beiden Seiten die beiden General-Deputirten, Syndici und Secretaire. An der hohen steinernen Hinterlehne der Sitze sieht man in der Mitte das Castilische, und an beiden Seiten zweimal das Vizcayische Wappen, zwei laufende Wölfe mit einem mit Laub bewachsenen Kreuze hinter ihnen. Zu den Seiten und vorn ist dieser Sitz von niedrigeren gleichfalls steinernen Brustwehren umgeben, und vorn, dem Sitz des Corregidors gegenüber, ist die Oefnung freigelassen. Vor dem Sitz ist ein mit Quadersteinen gepflasterter länglicht viereckter Platz, auf dem vier Säulen stehen. Diese trugen ehemals ein Dach, unter dem man vor Erbauung der Kapelle die Berathschlagungen hielt.

Ferdinand der Katholische beschwor an dieser Stelle die Freiheiten und Rechte Vizcayas, und man sieht diese Feierlichkeit noch über dem einen Eingange der Capelle abgebildet. Der König sitzt auf dem Platz den jetzt der Corregidor einnimmt. Seine Gemahlin, Isabella, befindet sich unter den Frauen herum.

Die Kapelle, oder, wie sie eigentlich heisst, *la Iglesia juradera de S. Maria la antigua* ist dicht daneben gebaut, und ist ein länglichter Saal, der auf seinen Sitzen, die sich, einfach aus Holz geschnitzt, in drei Reihen über einander erheben, etwa 300 Menschen hält, mit zwei Eingängen, einem an der schmalen Seite, dem Altar gegenüber, und einem am Ende der einen langen, zur rechten Seite des Altars. Der Saal ist mit rothen Steinen gepflastert, oben sieht man die Sparren des Dachs, und statt aller Verzierungen dienen ihm die sehr mittelmässig gemahlten Abbildungen der ehemaligen unabhängigen Herren Vizcayas. Nur zwei unter diesen fielen mir besonders auf: Iñigo Esquerra und sein Sohn daneben. Der Vater ist in einer zornigen Stellung, und in völliger Rüstung, als wolle er fechten, der Sohn barfuss, im Hemde und mit einer Lanze ohne Spitze. Die Geschichte erzählt nemlich, der Vater habe den Sohn zum Kampf herausgefordert, der Sohn habe sich zum Beweise seiner Unschuld auf diese wehrlose Weise gestellt, und dennoch den Vater getödtet. Bei den Versammlungen sitzen die Deputirten auf den Bänken des Saals, für die Regierung stellt man einen langen Tisch mit Stühlen vor den Altar, die Thüren bleiben offen und der Saal ist mit Zuhörern angefüllt. Diese sitzen ohne Unterschied unter den Deputirten selbst; nur die Frauen haben ihren Platz immer zunächst an der Thür. Bloss die Deputirten von Mundaca nehmen gewöhnlich, doch ohne ein besondres Recht dazu zu besitzen, als die zuerst gerufenen, den obersten Platz ein. Die Deputirten haben kein besondres Costüm und man sieht die alte ländliche Nationaltracht mit unsrer gewöhnlichen städtischen in buntem Gemisch neben einander.

In der Sacristei der Kapelle ist das Archiv der Provinz. Die ältesten Acten, welche Landesversammlungen betreffen, gehen nicht über das 15. Jahrhundert hinaus.

Da schon der edle Vizcayer ein Stadtbewohner zu seyn verschmäht, so wird man sich wundern, den Baum von Guernica, gleichsam den bildlichen Repräsentanten der ganzen Verfassung in einer Stadt anzutreffen. Allein der Ort, wo er steht, gehört zu dem Dorf (der *Anteiglesia*) Luno das gegenüber auf einem Berge liegt; nur weil derselbe in alten Zeiten eine Art Quartier oder Vorstadt *(barriada)* von Luno war, und Guernica hiess, so führte auch der Baum, schon vor der Erbauung des jetzigen Fleckens, denselben Namen. (...)

Dr. Cretzschmar

San Sebastian

Am andern Morgen ging's gegen 11 Uhr weiter. Die Bahn führt am Meer vorüber, welches anhaltend kleine, von rasen- und waldbewachsenen Abhängen umschlossene Buchten bildet, und auf der linken Seite der Fahrrichtung erblickt man die mächtigen Gipfel der Pyrenäen. Die Mitte der gleich hinter Hendaye beginnenden 130 m langen Eisenbahnbrücke über den Bidassoa bildet die Grenze Spaniens und Frankreichs.

Bald nachher betraten wir in Irun den spanischen Boden.

Nach beendeter Gepäcksrevision sahen wir auf der andern Seite des Bahnhofes den Zug nach San Sebastian zwar bereit stehen; aber die Stempelung der Rundreisehefte dauerte so lange, daß der Zug inzwischen abfuhr, und wir so unfreiwilligen Aufenthalt bekamen. Auf diese Weise hatten wir Muße, uns auf dem großen Bahnhofe einen Einblick in die vielen dort haltenden oder bereit stehenden Eisenbahnzüge zu verschaffen.

Die spanischen Bahnverhältnisse waren in unseren Reiseführern als die denkbar scheußlichsten hingestellt: »They are, perhaps, the worst constructed and the worst managed lines in the world and dear, dirty and dilatory« sagt Murray; der deutsche Hartleben meint, das spanische Eisenbahnwesen müsse an den Pranger gestellt werden, während der französische *Guide-Joanne (Germand de Lavigne)* sich einer Aeußerung darüber enthält.

Zunächst, und das mag das Schweigen des Franzosen erklären, sind die Wagen überall keineswegs schlechter wie in Frankreich und Belgien, wo auch die Wagen erster Klasse unseren zweiter Klasse, die der zweiten Klasse unseren dritter Klasse entsprechen, nur, daß statt der Holzbänke schwarze Polster angebracht sind; und die dritte Klasse unterscheidet sich von der zweiten nur durch das Fehlen dieser Polster. Vierte Klasse giebt's in Spanien ebenfalls nicht. Da aber die Geleise in Spanien breitspuriger sind, so sind auch die Wagen breiter und bequemer. Die Sitze und Fenster sollten mit Schmutz und Staub bedeckt sein; wir haben Staub nur dann gesehen, wenn der Zug bereits lange Strecken durchfahren hatte. In keiner Weise sei für die Bequemlichkeit der Reisenden gesorgt. Ich habe, abgesehen vom *Grand Hôtel* und der *Agence Cook* in Paris, noch nirgendwo die überaus nachahmenswerthe Einrichtung gefunden, daß in jeder größeren Stadt besondere Billetbureaus bestehen, in welchen man in aller Ruhe sein Billet nehmen kann, und nicht nöthig hat, kurz vor Abgang des Zuges am Bahnhofschalter sich drängen zu lassen. Aber auch die Bequemlichkeiten in den Zügen selbst sind allerdings nicht so vorzüglich wie meist in Deutschland, aber die weniger guten sind dem Reisenden doch gewiß angenehmer als das gänzliche Fehlen in Frankreich und Belgien. Der Reisende soll jeder Hülfe des Bahnpersonals entbehren; wir haben überall die größte Liebenswürdigkeit, und eine nie trinkgeldhungrige Bereitwilligkeit der Beamten gefunden; eine höfliche Bitte war stets von schnellstem Erfolge. Nie werde die Zeitdauer des Aufenthalts an den Stationen ausgerufen; wir sind darüber bei einigem Aufpassen nie im Zweifel gewesen. Die Bahnhofsrestaurationen seien so elend, daß jeder Spanier auf längeren Reisen ganze Ladungen Proviant mit sich führe. Wir haben manchen Spanier seinen Weinschlauch zum Munde führen, aber kaum so oft Menschen in den Wagen essen sehen, wie man in Deutschland dieses nicht immer liebliche Bild genießt. Es ist dies aber auch völlig überflüssig, denn auf jeder längeren Bahnstrecke giebt es im Fahrplan bereits durch den Zusatz *»fonda«* bemerkbar gemachte Bahnhofsrestaurationen, in welchen man für 12 bis 14 Realen oder 3 bis 3,50 Pesetas einschließlich Wein ganz vorzüglich speist, und zwar bequem, ruhig, und in dem Bewußtsein, daß der Zug nicht abfährt, bevor der *almuerzo* (Lunch) oder die *comida* (Mittagsmahl) beendet ist.

Diese Erfahrungen machten wir allerdings erst später, aber der erste Eindruck war doch schon der, daß wir uns den *ferrocariles* der Spanier ohne Besorgniß anvertrauen mochten, und daß sich seit der Niederschrift der Reisebücher doch Vieles, Vieles müsse geändert haben. Beim Einsteigen fiel uns aber auf, daß viele Wagenabtheile mit Schildern *»abonado«*, *»reservado«* versehen waren, denen wir zunächst respectvoll auswichen; eine Einrichtung, die ich noch später berühren will.

Bis San Sebastian durchfährt man ein fruchtbares, bis auf das letzte Fleckchen Erde bebautes, von bewaldeten Gebirgsketten begrenztes Thal. An Hochöfen, Bergwerksanlagen, auch Fabriken, an dem Seehafen von Pasajes vorübereilend, gewinnt man den Eindruck, ein gesegnetes und industrielles Land zu durchfahren. Die Einfahrt in den Bahnhof von San Sebastian zeigt bereits eine große, runde *plaza de toros*, und damit wären wir ja in der Hauptstadt der baskischen Provinz Guipuzcoa, inmitten dieses kühnen, stolzen Baskenvolkes mit der eigenen, wohlklingenden Sprache und den Mädchen mit den langen Zöpfen.

Der Charakter der Stadt ist vor Allem der eines Seebades

ersten Ranges. San Sebastian liegt am Fuße des 116 m über dem Meere hohen, von einem Kastell gekrönten Vorgebirges *Monte Orgullo*, welches sich zwischen zwei tief einschneidenden Buchten erhebt, von denen die eine den die Stadt durchschlängelnden Fluß Urumca aufnimmt und in der Fortsetzung der Ufer hübsche Spaziergänge bietet, die andere aber, die *Concha* (Muschel) den Hafen und den weiten Badestrand bespült. Die Straßen sind geradlinig, prächtige Villen, darunter der Neubau eines Königsschlosses am Strande, hohe Häuser mit den Fenstern in ihrer ganzen Höhe und Breite, ein wenig vorgebauten geschlossenen Glasbalkonen erinnern daran, daß in dem Freiheitskriege Spaniens (1813) die damals von den Franzosen besetzte Stadt durch die Engländer ganz eingeäschert worden, und also neu ist. Das Gouvernementsgebäude von prachtvoller, kostbarer Ausstattung, mit herrlichen Bildern in den Sälen und Bureaus, reichen Glasmalereien, unter Anderem einem großen in München gefertigten Treppenhausfenster, ist der Provinz durchaus würdig. Das am Strande gelegene Kurhaus mit seinen vielen Musik-, Conversations-, Spiel- und Lesesälen ist von vornehmer Eleganz in der Bauart wie in der inneren Einrichtung.

Die Concha, ein herrliches Stück Erde und Meer, hat in der That die Gestalt einer Muschel, deren Schale das Meer bildet, an deren Rand der Badestrand, und an deren Mund die Bucht in die weite See übergeht. Der Badestrand bietet insofern Eigenartiges, als die Badekarren von Ochsen oder Maulthieren statt von Pferden gezogen werden. Am südlichen Ende des Strandes steht ein hölzernes, pavillonartiges Badehäuschen mit einem Flaggenmaste, daneben ein größeres Holzhaus, aus dessen Kamin Dampf aufstieg, und vor dem Pavillon laufen zwei Schienen ins Meer. Dies ist das Badehaus Ihrer Majestät der Königin-Regentin Maria Christine und des kleinen Königs. Sonntagmorgens standen wir dort lange in der Sonne. Die in der Nähe stehenden *migueletes*, baskische Soldaten mit ihren rothen Hosen, den blauen Uniformröcken und den rothen baskischen, schirmlosen, runden

Mützen aus Schafwolle, alle stattliche, stramme Gestalten, zweifelten bereits, ob die Königin kommen werde. Wir hatten uns auch schon ein Stückchen entfernt, als plötzlich die violette Standarte mit dem goldenen Wappen in der Mitte die Ankunft der höchsten Herrschaften anzeigte. Ein prächtiger Zweispänner rollte heran, und ehrfurchtsvoll entblößte sich jedes Haupt. Alfonso XIII., ein frischer, kräftiger Knabe (geb. 17. Mai 1886) mit blondem Lockenhaar, sprang zuerst aus dem Wagen und eilte in sichtlicher Freude hinunter an den Strand. Die Königin-Regentin erwiderte die Huldigungen der schnell sich sammelnden Menge mit huldvollem Gruße und bestieg, an einer kleinen Abtheilung salutirender Marinesoldaten vorüberschreitend, den Pavillon. (...)

Kasimir Edschmid

Ein Match der Pelotari

Das Championat im Peloteball bedeutet nicht weniger als die Meisterschaft in Wimbledon.

Die Pelotari werden sich schämen, mit Tennisspielern verglichen zu werden. Dieses Ballspiel stellt die Leidenschaft von dreißig Millionen Menschen dar, obwohl es dem Kontinent fast unbekannt ist. Auf den olympischen Spielen in Paris erschienen plötzlich diese phantastischen Basken und zauberten mit ihren unglaublichen Schwüngen die Odyssee und das Mittelalter vor den erstaunten Westen. Wenn die Reisenden überall, wo spanisch gesprochen wird, zwischen Zaragoza und Bilbao, zwischen Tanger und Argentinien, Menschen wie närrisch vor weißen hohen Mauern stehen und Bälle dagegen klopfen sehen, so ist das Pelote.

Das interessanteste Match, welches ich sah, fand um das

Championat der baskischen Küste statt. Die beiden Spieler Urquia und Goyetche standen als die Vertreter von Guétary gegen die Brüder Doyhénarth. Dieses Duell war, obwohl seine Teilnehmer nicht zu den berühmtesten Spielern gehören, aus verschiedenen Gründen von höchster Delikatesse, da einer der Kämpfer ein Priester war. Dieser Abbé Doyhénarth stellte mit der riesigen Wurfkeule der Pelotarispieler den Erzengel Gabriel dar, der in der Arena der Sportsleute erscheint. (...)

(...) Es wird im Park von Aguiléra gespielt, mittags um vier Uhr. Es hatte lange vorher stark und viel geregnet. Hinter den Tamariskenwäldern brüllt der Ozean noch von den Stürmen, die ihn das Frühjahr geschüttelt haben. Die Plätze zum Spiel sind in furchtbarer Verfassung, aber die Cracks sind entschlossen zu spielen, nachdem die Brüder Doyhénarth sich schon zweimal geweigert hatten, anzutreten und das Publikum zweimal nach Hause geschickt hatten. Die Autorität dieser Spieler ist unglaublich, da sie sich erlauben können, was nicht einmal die Stierkämpfer wagen, die man lyncht, wenn sie Launen haben.

Wer die Regeln des Pelotespiels nicht kennt, muß es für verrückt halten. Sein Geheimnis liegt darin, daß, ohne auf das Feuer dieses Sports einzugehen, die Spieler vor einer Wand stehen, gegen welche sie Bälle schlagen, die in einem gewissen abgegrenzten Raum wieder zurückprallen müssen. Da zwei Parteien zu je zwei Mann spielen, ist es klar, daß diese Leute nebeneinanderstehen und daß jede Partei immer mit der anderen im Schlag abwechselt. Einer gibt an, indem er an die Mauer tritt und dicht vor ihr den Ball, der aus massivem Kautschuk ist, gegen die Erde schlägt und ihn mit der Faust dann die Mauer hochrollt, aber mit Hilfe eines Schlags, der ihn geheimnisvoll zurückfeuert. In diesem Schlag liegt bereits die Kühnheit und die Gedankenstärke eines Spiels, das raffiniert genug ist, die Gegner nicht Auge in Auge gegenüber, sondern nebeneinander aufzustellen.

Die beiden Parteien machen sofort ein Feld, einer ist immer dichter an der Mauer, der andere entfernter. Pelote ist, populär gesagt, ein Tennis, das man auf eine einzige Seite geworfen hat, um es heroischer und im Kampfplatz länger zu machen, wobei man gleichzeitig seine Gesetze komplizierte. Es wird indirekt, im Rückprall von der Mauer, placiert. Eine unheimliche Eleganz. Die fünfzehn Meter hohe weiße Mauer schließt einen Raum in der Länge von fünf Tennisplätzen ab. Links und rechts sind Tribünen, die in einen schmalen Wald hineingebaut sind. Vor der Mauer ist ein Zementplatz, der eine derart zackige Figur hat, daß er auf beiden Seiten Streifen von Boden innerhalb seiner Ausdehnung hat, in die kein Ball springen darf. Diese Falle verursacht, daß auf Zentimeter berechnet werden muß.

Es wird nicht nach besten Punkten gespielt, sondern nach Fehlern, das heißt, die Fehler des einen werden dem anderen als Gutpunkte gerechnet. Nach drei Anschlägen wird von Partei zu Partei gewechselt. (...)

Dieses baskische Spiel hat Spanien vollkommen in Bann getan. Die Kinder spielen es gegen jedes Tor. An jeder weißen Mauer, die das Unglück hat, nach der Straße zu gehen, steht das Verbot, dagegen Pelote zu spielen, worum sich aber auch kein Wasserkopf kümmert. Es ist Tatsache, daß von Zeit zu Zeit die berühmtesten Spieler erscheinen und in den baskischen Nationalmuseen ihre Schläger niederlegen. (...)

Es gibt etwa fünfundzwanzig Arten, Pelote zu spielen, und die Mode wechselt so viel an diesem jahrtausendalten Spiel herum, daß es weder geistreich noch nützlich wäre, die Nuancen genau darzustellen. Es wird in Hallen gespielt und gegen zwei Mauern, ja sogar mit einem Tennisnetz. Es wird mit Lederhandschuhen gespielt und mit der Pala, die eine Holzkeule ist, und mit dem Chistera, der eine ungeheuerliche Fortsetzung des Handschuhs in eine Schleuder ist.

Die Kautschukbälle sind auf alle Arten umwickelt und haben genaue Gewichte. Die Längen der freien Plätze sind verschieden wie die Provinzen und die Zementierungen und die

Frontons zu zwei und drei Mauern. Im Tal von Bidassoa ist man anderer Ansicht über den Pelotesport wie in dem von Aldudes oder in Bilbao. (...)

Das Unglaubliche an diesem Spiel ist der Chistera, jene gewaltige Maschine, die den Arm verdoppelt. Diese Maschinen sind von phantastischem Eindruck. Sie sind von der Größe des Arms und bestehen aus einem gekrümmten Rohr aus Bast oder Leder, dessen Rinne offen ist. Oben ist eine Höhlung aus Leder, in welche die Hand gesteckt wird.

Der Arm des Mannes geht also ohne Übergang in den anderen Arm über. Dieser neue Arm gibt den Spielern etwas Gigantisches. Dieses Strohgewebe ist eine feste furchtbare Schiene, mit einer offenen Rinne, in der die Bälle tobend durchsausen, eine gewaltige Waffe im Spiel, um zu schlagen, zu stoßen und zu schleudern.

War der Platz beim Spiel mit nackten Händen so lang wie ein Tennisplatz, so wird er nun beim Kampf um das Championat der baskischen Küste grenzenlos. Das Spiel bekommt eine homerische Dimension.

Das Gewaltige der Bewegungen ist von unglaublicher Suggestion. Es treten alle Gesten in das Match, welche von Pindar und Phidias bis zu Ariost und Gozzoli durch ihre mächtige Freiheit die Menschen begeistert haben, die Bewegungen der Feldherren und der Schleuderer, der thessalischen Reiter und der olympischen Renner und der zäsarischen Gladiatoren.

Das Match bekommt plötzlich historischen Zauber. Was die Bauten des Landes und die Tatsache der Geschichte von einer Rasse nur ahnen lassen, steigt mit gläserner Frische aus diesem Spiel, das von vollendeten Gentlemen gespielt wird: der Zauber der baskischen Natur, die sich weder mit Kelten noch mit Germanen noch mit Afrikanern vermischte, und die ewige Kämpfergeste dieser Nation, deren Leidenschaft eine Serie von Revolutionen darstellt.

Welche Bewegungen, welch ein Sturm! Achilleus, der ja auch in Frauenkleidern aufgezogen wurde, hat nur einen einzigen Menschen, der seine Anmut und seine klassische Tugend des Kampfspiels in Europa widerspiegelt: den Abbé Doyhénarth.

Der geistliche Rock geht diesem Priester nur bis zur halben Wade. Über der Brust hat er ihn mit einer dunklen Schärpe gegürtet. An den Füßen hat er schwarze Bastschuhe, die das Bein hinauf geschnürt sind. Der Gang dieses Spielers ist der eines Dragonerobersten. Dieser hochmütige Priester hebt den Kopf kerzengerade aus der Soutane wie aus einer Rüstung. Er ist ein Dreißiger, der die Überlegenheit seines himmlischen Berufs mit der Arroganz des Sportsmann verbindet, den seine Rasse vergöttert.

Wie dieser Mann mitten auf der Sandarena steht, rennt, sich zurücklegt, vorstürmt und schlägt, ist von teuflischer Schönheit. Mit diesem hochmütigen Lächeln stehen die steinernen Engel auf den Balustraden des Dachs auf der Kathedrale von Burgos. Ähnlich in der Verhaltenheit des Ausbruchs hat Neroccio di Bartolomeo in Siena seine kriegerischen Heiligen mit der Lanze gemalt, die innerlich zu flammen scheinen.

Seine Gegner sind köstlich. Diese ritterlichen Herren, die den Eindruck von Gutsbesitzern machen, sind von granitner Modellierung. Während der Bruder des Priesters ihn genau wiedergibt ohne das Aparte, das dem Abbé seine Soutane und sein Stolz verleihen, haben die Herren Urquia und Goyetche die Zeichen ihrer Nation vollkommen an sich. Der eine besitzt den runden, mit der Stirn vorgebauten Kopf, der andere ist der flache Adlerkopf der Aristokratie mit dem Spinnetz einer bestimmten Verwitterung der Haut, die eine seltsame Verschleierung über diese Figur aus Bronze setzt.

Die Spieler sind von großer sportlicher Eleganz. Der Rundkopf hat eine Technik, die sofort an Tennis erinnert. Er schlägt. Der andere hat die klare Sicherheit eines Mannes, der auf fünfzig Meter schleudert und genau trifft, wohin er will.

Der Abbé hat aber die Genialität, die sein Spiel von fast lächerlicher Großartigkeit macht.

Er verfolgt zwei Techniken.

Einmal steht er beim Angeben dicht an der Mauer, wirft den Ball auf, fängt ihn mit der Rille, die am unteren Ende einer Schöpfkelle gleicht, macht eine elegante Bewegung, als mische er den Ball mit der Luft, und prescht ihn gegen die Wand. Er rollt den Ball die Wand hinauf und sieht ihn wie eine Kugel sechzig Meter zurückschnellen.

Dort steht der Gegner aus Guéthary, und im Augenblick, wo die massive Kugel mit der Wucht eines Schusses auf ihn stößt, hebt er den zweifach langen Arm, schlägt ihn in die Kugel, die in der Rinne innen tanzen muß, und schleudert sie die riesige Entfernung zurück.

Diese Bewegung ist an Kühnheit von keinem Sport zu erreichen. Sie ist von der Einsamkeit, von der Spärlichkeit und von der Größe des einfachen Heroismus. Der Ball allerdings saust an die Mauer und rast zurück. Der Abbé ist fünfzig Meter zurückgerannt. Als er steht, kommt der Ball von der Mauer zurück.

Er beugt sich rückwärts, läßt seinen doppelten Arm auffahren, als wickle er eine Fahne auf, und schmeißt den Ball gegen die Wand zurück. Bei ihm wird die Bewegung königlich, von einem Hochmut und einem Stolz, der beklemmend ist.

Dabei hat er seine zweite Technik gezeigt. Er haut den Kautschuk nicht hoch gegen die Wand, sondern ganz flach und tief. Der andere Gegner erreicht ihn nicht mehr. Der Ball ist dreimal über den Boden gerollt, ehe der Rundkopf auf ihn stürzt.

Diese Leute schleudern auf sechzig Meter und placieren auf Zentimeter.

Das sind die beiden Höhen seines Stils. Das meiste der Nuancen ist schwer beschreibbar. Wenn der Abbé anrennt, so flattern seine Röcke um ihn. Der Spieler steht mit seinem eisernen Gesicht unbeweglich in dieser Aufregung und schlägt seine Schleuder in den Raum, als ob sein riesiger Arm die Vollendung eines Mythos sei.

Die Götter hätten nicht gezaudert, einem Manne von so vollendetem Können den Arm eines Giganten gegeben, um ihn noch vollendeter zu gestalten. Dieser streitbare Abbé ist einer der seltsamsten Sportsleute, die Europa besitzt. Er ist trotz seiner Arroganz und seiner Röcke ohne Zweifel nicht ohne die Demut, von der die Kirche ja nicht verlangt, daß sie weichlich sei.

Es ist ganz sicher, daß die Art, wie der Priester den von der Wand tief in den Raum zurückgeschmetterten Ball manchmal mit einem scheinbar sanften Zurückweichen des Armes nimmt, so wirkt, als lasse er tatsächlich den tobenden Kautschuk eine halbe Sekunde an sich ausruhen, ehe er ihn mit der Wut eines frühen Heiligen zurückwirft.

Es passiert ihm wie allen Cracks, daß er Löcher in die Luft haut, ja daß er Schläge verfehlt, die der talentierte Spieler immer bekommt. Zum Totschießen famos, wie er, anbrausend und vorbeischlagend, dann dasteht. Das Verpatzen seiner Kunst ist für den Abbé so selbstverständlich wie ihr Glanz. Sicher hat der Gleichmut des Priesters etwas Gewaltigeres, wenn er sich verschlagen hat, als nach einem Treibball, der meisterlich ist.

Diese vier Männer sind aus einem anderen Zeitalter. Der Regen macht sie der Natur näher. Das Meer braust hinter dem Park von Aguiléra. Die vier Männer entwickeln Stellungen und Bewegungen, die dem Tempo unserer Epoche angehören, die es aber an Größe weit übertreffen. (...)

Diese Bewegungen, welche sportlich und sachlich ungeheuer klar und präzis sind, besitzen die furchtbare Rührung, welche die Erinnerung an alles Heldische erregt in einer Epoche, die damit gebrochen hat und welche Rekorde und Stile anerkennt, aber nicht mehr, in diesem Rahmen, Größe.

Es ist kein Zufall, daß in das Match bei Aguiléra der Atlantische Ozean hineinspricht. Es ist nicht ohne Sinn, daß hinter diesen Duellen die Pyrenäen anmarschieren in ihrer samtartigen Wildheit. Diese Natur, die einen Zirkus von Gletschern und eine silberne Dünung kennt, verschmilzt das Panische und das Bezaubernde in eigenartigem Maß.

In diesem Raum stehen die eleganten Spieler mit den übermenschlichen Stahlarmen ausgezeichnet. (...)

Fünftes Kapitel

Vergnügungen

»›In *Spanien* sind die Weiber *Königinnen*‹ …
Im Durchschnitt genommen, betrachten sie ihre
Liebhaber als ihre Bedienten, und ihre Ehemänner
als ihre Sclaven.«

Theophil Friedrich Ehrmann

Theophil Friedrich Ehrmann

Galanterie

»In *Spanien* sind die Weiber *Königinnen*«, hat ein witziger Franzose gesagt, und er hat wahrlich Recht. Denn hier sind die verheiratheten Frauenzimmer wahrhaft unabhängig, und herrschen über die Männer. Im Durchschnitt genommen, betrachten sie ihre Liebhaber als ihre Bedienten, und ihre Ehemänner als ihre Sclaven. – Von der Tyrannei und Eifersucht der spanischen Ehemänner darf gar nicht mehr die Rede seyn, die Geschlechter haben hier die Rollen gewechselt, denn jetzt sind die Weiber die Herrscherinnen; mit ihrer Unterwürfigkeit ist es zu Ende. Dies erhellt besonders deutlich aus ihren häuslichen Verhältnissen und aus ihrem Umgange. Alles ist hier darauf berechnet, die Männer in einer gewissen Unterwürfigkeit zu erhalten; selbst der größte Theil der gesellschaftlichen Spiele hat im Grund nur diesen Zweck.

Die *spanischen Weiber*, besonders die aus den höheren Ständen und die zu Madrid, haben (da die Zahl der Müssiggänger so groß ist) immer mehrere galante Herren zu ihrer Unterhaltung und Bedienung um sich, die in verschiedene Classen, als: *Annos*, *Estrechos*, *Santos* und *Cortejos* abgetheilt sind, die wir hier schildern wollen.

Die Annos haben Namen und Entstehung von folgender Sitte. Am letzten Tage des Jahres versammeln sich in einem Hause alle Freunde und Freundinnen desselben um die *Annos* auszuloosen. Alles ist munter, lacht und scherzt. Unter mancherlei Neckerein und launigen Scherzen werden die Zubereitungen zu den Verloosungen getroffen. Die Namen aller anwesenden Herren werden wie Lotterieloose auf kleine Papierchen geschrieben und in einen Hut gethan; das Gleiche geschieht mit den Namen der anwesenden Frauenzimmer;

welche aber in einen andern Hut geworfen werden. Zwischen Verheiratheten und Ledigen wird hiebei kein Unterschied gemacht, und um die Loose beider Geschlechter gleich zu machen, werden im Falle einer Ungleichheit der Zahl, auch die Namen von abwesenden Freunden und Freundinnen als Loose aufgeschrieben, damit eine gleiche Zahl herauskomme. – Hierauf wird aus jedem Hute zu gleicher Zeit ein Looszettelchen gezogen, und die zwei Personen beiderlei Geschlechts, deren Namen zu gleicher Zeit herausgezogen werden, sind dann *Annos*; das heißt, für das ganze beginnende Jahr ein Paar, das auf wechselseitige Gefälligkeiten Anspruch machen kann. Der Herr, der ein solcher *Anno* ist, hat nicht nur das Recht, seine Dame zu jeder Zeit zu besuchen, sondern es ist auch seine Pflicht, ihr immer den Hof zu machen, sie überall hin zu begleiten, sie zu unterhalten und ihr aufzuwarten. Bei dem Antritte seines Amts muß der *Anno* seiner erwählten Dame ein kleines Geschenke machen, das als Huldigungszeichen angesehen wird. Diese Sitte giebt zu mancherlei Späßen und Schäkereien Anlaß, besonders wenn ungleiche Paare zusammen kommen. Zwischen ledigen Personen werden bei solchen Gelegenheiten oft ernsthafte Liebschaften gestiftet.

Gleiche Bewandniß hat es mit den *Estrechos*, nur mit dem Unterschiede, daß sie am heil. Dreikönigstage gezogen werden; bei jedem Paare wird dann zugleich eine gedruckte Devise gezogen, welche meistens sinnreichen und satyrischen Inhalts ist, und dann immer vielen Stoff zum Lachen giebt. – Gewöhnlich werden in denselben Gesellschaften, in welchen *Annos* gezogen worden sind, um unangenehme Collisionen zu vermeiden, keine *Estrechos* gezogen; geschieht es aber doch zum Spaße, so haben die *Annos* immer den Vorzug, und die *Estrechos* haben dann eine untergeordnete, weil unbedeutende Rolle zu spielen.

Die *Santos* werden auf ähnliche Art, aber in der Christnacht gezogen; sie haben ihre Benennung von den Heiligen, die zugleich mit herausgezogen werden. Die Dame muß sodann dem Heiligen des Herrn, und dieser dem Heiligen der Dame seine besondere Andacht bezeugen. Die übrigen Bedingungen sind, wie bei den vorhererwähnten, doch kann nicht Einer und derselbe zugleich *Anno*, *Estrecho* und *Santo* seyn.

Weit bedeutender ist die Rolle der *Cortejos* bei den spanischen Damen; diese sind ungefähr dasselbe, was die *Cicisbei* bei den Italienerinnen sind. Die *Cortejos* werden nicht durch Zufall, sondern durch eigene Wahl und Vorliebe bestimmt. Man findet sie nur bei der reichen Classe der *Spanier*; denn als Kinder der Galanterie und des Müssiggangs können sie bei der arbeitenden Menschenclasse nicht gedeihen. Bei einer Frau von gutem Tone ist ein *Cortejo* ein unentbehrliches Stück; er ist ihr Freund, ihr Rathgeber, ihr Liebhaber; er ist gleich dem Schatten unzertrennlich von ihr; er ist der Vertraute ihres Herzens; der Theilnehmer aller ihrer Freuden und Leiden, und ihr Gefährte auf allen ihren Gängen und Wegen; er begleitet sic in dic Kirche, in die Tertulien und auf die Promenade. Morgens frühe macht er seiner Dame die Aufwartung, während sie noch im Bette liegt; er trinkt die Schokolate mit ihr; er unterhält sie bei dem Putztische; er legt selbst dabei hülfreiche Hand an. Gewöhnlich speist er auch zu Mittags und Abends mit ihr; er kommt beinahe nie von ihrer Seite, und nur des Nachts macht er dem Ehemanne Platz. – Mancher *Cortejo* wohnt sogar im Hause seiner Dame, und dann ist es dem Fremden nicht wohl möglich, den Liebhaber von dem Ehemanne zu unterscheiden. – Diese Sitte der *Cortejos* ist so allgemein bei allen Leuten, die nur einigermaaßen im Wohlstande leben (zu *Madrid* wenigstens) eingeführt, daß auch der eifersüchtigste Mann sich ihr nicht entziehen kann. – Daß die eheliche Glückseligkeit viel bei diesem *Cortejat* verlieren müsse, ist augenscheinlich; denn wenn die Frau auch noch so tugendhaft ist, so bleibt ihrem Ehemanne doch von ihrem

Besitze gar nichts übrig, als der Körper; alles Andere gehört dem *Cortejo*. – Doch gegen so tiefgewurzelte Gebräuche läßt sich nichts einwenden.

Es ist überhaupt in *Spanien* nicht Sitte, daß ein Frauenzimmer ohne männliche Begleitung ausgeht: denn wenn ein Frauenzimmer sich ohne dieselbe auf einem Spaziergange oder vor der Stadt zeigt, so hat jede Mannsperson, und wenn es auch ein Lakai ist, die Freiheit sich in ein ungeziemendes Gespräch mit ihr einzulassen; wird dies nicht thut, wird *Agacaos* genannt. Daher lassen Vornehmere einen Bedienten vor sich hertreten; denn es ist hier nicht Sitte, daß der Bediente hinterdrein geht. – (…)

Franz Xaver Rigel

Öffentliche Tanzsäle

Fühlte man nach beendigtem Schauspiel' noch nicht Lust oder Bedürfniß der Ruhe; so fand sich jeden Abend noch Gelegenheit, in den *öffentlichen Tanzsälen* einen Theil der Nacht zuzubringen. Hier aber mußte Jeder, in dem der Sittlichkeit Funke noch nicht ganz erloschen, die tiefe Verborgenheit beseufzen, in welche die menschliche Natur, besonders die des weiblichen Geschlechtes, das sich allen Arten erdenklicher Ausschweifungen überließ, versunken erschien. Vor der Franzosen Ankunft duldete die Polizei keine solchen Bälle, auch von öffentlichen, unter ihrer Aufsicht stehenden, Bordellen wußte man nichts; später wurden indeß die letzten eben durch diese Bälle zur Genüge ersetzt. Zwar kannte man auch früher unter den Bourbonen die Bailes sérios, welchen manche bezahlte Venuspriesterinn beigewohnt haben mochte; aber es wurde doch immer noch ein gewisser Anstand dabei beobachtet; bis sie durch das Erscheinen der Franzosen ihren Charakter nicht länger zu verläugnen vermochten und sogar in die zügellosesten Bachanalien ausarteten. Nur feile, öfters von warmem Wein und Punsch berauschte, aber stets prächtig gekleidete und meist sehr hübsche, Dirnen boten sich hier den Blicken dar und zeigten eine Unverschämtheit, wie man sie vielleicht selbst zu Paris im Palais royal nicht finden wird. Dergleichen öffentliche Tanzsäle gab es damals zu Madrid zehn bis zwölf, die alle häufig besucht waren. Nicht selten traf man dort verkleidete Mönche, welche sich für den harten Zwang unnatürlicher Gelübde auf einige Stunden desto ungebundener zu entschädigen suchten. Tief in ihre Mantilla gehüllt, von der verschwiegenen Duéña begleitet, erschien auch wohl manche Dame aus den höhern Ständen, um der jungen Bachanten Taumel zu sehen, vielleicht gar ihn zu theilen.

Zu den minder glänzenden, aber betuchtesten solcher Tanzsäle, die gewöhnlich Abends neun Uhr eröffnet wurden, gehörte der in der Calle de Caballéro de Grácia. Hier wie in allen übrigen konnte man jede Art von warmen und kalten Getränken und Speisen haben, welche sich die Wirthe zu überaus hohen Preisen bezahlen ließen. Billiger war die Eintrittsgebühr zu vier Reálen für Männer, und das Orchester, gewöhnlich durch die Musik der königlichen Garden besetzt, immer sehr gut. Die Frauenzimmer wurden unentgeldlich eingelassen und noch überdies auf des Wirthes Kosten in Wagen von Hause abgeholt; für ihre Rückkehr aber hatten sie selbst zu sorgen, wofern sie nicht anziehend oder schön genug waren, irgend einem der anwesenden Männer zu gefallen, der sich durch solche Ansichten bewogen fühlte, ihnen das Geleite zu geben. Nur selten genoß man an diesen Orten des Vergnügens, eine Seguidilla, einen Fandángo oder Boléro aufführen zu sehen. Fast ohne Ausnahme beschränkte man sich auf Teutsche Walzer oder Französische Contretänze, die indeß das niedliche Füßchen der herrlichen Spanierinn, wenngleich mit Einmischung von Manchem aus ihren Nationaltänzen, bald so einstudirt hatte, daß man jene leicht darüber vergessen konnte, so sehr sie auch in Rücksicht auf Sinnenreiz alle Vorstellung übersteigen. Das Militär handhabte hier in Vereinigung mit den Polizeiinspectoren und ihren Alguaziles die Ordnung. Nichts desto weniger geschah es einige Male, daß in den Nebenzimmern aus Eifersucht blutige Duelle und selbst Meuchelmorde vorfielen, in deren Folge die Tanzsäle, wo dies statt fand, auf Befehl der Regierung gewöhnlich für immer geschlossen wurden. (...)

Wilhelm Krause

Die Osterkomödie auf dem Lande

Die Ostertage habe ich leider wegen vielen Kopfwehs im Bette gefeiert, was ich um so mehr bedauerte, als mir auf solche Weise die Gelegenheit entging, mancher interessanten Scene Augen- und Ohrenzeuge zu sein. Das Osterfest ist das Hauptfest in Spanien, und jeder Tag in der heiligen Woche ist durch Prozession und dergleichen kirchliche Ceremonien ausgezeichnet. Am Sonnabend vor Ostern habe ich mich aber doch nach Chourriana, einem, ein und eine viertel Meile von Malaga entfernt gelegenen, Dorfe begeben, um dort einer höchst ergötzlichen, in unserm Sinne wahrhaft tragisch komischen Religionsfeierlichkeit beizuwohnen. Es wird nämlich hier in Chourriana die ganze Leidens- und Kreuzigungsgeschichte Christi theatralisch, mit allen nur möglichen Specialitäten, dargestellt, ähnlich den Komödien im Mittelalter, wie sie in Klöstern zur Volksbelustigung und Belehrung aufgeführt wurden. Nur scheint mir die Darstellung hier weit frivoler und lächerlicher.

Der hübscheste Bursche im Dorfe übernimmt die Rolle Jesu und das hübscheste Mädchen die der Jungfrau Maria. Auf einem großen Platze im Dorfe werden Gerüste aller Art aufgeschlagen, die das Haus des Pilatus, das Haus, wo Christus das Osterlamm verzehrt, und dergleichen mehr vorstellen. Eben so werden die Kreuze für Christus und die beiden Missethäter angefertigt, und dann die Rollen an die vornehmsten im Dorfe vertheilt, da es zur Ehre gerechnet wird, thätig in solcher Lächerlichkeit und entheiligenden Späßen mitgewirkt zu haben.

Alles wirft sich in ein angemessenes Costüm. Die römischen Soldaten flankiren zu Fuß und zu Pferde auf dem Platze umher, bis mit dem Schlage zehn Uhr Morgens endlich auf dem Balkon eines an dem Platze gelegenen Hauses, der Priester erscheint, zur Aufmerksamkeit ermahnt, und nun die ganze Leidensgeschichte auf die Versammlung erst herunter declamirt, und – da der Lärm immer lauter wird – herunterbrüllt. Die Tragöden und Künstler unterlassen nicht, während dieser Prolog seine Redekunst zeigt, mit entsprechenden Gesten und Geberden ihn zu begleiten. Welche Lächerlichkeiten dadurch zu Tage kommen, kann man sich kaum denken. Diesmal stand ein ungemein langer magerer, aber mit einer Löwenstimme begabter Priester als Prolog da. Er schrie oft so plötzlich auf, daß die Pferde unten die muthwilligsten Sprünge und Capriolen machten, und, mir scheint es, als hätte er es später wirklich darauf abgesehen, durch sein Geschrei die Thiere wild zu machen. Die Volkslust stieg hierbei natürlich bis ins Unendliche. Zunächst ihm stand der französische Consul mit mehreren Damen. Der erstere hielt dem schwitzenden Priester einen Schirm vors Gesicht, damit er im Sonnenbrande nicht völlig gebraten werde, zumal die Erzählung eine volle Stunde dauerte. Jedoch ließ es der Geistliche nicht an Erfrischung fehlen. Besonders, an geeigneten Stellen, griff er nach dem Wein und Wasser, das auf einem Tische, unweit von ihm, stand. Daß er es auf Erbauung der Zuhörer nicht abgesehen hatte, mögt Ihr Euch denken; an einzelnen Stellen aber spielte er wirklich den Possenreißer. Besonders, als er Petrus Verrath vortrug, krähte er bei einer geeigneten Pause, wie der Hahn damals gekräht. Ein schallendes Gelächter lohnte ihn dafür. Auch keine Seele, die daran ein Arg nahm.

So ging es nun in der herrlichen Belustigung bis zur Kreuzigung weiter. Als aber nun Jesus mit dem Kreuze abgeführt ward, und auf dem Wege nach Golgatha seine Mutter trifft, von der er, wie uns die Bibel erzählt, unter herzlicher Umarmung Abschied nimmt; so will natürlich unser Pseudo-Jesus ein Gleiches thun und seiner mütterlichen Maria, die, wie gesagt, ein wunderhübsches Mädchen ist, mehrere herzliche Küsse applicieren. Allein wider alles Vermuthen findet dieser Ausbruch kindlicher Zärtlichkeit eine Erwiderung in einer tüchtigen Ohrfeige, worauf sich das Mädchen gewaltsam der zärtlichen Umarmung ihres Sohnes entzieht. Nun brach der fürchterliche Tumult los. Man fragt; und die Geschichte wird jetzt offen und klar. Der Pseudo-Jesus fühlt, wie es jetzt jeder hört, und wie es bereits früher die Dorfleute alle wußten, eine ganz andere Art von Liebe als die kindliche, zu seiner jungfräulichen Mutter, diese aber verschmäht ihn offen, weil bereits ein Anderer ihr Herz in Beschlag genommen hatte. Heute wollte nun der unglückliche Liebhaber den Versuch machen, ob er unter der Maske der Heiligkeit ein paar Küsse von der ihn verschmähenden Geliebten erhaschen kann. Vielleicht wäre diese nicht so spröde gewesen, und hätte, unbeschadet ihrer zärtlichen Liebe zu dem andern Geliebten, aus mütterlicher für den Pseudo-Jesus sich veranlaßt gefühlt, ihm auch einen kleinen Wunsch zu erfüllen. Allein, sie hat im Vorübergehen ihren höchst eifersüchtigen Geliebten mit den flammenden Augen dastehen gesehen, und wollte durch die Ohrfeige ihm den schlagendsten Beweis ihrer Treue liefern.

Indeß, so sehr dieser Beweis dem Geliebten gefallen haben mag, das Publikum ist höchst aufgebracht über die unzärtliche Mutter, und man ruft dem Mädchen von allen Seiten zu: sie müsse *den Jesus küssen*. Der Vater des Mädchens, der die Rolle des hohen Priesters spielt, tritt heran und schmäht die Tochter und – da sie sich nicht dazu verständigen will, den Jesus zu küssen, erhält sie ein paar Rippenstöße zur Ermahnung.

Allein der unglückliche Jesus macht dem Streit ein Ende. Er nimmt sein Kreuz auf und setzt seine Wanderung weiter fort.

Bei dieser ergötzlichen Scene schrie nun der Pfaffe, als wollte er alle taub machen. Ich habe niemals im Leben solch eine entsetzliche Stimme gehört. Kaum ist nun endlich die Ruhe wieder hergestellt und der Zug in Ordnung, als eine neue Unterbrechung statt findet. Der französische Konsul, ein etwas beleibter Mann, kann sich nämlich noch immer nicht vom Lachen erholen, er hält sich den Bauch und schüttelt sich derart, daß er den Schirm grade dem Pilatus auf den Kopf fallen läßt, der nun nicht unterläßt, ein Zetergeschrei zu erheben. Noch größerer Tumult, noch allgemeinere Aufregung ist die Folge. Alles schrie tobte und lachte unter einander. Nur mit Mühe war die Ordnung wieder herzustellen. Dabei müßt Ihr wissen, daß fast die ganze Jugend Malaga's Zeuge dieser Komödie ist, und das seinige dazu beiträgt, die Lustbarkeit in's unglaubliche zu steigern. Natürlich sind die jungen Leute Malaga's den Bauern des Dorfes sehr unwillkommene Gäste, hauptsächlich aber, weil diese fast immer einen Streich in Petto haben, der gewöhnlich glücklich ausgeführt wird.

Wirklich war dies heute auch der Fall, und ich habe ein Schauspiel erlebt, das an Ausgelassenheit Alles überbot. Die Stille war glücklich wieder hergestellt, der Zug in Ordnung, und es ging nun an die Kreuzigung selber. Ein Missethäter war bereits ans Kreuz geschlagen, was vermittelst Stricken noch ziemlich täuschend gemacht wurde. Nun begann der Priester, der bisher auch nicht die mindeste Feierlichkeit im Tone verrieth, feierlicher zu werden, da die Kreuzigung Jesu vor sich gehen soll. Ein römischer Soldat stellt eben das eine Ende der Leiter an das Hauptkreuz, das andere an die Tribune, und steigt hinauf, es herrscht die tiefste Stille, die Pointe der Feierlichkeit soll nun statt finden. Kaum aber hat der Soldat ein paar Stufen bestiegen, als mit einem Male das Gerüst zu knacken anfängt, und ehe man sich's versieht, stürzt mit fürchterlichem Geprassel alles zusammen, und das Gerümpel begräbt unter seinen Trümmern sowohl Jesus wie Maria, den

Hohenpriester und Pilatus und alle sonstigen heiligen Akteur's, so daß mir's unbegreiflich ist, wie auch nur einer ohne bedeutende Verletzung davon gekommen ist. Man kann sich den neuen Tumult denken. – Nun ist man im Begriff, auf's schnellste wieder alles in den Stand zu setzen, da sieht man denn den Zusammenhang näher. Alle Balken, Stangen und Bretter sind von den jungen Leuten aus Malaga bis über die Hälfte durchgesägt, und diese sitzen bereits zu Pferde, um dem Zorn der wüthenden Bauern zu entfliehen.

Was nun Hände und Beine hat, stürzte hinzu, um die Thäter zu bestrafen. Diese lachen nicht wenig, und jagen davon, verfolgt von den Dorfbewohnern, die sich gleichfalls auf ihre Pferde geworfen hatten. Natürlich konnten sie die Flüchtigen nicht einholen, die städtischen Rosse sind bei weitem leichter und schneller. Bald kehren die Bauern, die römischen Soldaten, der hohe Priester und Pilatus, die sich auf Pferde geworfen hatten, zurück, in der Hoffnung, ihr Stück dennoch fortzusetzen, denn das Kreuz des einen Missethäters steht noch. Allein auch dieser Plan ist vereitelt: *Jesus fehlt!* Auch er hat sich auf ein Pferd geworfen, um die Schmach, die man ihm angethan, zu rächen. Leider hatte er sich auf ein städtisches Pferd geworfen, und dieses wurde im Laufe so scheu, daß es weder Zügel noch Stock gehorchen will, und der Unglückliche wird nun von seinem Pferde im vollsten Carriere bis nach Malaga gebracht, wo dies vor seiner verschlossenen Stallthüre plötzlich Halt macht, und seinen Reiter zur Erde schleudert.

Nun erst begann der Spaß, als die Hauptperson, mit der Dornenkrone, von den muthwilligen Widersachern empfangen wird. Er wüthet, schreit, tobt; allein bald legt sich seine Wuth, er wird nun im Triumph in der Stadt herumgeführt, bis man in einem Wirthshause, bei einigen Flaschen Xeres und Malaga die Versöhnung feiert.

Daß dieser Spaß der Hauptstoff der Unterhaltung für viele Wochen war, mögt Ihr Euch denken. Jeder mußte erzählen, wo er bei dieser oder jener glücklichen Affaire gestanden.

Tausend einzelne Späße wurden erst später bekannt und erfunden, und unsere Jugend war besonders auf das diesjährige Gelingen ihres Spaßes stolz.

Das Osterfest soll nun der Freuden sehr viele gebracht haben, und sind die meisten Ergötzlichkeiten biblischen Ursprungs, allein wie unwürdig solche ausgeführt werden, und wie sehr solche heilige Handlungen eher Gotteslästerungen sind, das könntet Ihr Euch vorstellen, wenn Ihr der Kreuzigung beigewohnt hättet. In der That, von der Geistlichkeit geschieht auch alles, um jede Spur von Andacht zu verscheuchen. Neulich bin ich in der Cathedrale, da spielt der Organist die lustigsten Stückchen, und giebt am Ende die Ouverture aus dem Califen von Bagdad zum Besten. – –

Sechstes Kapitel

Der Osten

»O Valencia, Land der Gesundheit, und der patriarchalischen Lebenszeit! Hierher wollen wir eilen, um den Jahren des Alters froher entgegen zu sehen!«

Christian August Fischer

Gabriel Strobl

Spaziergang durch Barcelona

Barcelona gilt Vielen als die schönste Stadt Spaniens und es läßt sich nicht leugnen, daß sie an Regelmäßigkeit der Anlage, an Reichthum und Eleganz der Auslagen, an Bauart der Häuser hinter keiner zurücksteht; doch wird sie meines Erachtens an Pracht der öffentlichen Bauten, zumal Kirchen, von Toledo, vielleicht auch Sevilla, an Fruchtbarkeit der Umgebung von Valencia und Murcia, an Schönheit der Lage von Granada und Toledo übertroffen; zudem besitzt jede dieser Städte ihr ganz eigenthümliche, mit den Schönheiten der anderen nur sehr schwer vergleichbare Reize, so daß es kaum zu eruiren ist, welcher dieser Edelsteine der spanischen Krone das schönste Farbenspiel, das lebhafteste Feuer, den blendendsten Glanz und den feinsten Schliff besitze. Die Straßen Barcelonas sind gewöhnlich – zum Schutze gegen übermäßige Hitze – sehr eng, die Häuser hoch und vielfach palastartig, statt der Fenster überall ventenas, Flügelthüren mit eisernen Balconen, auf die stets ein buntfarbener, leinener Vorhang herabwallt, der bei jedem Luftzuge sich bewegt und so der Stadt das Ansehen gibt, als sei sie festlich mit Fahnen geschmückt. Doch habe ich weder die Pflasterung so nett, noch die Reinheit derselben so groß gefunden, als sie geschildert wird; in mancher Gasse wurden nämlich unsere Geruchsorgane sehr unangenehm afficirt, und die Straßen waren allerdings mit großen quadratischen Platten gleichsam gemauert, aber diese Platten bildeten häufig gegen einander bedenkliche Winkel, auch an Gruben fehlte es nicht, und selbst die Trottoirs ließen an Regelmäßigkeit Manches zu wünschen übrig.

Die herrlichsten *Auslagen* (allerdings meist Pariser Waaren) fanden wir nicht auf der *Rambla*, wie man hätte erwarten können, sondern in der *Calle Fernando VII*, welche unter einem fast rechten Winkel in dieselbe mündet. Diese bildet den eigentlichen Bazar von Barcelona. Wir sahen hier besonders Fächer aller Art, von den prächtigsten, mit kostbaren Edelsteinen geschmückten bis herab zu den einfachsten papierenen, die man um einige Cuartos kauft; glitzerndes Gold- und Silbergeschmeide, sehr viele Hüte und Sonnenschirme; Bilder spanischer Stiergefechte, Brieftaschen; Verbandzeuge, dargestellt an nackten, lebensgroßen Modellen, welche damit völlig bekleidet waren; wundervolle goldene Uhren, oft mit Diamanten und Rubinen oder mit reizenden Porträts in Medaillonform besetzt; eine Unzahl leichter, erfrischender Getränke, wie Seltzerwasser *(Agua de Seltz)* und *Limonada gaseosa*. Auf der Rambla sah ich auch einen käuflichen Papagei, der ganz deutlich einige spanische Worte sprach. – An Gast- und Kaffeehäusern ist gerade kein Ueberfluß, ebenso an Cigarrenhandlungen und wir mußten ziemlich lange suchen, um eine solche aufzutreiben. Uebrigens kann man von den spanischen Cigarren dasselbe sagen, was der heilige Franz Salesius von den Schwämmen behauptete: »Selbst die besten taugen nicht viel.« Der Spanier hält noch immer an der Papier-Cigarette *(cigarito)* fest, wenn er sich auch gezwungen sieht, alle zehn Minuten eine neue zu nehmen; sie haben auch noch das Unangenehme, daß sie gar nicht geleimt sind und nicht selten auseinander gehen; dafür sind sie sehr schwach und billig. Von Zündhölzchen scheint in ganz Spanien nur eine Sorte zu existiren, geruchlose mit Wachsstengeln. Außerdem ist auch Stahl und Feuerstein noch in Uebung, ich sah wenigstens in den Läden Barcelonas Tausende dieser altmodischen Utensilien. Auch ein Bierhaus wurde nahe dem Meere entdeckt, doch vertrieb uns der Genuß des ersten Glases den Appetit auf das zweite. (...)

Dagegen knüpft sich an den Besuch des östlich daran gelegenen *öffentlichen Gartens* eine Reihe der reizendsten Erinnerungen. Er ist jüngeren Datums, daher noch ziemlich schattenlos, aber die Schönheit der Anlagen sucht ihres Gleichen. (...)

Noch möge die eingangs befindliche Warnungstafel als Probe spanischer Höflichkeit eine Stelle finden: »Da dieser Garten Eigenthum aller Bürger der Stadt ist, so liegt es im Interesse aller, Beschädigungen desselben zu verhüten. Es werden daher die Anlagen dem Schutze des Publicums empfohlen.« Man vergleiche damit die zahllosen Maueranschläge der k. k. preußischen Polizei-Direction in den Rheinlanden, welche auf die geringfügigste Verletzung oder Verunreinigung so und so viel Mark Strafe setzen.

Um unsere durch die Hitze und die weiten Wege erschöpften Lebensgeister aufzufrischen, besuchten wir noch die im Garten gelegene elegante Restauration, wo wir mit der schon erwähnten Limonade gazeuse in nähere, ja allzu nahe Berührung kamen. Sie war, wie Champagner, wohl verwahrt und der Flaschenhals mit Schnüren umwunden; als wir diese gelöst hatten, erfolgte ein furchtbarer Knall, der uns gänzlich verblüffte; ich kam erst wieder zur Fassung, als ich sah, daß ein Theil des hochaufschäumenden Inhaltes sich über mein Beinkleid ergossen hatte. Dazu gab es ausgezeichneten Kaffee, bretharten, aber wohlschmeckenden Schinken *(jamon)*, feurigen, aber, gleich dem sicilianischen, etwas herben, zusammenziehenden Rothwein und ausgezeichnetes Weißbrod. Auf den nahen Bäumen in Käfigen hängende Canarienvögel lieferten die Tafelmusik.

(...) Es wäre nun in Barcelona noch gar Vieles zu besichtigen gewesen, z.B. Theater, Bibliotheken, Casernen, Fabriken, Wohlthätigkeits-, Unterrichts-, wissenschaftliche Anstalten, Cabinete etc.; aber wir wollten uns durch Dinge, die man ebenso gut oder noch instructiver in der nächstbesten Großstadt findet, die knapp zugemessene Zeit nicht verkümmern und setzten für den nächsten Morgen die Abreise fest. Den Rest des Tages benützten wir zu einem *Seebade*. Dazu diente ein am Fuß des Montjuich liegendes Schiff, zu dem in kurzen Intervallen eine zweiräderige Kutsche hinausfuhr. Der rechteckig zugerichtete Bauch desselben diente als Communbad und war erfüllt mit in toller Ausgelassenheit sich gegenseitig überschüttenden, an Lungenkraft sich überbietenden Männern. Da uns die Scene doch allzu südlich lebhaft vorkam, trieben wir uns lieber im offenen Meere herum, wobei meinem Begleiter seine größere Beleibtheit sehr zu Statten kam. Trotz der bedeutenden Dichte des Salzwassers mußte ich beständig nachhelfen, um meine dünne Figur auf der Oberfläche zu erhalten, während er sich behäbig von den Wellen schaukeln ließ. Endlich waren wir in den kühlen Fluthen des Mittelmeeres all des Reiseschmutzes gründlich losgeworden und kehrten verjüngt auf die Rambla zurück, wo sich nach Scheiden der Sonne ein äußerst reges Leben entwickelt hatte. Die ganze Straße war bespritzt und mit Gas prächtig beleuchtet. Wer immer konnte, strömte nach eingenommener *cena* derselben zu und erging sich in der erfrischenden Kühle, in traulichem Gespräche mit seinen Freunden oder am Arme der Gattin. Alle Altersstufen und Stände, vom reichen, elegant nach Pariser Mode gekleideten Marchese bis herab zum Arbeiter mit der feuerrothen Zipfelmütze, rothen, seltener schwarzen Leibbinde *(faja)* und den dürftigen, sandalenartigen *algarbatas* waren vertreten und es herrschte hier täglich die vollste Gleichheit, welche man in nordischen Ländern erst im Grabe und selbst da nicht findet. In schönster Ordnung wogten die Menschen in diesem riesigen Gesellschaftssaale, dessen Decke der gestirnte Himmel bildete, auf und nieder oder saßen auf den prächtigen Marmorbänken unter dem Schatten der alten Platanen; trotzdem die Menge nach Tausenden zählte, war es verhältnismäßig sehr stille und ob auch Jeder uns als Fremde erkannte, hatten wir uns doch nirgends einer Zudringlichkeit zu erwehren oder einen lästigen Antrag abzuweisen. Spät rissen wir uns los, nahmen im Hotel die *cena* und legten uns nieder.

Julius Meier-Graefe

Im Parque Güell

Barcelona, den 25. Juni.

Barcelona ist ein Gemisch von sublimen und grotesk häßlichen Dingen. Der Blick von Tibidabo auf die Berge und Täler, auf den gewaltigen Klotz des Montserrat und, auf der anderen Seite, auf die Stadt ist unvergeßlich. Wir fuhren abends hinaus, um die Johannisfeuer zu sehen. Die Berge waren in dem grauen Dunst nur durch die pünktchenhaften Feuer zu unterscheiden. Unten lag die Stadt wie ein riesiger Bahnhof mit Millionen Lichtern. Dazwischen flammten die roten Feuer. Die ganze Stadt war auf dem Berge, und jeden Augenblick kamen noch Hunderte von Menschen dazu. Man konnte sich einbilden, daß in dieser Nacht Barcelona nur von Lichtern bewohnt war. Gegen Mitternacht fuhren wir hinunter zu dem Volksfest im Park Guell. Park klingt harmlos und friedlich. Man denkt an stille Alleen mit graziösen Frauen und weißgekleideten Babys, womöglich sogar an grüne Bäume. Diesen Gedanken muß man im Parke Guell fahren lassen. Ich weiß nicht, ob der Name im Spanischen angenehmer klingt als für nordeuropäische Ohren. Die Idee Utrillos, uns nach Mitternacht, wenn Bourgeois wie wir längst im Bette liegen, in den Park zu führen, hatte schon an sich etwas recht Bedenkliches. Noch dazu in einen Park Guell. Die letzte Silbe bestreitet alles, was die erste versprechen könnte. Ich stellte mir unwillkürlich etwas Absonderliches vor. Glücklicherweise, denn ich glaube, ganz ohne Vorbereitung kann einen zu nachtschlafender Zeit hier der Schlag treffen. Die Fahrt dauerte eine Ewigkeit. Barcelona ist über Nacht groß geworden und beherrscht noch nicht die Menschenmassen. Jeden Augenblick riß oder schmolz irgendein Draht der Elektrischen, und die zum Bersten überfüllten Wagen standen festgekeilt zwischen Menschen, Droschken und Automobilen.

Utrillo vertrieb uns die Zeit mit Kommentaren. Er sprach wie ein echter Spanier unaufhaltsam. Es scheint, daß die Menschen hier erst in der Nacht aufwachen, wenn wir schlafen gehen. Am Tage war er eher wortkarg gewesen. Ob der Wagen stand oder fuhr, ob wir auf dem holprigen Weg zum Park hinauf zusammenwaren oder vor einem Knäuel Menschen auseinandergerissen wurden, er erzählte immer weiter, von Katalanien und seiner Sonderstellung in Spanien, vom Sozialismus und Volkserziehung, von Rusiñol und Zuloaga, und begrüßte dabei jeden Augenblick Bekannte, sprach mit ihnen und mit uns Spanisch, Französisch, Katalanisch, sogar Deutsch. Langhans, der immer ein wenig zur Vertrottelung neigt, fing an, Englisch zu reden. Schließlich kamen wir, es mochte zwei Uhr sein, an eine Art Grotte, oder vielmehr eine Art Tempel, oder ein Riesenkarussell, das sich aber nicht bewegte. Säulen, die ungeheuren Elefantenzähnen oder Walfischbärten oder ins Unendliche vergrößerten Upmanns glichen, trugen es. Von da führte ein Weg neben schwindelnden Abhängen, die mit Totenköpfen oder was weiß ich, gesäumt waren, zu einem Plateau, das sich beim näheren Zusehen als schwebender Garten herausstellte und das Dach des Tempels war, in dem wir vorher gewesen waren. Dann kamen wir an einen kilometergroßen Blumentisch, auf dem statt Blumen dichtgedrängte Menschen standen. Daneben war wieder so ein Blumentisch und so fort, ich weiß nicht wie viele. Die monströsen Dinger schienen in der Luft zu schweben, und die Menschen darin hatten keine Ahnung von der drohenden Gefahr. Übrigens fehlte uns die Zeit, darüber nachzudenken, denn im Handumdrehen hatten wir wieder ein Gebäude von unbegreiflichen Formen vor uns, halb indischer Palast, halb Hundehütte, aus Fayence oder Glas oder Seifenblasen. Utrillo erzählte gelassen von Katalanien, als ob wir vernünftig irgendwo zusammensäßen. Ich aber nahm alle Kraft zusammen, blieb stehen und faßte das mir zunächst liegende Detail, einen Spucknapf oder ein Monument, energisch ins Auge. Es war richtig Fayence, und in den Formen erkannte ich ohne

Mühe Anklänge an Horta und Guimard. Die Erinnerung an ein Haus, das ich Tags zuvor auf der Gracia gesehen hatte, kam mir zu Hilfe. Ich befand mich nicht im Trans, sondern in einer modernen Architektur. O wie habe ich in diesem Moment Horta und Guimard, Endell und Obrist und wie die Übeltäter sonst noch heißen, alles, was ich je gegen sie gedacht habe, abgebeten. Sie erscheinen alle wie friedliche Klassizisten neben den Einfällen dieses Ungeheuers von Barcelona. Utrillo erzählte, der Mann würde auch eine Kathedrale bauen und habe viele andere Aufträge. Es beständen zwei Parteien in Barcelona, die eine gegen ihn, die andere für ihn. Es sei ein Mensch von großer Energie, und er würde es noch weit bringen. Mittlerweile waren wir wieder an einen großen Platz gekommen, der vermutlich in Wirklichkeit nur ein Regenschirm war. Auf dem Platze tanzten hunderte von Menschen die Sardana. Es war aber in Wirklichkeit gar kein richtiger Tanz. Um hölzerne Pfeiler, auf denen Plakate mit rätselhaften Inschriften befestigt waren, bewegten sich Kreise, die immer aus acht oder zehn Menschen bestanden. Es gab mindestens fünfzig solcher Kreise. Die Bewegung kam dadurch zustande, daß zuweilen das eine oder das andere Glied der Kette ein wenig hüpfte. Manchmal hüpften auch zwei oder drei. Es sah aus, als wären es gar keine richtigen Menschen, sondern Puppen, die an Fäden hingen, oder Klavierhämmer. Dazu spielte eine Musik mit Blasebälgen, unsäglich traurig. Langhans gluckste, er hatte die Augen weit aufgerissen, seine langen Beine schlotterten. Es waren gar keine richtigen Beine. Utrillo erklärte, die Sardana wäre aus dem nördlichen Katalanien importiert worden, wo sie von den Fischern getanzt würde, und sei, sozusagen, ein mathematischer Tanz. Die Tänzer müßten genau zählen, wenn sie hüpfen müßten, der Rhythmus regle sich nach folgendem System ...

Da packte mich die Angst. Ich gab Langhans einen Stoß, faßte Jeanne und rannte, was ich konnte.

Christian August Fischer

Glückliche Valencianer

Wenn es ein Ideal von Clima giebt, das der Menschengattung vorzugsweise angemessen ist, so muß es gewiß auch in Valencia zu finden seyn. In Valencia, wo sich alles zur Entwickelung, zur Vervollkommung, zur Erhaltung unserer Maschine vereinigt; in Valencia, wo ein glückliches Alter so häufig, und ein außerordentliches, keine Seltenheit ist.

Geht nach Chiva, nach Burjasot, nach Benimamer, nach Gandia, u.s.w. durchstreift den ganzen herrlichen Küstenstrich; überall werdet ihr Greise von siebenzig bis achtzig Jahren finden, denen ihr auf den ersten Anblick kaum einige funfzig gebt; überall werdet ihr von hundert und zwanzig – ja von hundert und vierzig-jährigen Alten hören, die immer noch munter und thätig sind. (...)

So starb z.B. in *Gandia* im Jahre 1796, eine *hundert und drey und zwanzig* Jahr alte Frau, Namens Maria Franzisca Tosca, die alle ihre Sinne, das Gehör ausgenommen, bis auf den letzten Augenblick behielt. Sie hatte Anfangs keine besondere Diät beobachtet, nur in den letzten zehn Jahren hatte sie fast allein von Brod und Früchten gelebt.

Auffallend ist es, daß eine Lähmung, die ihr im sieben und achtzigsten Jahre von einem Schlagflusse zurückgeblieben war, sechs Monat darauf von selbst verging; und noch merkwürdiger scheint es zu seyn, daß sie im sieben und neunzigsten Jahre, wo man ihr einer Kopfwunde wegen, ihr starkes schwarzes Haar abschneiden mußte, wieder den schönsten und schnellsten Haarwuchs bekam.

In Benimamer starb im Jahre 1799, in einem Alter von *hundert und zwanzig* Jahren, Antonio Navarete, der bis in sein sechzigstes Jahr Matrose gewesen war, und noch in seinem achtzigsten Jahre große Fischerkörbe auf dem Rücken trug.

In seinem sechs und achtzigsten Jahre, konnte er noch einen Kanonenschuß weit vom Ufer, die Flaggen vorbeyseegelnder Schiffe erkennen, und in seinem neunzigsten Jahre gieng er noch täglich fast eine Legua (anderthalb Stunden) weit. Er war *dreymal* verheirathet gewesen, und hatte sein letztes Kind im vier und siebenzigsten Jahre gezeugt. Seine Diät war nicht besonders gewesen, doch hatte er immer einen Abscheu vor Brandwein gehabt. Er starb an einem Beinbruche, nachdem er niemals krank gewesen war.

In *Morente* lebte noch im Jahre 1798, ein alter Winzer von *hundert und dreyßig* Jahren, der noch in seinem acht und sechzigsten Jahre, mit zwey funfzigjährigen Männern um die Wette gelaufen war.

Er hatte bis zum sechs und neunzigsten Jahre alle seine Zähne behalten, und pflegte bis zu seinem hundertsten Jahre noch täglich auf das Feld zu gehn. Nachher machte er Espartoflechten, und verdiente die Woche noch zwölf Realen damit. Der allgemeinen Erzählung nach, hatte er bis zu seinem dreyßigsten Jahre kein Weib berührt; und seit dem siebenzigsten blos von Früchten, Brod und Käse gelebt.

Zum Schlusse noch ein merkwürdiges Beyspiel von einer gewissen Maria Augustina Neroz, die im Jahre 1800 zu Chiva, in einem Alter von *hundert und zwey und vierzig* Jahren starb. Sie war in ihrem fünf und zwanzigsten Jahre verheirathet worden, und hatte acht Kinder gehabt, worauf sie in ihrem siebenzigsten Jahre, zwölf Jahr nach ihres Mannes Tode noch einmal ihre Menses bekam.

Ihr Lieblingsessen war Ziegenmilch gewesen, wozu sie dann und wann gebratene Sardellen aß. Bis zu ihrem hundert und elften Jahre pflegte sie noch wöchentlich einen Weg von drittehalb Leguas zu gehen; und bis zu ihrem hundert und dreyßigsten Jahre verdiente sie noch täglich zwey Realen mit Espartoarbeit. Sie hatte nur zwey Tage vor ihrem Tode Gehör und Gesicht verloren, und schlief fast unbemerkt beym Abendessen ein.

Doch genug! wiewohl sich die Anzahl dieser Beyspiele mit

leichter Mühe vermehren ließ. Immer werden sie indessen die Vorzüge dieses Clima's, und seinen lebensverlängernden Einfluß beweisen können. Welcher Unterschied gegen den Norden, wo das Alter immer so traurig, wo ein hohes Alter *verhältnismäßig* so selten ist!

O Valencia, Land der Gesundheit, und der patriarchalischen Lebenszeit! Hierher wollen wir eilen, um den Jahren des Alters froher entgegen zu sehen! Hier laßt uns Hütten bauen, um am Busen der schönen Natur alle verlorne Genüsse wiederzufinden! Hier wollen wir sterben, um ruhig und zufrieden in die Arme des letzten Freundes zu sinken!

Rosa von Gerold

Der Palmenwald von Elche

Bald wölbten sich die Palmen über uns! durch eine Allee gigantischer Stämme fuhren wir dem Thor von Elche zu und hinein in die saubere freundliche Stadt. In breiter Gasse öffnete sich hier eine Art Scheunenthor und der Wagen rollte in den Hof des Señor Taddeo, des Gastwirthes von Elche.

Wir wollten uns ein Almuerzo bestellen und sahen uns in Gastzimmer und Küche um. Es sah nirgends einladend aus. Das Zimmer war klein, der Tisch voll schmutzigen Geräthes und voll Fliegen, die Küche aber war durchaus schwarz, der grosse Herd mit Rost und Bratspiess, der grosse Kamin darüber, Alles kohlenschwarz. Eine alte, nicht sehr saubere Köchin trat herfür und redete uns an mit *Good bye*, wir erwiederten, wir wären keine Ingleses, da probirte sie es mit: *Comment vous portez vous*; als wir ihr lachend sagten, dass wir leider auch keine Franzosen wären, zog sie betrübt die Segel ihres aufgeschnappten Fremdwörterschatzes ein und fragte auf spanisch, was wir essen wollten. Wir überließen es ihrer Wahl, denn wir dachten, viel Gutes würde wohl hier nicht herauskommen, und gingen uns Elche ansehen und den Domthurm besteigen.

Der Ort Elche ist nun noch ganz arabisch. Lauter kleine weisse Häuschen stehen in den Strassen mit vergitterten Balcons und flachen Dächern. Ueber alle winken Palmen herüber. Auf dem Hauptplatz ist ein grosser schöner Brunnen und eine vierfache reizende Allee von *Solanum verbascifolium*, dunkellaubigen Bäumen, die eben bedeckt waren mit der glockigen Lilablüthe und von Weitem aussahen wie blühende Flieder. Ueberall begegneten uns junge Mädchen und ganze Gruppen standen um den Brunnen her und blickten neugierig mit den grossen schwarzen Sternenaugen die Fremden an. Sie waren ohne Ausnahme zaubrisch schön; sie hatten ganz den spanisch-arabischen Typus, bräunliche Hautfarbe und kleine feine Hände und Füsse. Sie trugen die lange zweihenkelige Amphora (in Spanien aber Cantaro genannt) im Arm und holten Wasser. Nahe dem Platz ist der schöne Dom, dessen Thurm und maurische Plattform mit Zinnen ringsum wir erstiegen. Da oben war die Aussicht über alle Beschreibung schön! Aus der Vogelperspective sah man hinab auf das blendend weisse, weithin sich dehnende Elche mit seinen vielen kleinen, reinlichen Häusern, den Höfen voll Orangenbäumen, dem nie fehlenden Stiertheater, einem düsteren ruinenhaften Maurenschlosse inmitten eines blühenden Gartens, dem Platze mit den dunklen Solanums, und der gewaltig grossen Kuppel des Doms, die wir gerade neben uns hatten und die in Reihen mit dunkelblau und goldig glasirten Azulejos gedeckt ist.

Rings um die Stadt, die gross und reich aussieht, breitet sich der Palmenwald aus, der aus 80000 Stämmen besteht und einen ganz eigenen, zugleich frischen und dunklen Anblick gewährt. Gegen Osten dehnt sich die weite Ebene hin, darin die dunklen Palmenhaine in lichtere Oelwälder übergehen und zuletzt die gelben Hügel, aus denen wir hierhergefahren, in Wellenlinien ausklingen. Gegen Süden zieht sich der Palmenwald mit Oliven und Granaten vermischt bis an's Meer, das sich dunkelblau und einsamgross in afrikanische Ferne verliert. Nach Westen zu sieht man die Windungen des Flussbettes im gelben Sandmeer der Ebene und einzelne Palmengruppen daran, den Hintergrund dieser weiten goldigen Fläche aber bilden die Sierren von Murcia, die uns schon früher durch ihre warmen weichen Tinten und Umrisse entzückten und an deren Abhängen viele weisse Dörfer herausleuchten. Sie ziehen sich im weiten Bogen nach Norden hinüber und bilden auch da den Abschluss der Palmenebene und der gelben Sandhügel. Nach Osten hin verschwimmt die Bergkette mit dem Himmel in einen rosenfarbenen Hauch und Duft. Es ist ein unsagbar schönes und dabei so fremdartiges Landschaftsbild, Alles ist so eigen, so ganz anders als das bisher Gesehene, Alles ein magisches Farbenspiel.

Die Mittagshitze, die uns noch nie so fühlbar war wie heute, trieb uns in's Gasthaus zurück. Das Essen wartete, wir traten zögernd in das kleine, ganz dunkel gemachte Speisezimmer. Aber welche Ueberraschung, als die Wirthin den Fensterladen öffnete, damit es wieder Licht werde. Der Tisch war neu gedeckt mit den saubersten buntgestreiften Linnen, und mit dem schönsten Porcellan und krystallhellen Gläsern besetzt. In geschliffenen Flaschen standen dunkler und lichter Wein des Landes auf dem Tische und in den so originellen weissen Thongefässen, die wir schon in Valencia und bei Casan gesehen, köstlich frisches Wasser. Die beiden allerliebsten Töchterchen der Wirthin hatten bereits alle Fliegen hinausgejagt, standen aber wie kleine Sklavinnen mit grossen Wedeln hinter unseren Stühlen und sorgten fortwährend dafür, dass keine solche sich dem Tische mehr nähern konnte. Wirth und Wirthin bedienten uns und brachten nacheinander die gewohnte Kräuter-Omelette, hier mit Kartoffeln gefüllt, eine höchst wohlschmeckende Zusammenstellung, und dann trefflichen Schinken und ganz kleine, zarte, schneeweisse, auf dem Rost gebratene Schweinscotelettchen, die so delicat waren, dass wir selten etwas Besseres gegessen zu haben glaubten. Señor Taddeo schenkte uns dazu von dem funkelnden Weine ein, den wieder Moriz für das non plus ultra dessen erklärte, was er noch getrunken, und die bildschöne junge Wirthin kredenzte uns Wasser aus der Henne und aus dem Fässchen.

Die weissen Thongefässe haben nämlich stets die eine oder andere Form, die einer Henne, wo dem Schnabel das Wasser entquillt, während man es beim Schwanze einlässt, und die eines Fasses mit auch zwei Öffnungen. Sie sind immer mit Perlenschnüren und Gewinden in Relief geziert. Man nennt sie *Pato* und *Cachao por agua* und es sieht allerliebst aus, wenn daraus eingeschenkt wird. Dabei unterhielten sich die guten Leute fortwährend mit uns. Wir mussten tausend Fragen beantworten, nach unserem Vaterlande, nach der künftigen Königin, wie es uns in Spanien gefalle und so mehr. Dass es uns bei ihnen schmeckte, dass wir spanisch sprachen, dass wir mit ihren Kindern scherzten, das freute sie Alles so sehr. Unser Plaudern und Lachen lockte auch die alte Köchin wieder herein, die nun nach jedem Gerichte kam, sich mit freudigem Gesichte ihr Lob der guten Speisen holte und auch alles Mögliche von dem fernen Alemana und Austria wissen wollte. Zuletzt, als sie ging, fiel ihr plötzlich ein, dass sie auch einmal ein deutsches Wort erhascht hatte und sie drehte sich noch in der Thüre um und radebrechte: »Auf Wiedersehen!« Wir fragten nach den Namen der Kinder. Sie hießen *Isabellita* und *Encarnacion*. Sie haben Alle seltsame Namen diese Spanierinnen, aber sie klingen so schön. Fast immer erhalten sie einen der Beinamen der Jungfrau Maria und werden damit gerufen. So heissen sie *Candeleria* (Lichtmess), *Nativitad* (Geburt), *Concepcion* (Empfängniss), *Anunciacion* (Verkündigung), *Pilar, Soledad, Consuelo, Dolores**) u.s.w. Die kleine *Encarnacion* unserer Wirthin war allerliebst; sie trug uns zum Dessert köstliche Trauben, Feigen und frische Dattelchen von den nahen

* Eine ernste Matrone in Barcelona hiess Dolores (Schmerzen) und ihre schöne Tochter Consuelo (Trost).

Palmen auf, und da Alles auf weiss und blauen oder arabisch glasirten Thonschüsseln angerichtet war, konnte man sich kein hübscheres Stillleben denken als unseren Mittagstisch in Elche. Wir blickten dann mit ganz anderem Gefühle in die schwarze Küche hinein und sahen jetzt erst, dass zwar die Wände angeraucht, aber die Gefässe alle blinkend rein gescheuert waren. (...)

Siebentes Kapitel

Die Nachtseiten

»Wehe! dem jungen unerfahrnen Mädchen, das sich ein einzigesmal von dem strengen Pfad der Tugend entfernt; ein einziger Nebentritt stürzt es in den verpesteten Abgrund der Wollust, und ihr Glück ist mit ihrer Unschuld auf ewig gemordet.«

Leopold Anton Kaufhold

Franz Xaver Rigel

Kriegsgreuel

Den 13. Januar 1809 brach die Teutsche Division von Madrid auf, wo ihr ein sehr unangenehmer Aufenthalt geworden. Denn ein Theil derselben hatte, freilich gegen Bezahlung, abwechselnd zu Schanzarbeiten im Buén Retíro sich müssen verwenden lassen, während der Andere den überaus beschwerlichen Garnisonsdienst versah. Gern verließ daher jeder der Unsrigen einen Ort, wo er seit 33 Tagen nicht allein aller Bequemlichkeiten des Lebens entbehrt, sondern auch noch überdies mit Hunger und Ungeziefer aller Art zu kämpfen hatte. Stets wird dem Verfasser die Erinnerung an den kalten und feuchten Boden in des Retíro weiten düsteren Gemächern bleiben, worauf Offiziere gleich den gemeinen Soldaten ohne Ausnahme ihr armseliges Lager aus spärlichem Stroh oder einer dünnen, beschmutzten Wollmatratze, die man in irgend einem Lazareth unter einem Todten hervorgezogen, sich bereiten mußten. Das Regiment Baden hatte seine Bestimmung nach *Tálavera de la Reyna* wo es nach fünftägigen kleinen Märschen den 17. Januar eintraf. (...)

Sechs Thore, jedoch hinsichts ihrer Bauart keiner besondern Erwähnung werth, erlauben Eingang. Desto schöner hat sich dagegen der fromme Glaube acht Pfarrkirchen erbaut, worunter die Kollegiatkirche die vorzüglichste ist. Außerdem pflegt sich hier in vierzehn Klöstern für beiderlei Geschlechter der heilige Müßiggang, indes sieben, zum Theil gut eingerichtete, Hospitäler von des Spaniers hohem Mitleidssinne für den dürftigen Bruder erfreuliches Zeugniß geben.

Tálavera hatte durch die uns vorangegangenen Truppen außerordentlich gelitten. Die Häuser waren beinahe gänzlich verwüstet, die meisten Einwohner in die Gebirge entflohen, wo sie kümmerlich sich nährten; alle brennbaren Meubeln, selbst Dachstühle waren zum Feuer geschleppt, die Spiegel, mit denen der Spanier wirklichen Luxus treibt, zertrümmert, die Matratzen den Pferden unter die Füße geworfen, Kirchen und Klöster geplündert, ja nicht einmal die dürftige Theatergarderobe, die nur einige Monate im Jahr' im Gebrauche ist, da die übrige Zeit die Bühne geschlossen bleibt, war der Beraubung entgangen. Dennoch fehlte es uns weder an Brot noch Wein, den unsere Leute lange nicht gekostet. Die Einwohner hatten nicht die geringste Ursache, über uns zu klagen, ihr übriges Eigenthum ward gewissenhaft geschützt und die Mannszucht streng gehandhabt. Um so mehr war es zu verwundern, daß sie ihren Grimm, der gewiß billiger ihre Beleidiger getroffen hätte, uns fühlen ließen. Sie erschlugen einige unserer Ordonnanzen und schossen aus den Fenstern auf die schuldlosen Schildwachen, die mehr zu ihrem Schutze, als zu unserer eigenen Sicherheit ausgestellt waren. Ja, am Tage unseres Abmarsches hatten sie noch die Kühnheit, zwei unserer Kanonen zu vernageln, die gegen das jenseitige Ufer aufgefahren waren. Durch ein Versehen rückten die Posten früher ein, als die Artilleristen bei ihren Kanonen angekommen waren. Einer jener Verwegenen ward noch ertappt und alsbald in den Tajo gestürzt; die Uebrigen retteten sich über eine Klostermauer, nachdem sie noch ein Drittel der Munition in den Strom geworfen.

Inzwischen war des Generals Cuesta Vorhut aus dem Innern von Extremadura gegen die Brücke von Almaraz vorgerückt. Dies, des Kaisers Abreise nach Frankreich und der gleichzeitige Abmarsch starker Französischen Truppenabtheilungen in Folge der großen Rüstungen Österreich's bewogen die Einwohner der Umgegend von Tálavera, nach dem energischen Beispiele ihrer übrigen Landsleute, zu den Waffen zu greifen, und so geschah es, daß während unseres Vormarsches gegen obgedachte Brücke einige Soldaten des Regiments Nassau von Bauern der dortigen Gegend auf das Unmenschlichste zerfleischt und ermordet wurden. Sie gingen in ihrer Wuth noch weiter: sie hatten den Körper eines Offiziers dieses Regiments, der kurz zuvor vor dem Feinde geblieben, aus seinem Grabe gerissen, ihn seiner Kleider beraubt, zum Theil verstümmelt und sein blutiges Hemd an einen Baum aufgehängt, das gleichsam als Trophäe im Winde flatterte. Nicht fern von dieser entheiligten Stätte lag die Leiche eines Polen, auf noch empörendere Weise gemißhandelt. Seine Mörder hatten dem Unglücklichen die Füße fest gebunden, die Augen ausgerissen, Nase und Ohren abgeschnitten, fünf bis sechs starke Messerstiche in den Magen gegeben, alle Finger gespalten und endlich den Hals zerschnitten. Wie unendlich qualvoll muß das Ende dieses bedaurungswerthen Opfers Spanischer Grausamkeit gewesen seyn, da der bloße Anblick seines entseelten Körpers schon das Blut gerinnen machte! Doch bald vergalt Nemesis dieser Unthat Urhebern, wozu folgender Vorfall leider die Veranlassung gab:

Schon seit mehreren Wochen waren die Lebensmittel, besonders der Wein, selten geworden, zu dessen Aufsuchung die Soldaten sogar die Gärten durchwühlten. Manche thaten glücklichen Fund; andern aber stieg statt lieblichen Weingeruches Moderdampf schrecklich gemordeter Kameraden entgegen, entflammend die Getäuschten zu Muth und Rache. Neun Kadaver Polnischer Soldaten wurden auf diese Weise ausgegraben. Wie ein Lauffeuer verbreitete sich diese Entdeckung. Der empörte Soldat griff zu den Waffen, zu versöhnen die Manen seiner meuchlings hingewürgten Kampfgenossen, das tausendzüngige Gerücht eilte mit übertriebenen Vergrößerungen in alle Quartiere, und nur durch der Offiziere schnell' Erscheinen konnte dem sonst unausbleiblichen Niedermetzeln sämmtlicher, noch nicht entflohenen, Einwohner Navalmoral's de la Mata, wo dieser Frevel verübt ward, vorgebeugt werden. Ein mit Beiziehung des Ortsvorstandes und des, der Französischen Sprache kundigen, Apothekers niedergesetztes Kriegsgericht verdammte die beiden Brüder Calero, als dieses neunfachen Mordes überwiesen, zum Tode durch den Strang, zwei andere Bürger aber, als dessen nur verdächtig, zur Erstehung der Todesangst. Das Urtheil ward durch einen der hierzu gezwungenen Einwohner auf offener Heerstraße alsbald vollzogen. Das Brüderpaar starb mit einer erstaunungswürdigen Selbstverläugnung, die dem Spanischen Nationalcharacter besonders eigen zu seyn scheint. Auch die zur Todesangst Verurtheilten verriethen nicht die geringste Furcht. Gleichgültig und ruhig bereiteten sie sich zum Tode; ihre Begnadigung entlockte ihnen kaum einige Zeichen der Freude. Hierbei ereignete sich ein anderer bemerkenswerther Fall, den wir unsern Lesern nicht vorenthalten wollen.

Um die Verbrecher hängen zu können, hatte sich das hierzu beorderte Detachement mit einer Leiter versehen, die ein Soldat desselben trug. Da sie ihm jedoch neben seinem Gewehr und Tornister zu beschwerlich fiel; so lud er sie einem, ihm unterwegs begegnenden, jungen Bauern auf. Dieser andere Simon, die ihm gegebenen Zeichen nicht richtig deutend, glaubte, man wolle ihn hängen. Da inzwischen Widerstand vergeblich gewesen wäre, nahm er die verhängnißvolle Leiter und setzte sie hierauf an den ihm angewiesenen Baum. Nachdem er niedergeknieet, stille und in sich gekehrt gebetet und das Kreuz einige Male gemacht, stieg er die Leiter hinauf, zog seine Mütze über die Augen, so Strang und Tod lautlos erwartend. Erst jetzt gewahrten die Soldaten seinen Irrthum und erhoben sämmtlich ein laut' Gelächter. Dadurch aufmerksam gemacht, schob der junge Mann die Mütze wieder aus den Augen und stieg, da er nun aus den Gesichtern und Geberden seiner Umgebung begriffen, daß es nicht ihm galt, ruhig und mitlachend die Leiter wieder herunter und ging eben nicht hastig seiner Heimat zu.

Auch die Mörder obgedachter Nassauer wurden kurz darauf ausfindig gemacht und an ihnen blutige Rache genommen. Nach beharrlichem Läugnen gestanden sie endlich die schauderhafte That und zeigten uns deren Gräber. Fürchterlich waren die Körper zerfleischt, der Spanischen Grausamkeit höchste Wuth hatte sich an diesen meuchlings gefallenen Opfern über alle Erwartung kund gegeben. Mit mitleidiger Neugier drängten sich Fremde und Bekannte um die ausgegrabenen Leichname, welche man, der furchtbarsten Verstümmelung ungeachtet, noch erkennen konnte. Laut forderte der empörte Soldat ob solcher Unthat blutige Rache durch den Strang, verabscheuend die Entehrung seines Feuergewehrs durch Erschießen solch' verruchter Meuchelmörder. Die Hände auf den Rücken gebunden, den Strick schon um den Hals, traten die armen Sünder zu dem Grabe der Gemordeten, an dessen Rande eine Korkeiche zu ihrem Galgen bestimmt war. Mit stolzer Hingebung und, wie es schien, mit religiösem Hoffnungsgefühl' auf Vergeltung jenseits für die, nach ihrem Sinne zu des Vaterlandes Frommen verübte, That gingen sie schweigend und festen Schrittes dem Tod' entgegen, verachtend ihre Henker und grimmig und furchtlos anstarrend den verhängnisvollen Baum, den so eben ein Sapeur des Regiments Nassau bestiegen, um als Vollstrecker des richterlichen Spruchs mit dem Jüngsten, einem stämmigen Kerl, den Anfang zu machen. Doch unkundig des verabscheuungswürdigen Handwerks, erhielt er von A...... d, unserem Chef des Generalstaabes, einem Franzosen, Vorwürfe, die ein Teutscher General hastig mit den Worten erwiederte: »mes gens sont de mauvais borreaux, mais de bons soldats.« An dem zweiten Sühnopfer machte ein Franzose sein Meisterstück. Ihm ward dafür auch jenes hartherzigen Mannes voller Beifall. An dem Dritten sollten die Badener ihre Kunst versuchen; allein das schwache Strohseil brach und versprach Rettung. Doch jenes rauhen Obern hartes Wort gebot von Neuem, und der arme Spanier baumelte gleich seinen beiden andern Unglücksgefährten. Eine junge Frau mit ihrem Säuglinge an der Brust und ein sehr betagter Greis mit seinem zehnjährigen Enkel an der Hand, die man mit diesen Bauern zugleich eingefangen, wurden, nachdem sie die Hinrichtung hatten mit ansehen müssen, auf freien Fuß gesetzt.

Es gehört mit zu dieses Krieges Ausgeburten, dessen Art und Weise, mit der er geführt ward, an die grause Punische Zeit erinnert, daß der Soldat zu leichtfertig so blutige Rache an den Eingeborenen übte, welche an seinen Kameraden grausam gehandelt. Denn ist es leider nur zu wahr, daß fast jeder Marsch uns gemordete und jämmerlich verstümmelte Leichname der Unsrigen zeigte; so war es doch unbedachtsame Wuth, durch so schreckliche Wiedervergeltung wie überhaupt durch Zügellosigkeiten, bei denen man weder Person noch Vermögen achtete, die nachtheiligen Folgen der Verzweiflung des grenzenlos unglücklichen Volkes auf sich zu ziehen. Fast immer verließ der beraubte, oft gemißhandelte Spanier seinen Heerd, zog sich in Wälder oder andere Schlupfwinkel zurück, mordete, einen günstigen Augenblick erspähend, den in seinem Wahn sicher vorüberziehenden Feind und gefährdete dadurch nicht allein die so nöthige Kommunikation, sondern verminderte großen Theils unsere Armee, der vielen Mühen zu geschweigen, die sich der verwilderte Soldat durch seine zuchtlose Aufführung und Gewaltstreiche gegen sonst friedliche Bürger bereitete. Ihre Flucht setzte ihn in die Nothwendigkeit, sein Holz zum Kochen selbst zu fällen und herbeizuschaffen, selbst zu schlachten, zu mahlen und sich sein Brot zu backen; kein Detachement fand Wegweiser in dem unbekannten, gefahrreichen Lande und fiel öfters, zwecklos umherirrend, dem unversöhnlichsten Feinde in die Hände. Der Willigkeit mahnend' Gefühl schienen die rauhen Krieger größtentheils auf den Pyrenäen zurückgelassen zu haben; nur die äußersten Strafen vermochten ihrer Ausschweifung Schranken zu setzen. Besonders schienen es sich die Französischen Trainsoldaten, vielleicht auf Kosten ihrer Teutschen Kriegsgefährten, recht ernstlich vorgenommen und es sich gleichsam zur Aufgabe gemacht zu haben, der armen Spanier Plage und Schrecken zu seyn. Von Tausenden einen einzigen Zug als Beleg! Dem Dorfe Navalmoral de la Mata hatte des Teutschen Generals von Schäffer menschlich fühlend' Herz den Großtheil seiner Einwohner, die bei unserer Ankunft die Flucht ergriffen, wieder gegeben; sie fühlten sich zufrieden und lebten von dem, was unsere Leute zur Nothdurft entbehren konnten. Da erschien im stillen Kreise dieser beruhigten Menschen ein böser Dämon, jene Trainrace. Sie quälte ihre Wirthe bis auf's Blut; alle Strafdrohungen waren vergebens. Solch' empörender Mißhandlungen, besonders gegen das weibliche Geschlecht, müde, waren bald wieder sämmtliche Einwohner bis auf drei verschwunden. Jetzt letzte sich wieder dieser zügellosen Soldateska Kannibalenwuth an den verlassenen Wohnungen. Sie begann die Dächer abzuheben, die Mauern einzureißen und selbst in das Haus der armen Kinder eines der gehenkten Calero waren mehrere dieser Niederträchtigen eingedrungen und nahmen ihnen die paar Goldstücke wieder weg, die ihnen kurz zuvor General von Schäffer geschenkt hatte. (...)

Leopold Anton Kaufhold

Die Freudenmädchen von San Fernando

Noch muß ich hier eines anderen königlichen Lustschlosses gedenken, das aber jetzt nicht mehr im Gange ist, und zu etwas ganz anderem gebraucht wird, als wozu es eigentlich bestimmt war; es ist St. Fernando, das von seinem Stifter den Namen her hat; es liegt ohngefähr 2 1/2 Meile von Madrid an der Straße die nach Alkala geht; die Gegend dahinwärts ist vortreflich angebauet, die Felder sind überall mit reichen Ernten bedeckt; schöne große ansehnliche Dörfer liegen sowohl an der Straße als in der Nähe, und man trift hier überall gut eingerichtete Wirthshäuser an; selbst Gärten und künstliche Baumpflanzungen sind nichts seltenes; ich sah hier viele Olivenbäume, und ansehnliche Maulbeerplantagen, die seit wenigen Jahren erst angelegt waren. Eine schöne Chaussee, die etwa den halben Weg von Alkala schon fertig ist, führt dahin; die Lage von St. Fernando ist eben, gesund und anmuthig; der Fluß Xerama fließt ohnweit vorbei, und Wiesen und wilde Bäume gewähren dem Auge eine angenehme Waide; St. Fernando an sich ist ein unbedeutender Ort, das königliche Schloß, die Gebäude für den Hofstaat und viele andere Häuser für königliche Bedienten die beständig hier sind, machen das Ganze aus.

Dieser Lustort ist ganz in Ungnade gefallen, und man hat das Schloß so weit herabgesezt, daß man es zu einem Gefängnisse für Freudenmädchen gemacht hat; alle Priesterinnen der Venus die sich über dem Dienst ihrer Göttin von der Polizei ertappen lassen, werden hier hergebracht; alle vierzehn Tage kömmt gewöhnlich ein Transport von solchen Mädchen hier an, die man in der Stadt und in den königlichen Sitios eingefangen hat; in keinem Lande widerfährt wohl Freudenmädchen die Ehre, daß ihnen ein königliches Schloß zum Aufenthalte angewiesen wird; ein Commando von Schweitzern dient ihnen zur Wache. Das sonderbarste hierbei ist, daß diese Freudenmädchen eine Art von Republik ausmachen; denn sie haben das Recht sich selbst aus ihren Mitschwestern ihre Vorsteherin, Rectorin zu erwählen, unter deren Befehle sie stehen; sie leben ganz auf königliche Unkosten so lange sie hier residiren, und vertreiben sich die Zeit mit allerhand weiblichen Arbeiten, als Nähen, Spinnen und Stricken, und liefern die verfertigte Arbeit an das königliche Hospiz zu Madrid ab, von dem dieses Haus versorgt wird.

Ich besuchte den hier Wachthabenden Offizier, und traf da den Pfarrer des Ortes an; er versicherte, daß über 800 junge Mädchen hier eingesperrt wären, die meisten in der Blüthe ihres Alters, die heftige Leidenschaften zu einem ausschweifenden Lebenswandel hingerissen hätte, wofür sie nun im Kerker büßen müßten; er behauptete zugleich, daß sich die größten Schönheiten, die man nur in Spanien antreffen könnte, unter ihnen befänden; dieses ist um so glaublicher, da Schönheit und Jugend die Haupteigenschaften sind, die man von Priesterinnen der Göttin der Liebe fordert; denn Alter und Häßlichkeit sind hiervon gänzlich ausgeschlossen. So werden hier die schönsten Meisterstücke der Natur durch stürmische Leidenschaften und jugendliche Hitze um den Genuß jener Glückseligkeit betrogen, zu dem sie doch geschaffen schienen, und wornach alle ihre Lebenskräfte so unwiderstehlich rangen. Wehe! dem jungen unerfahrnen Mädchen, das sich ein einzigesmal von dem strengen Pfad der Tugend entfernt; ein einziger Nebentritt stürzt es in den verpesteten Abgrund der Wollust, und ihr Glück ist mit ihrer Unschuld auf ewig gemordet. Sonderbar ist es hier, daß alle die Mädchen, zu denen sich ein Bräutigam meldet, sogleich ihre Freiheit erhalten, wenn auch schon ihre Büßezeit noch nicht vorüber wäre; allein sie müssen sich auf der Stelle mit einander trauen lassen und dann erst wird das Mädchen in Freiheit gesezt. Was für eheliches Glück aus solchen Verbindungen entstehen mag, läßt sich leicht denken; gemeiniglich gattet sich die Ausschweifung mit der Wollust, ein Furienleben macht da die eheliche Zärtlichkeit aus, und die Frucht der Liebe ist gewöhnlich das meisterhafte Ebenbild von den schäzbaren Vollkommenheiten der lieben Eltern.

Die meisten dieser Mädchen, sobald sie nur nach geendigter Büßezeit den Fuß aus dem Käfige setzen, treten sogleich wieder den unterbrochenen Dienst an, und suchen durch verdoppelten Fleiß das wieder einzubringen, was sie versäumt haben; ich war zweimal zu St. Fernando, ich sah einmal eine obgedachte Trauung mit an, und zugleich kamen jedesmal auch einige Mädchen los; ich sahe da, wie die Mädchen gleich beim Austritte aus dem Kerker, von den Soldaten empfangen, und ins nächste Weinhaus geführt und tractirt wurden; nie hab ich buhlerische Künste, die Bemühung einzunehmen und zu gefallen, die weibliche unterhaltende Geschwätzigkeit, und lüsterne Blicke auf eine so eigne Art anwenden sehen, als eben hier; ein Beweis, wie wenig zweckmäßig dieses sogenannte Buß- und Besserungshaus eingerichtet ist, und zugleich, daß es leichter ist, Menschen einzusperren, als zu bessern; manches Mädchen verläßt diesen vermeintlichen Bekehrungsort noch verdorbener als sie hineingekommen war; wie wär es auch möglich, daß ein Kranker da genesen sollte, wo die ganze Atmosphäre rings um ihn herum mit lauter tödtlichem Gifte geschwängert ist. Diese Mädchen trösten sich für die Abstinenz, zu der sie ihre Einsamkeit verdammt, mit der süßen Hofnung, bald wieder die Freiheit zu schmecken, und die schändlichen Lehren practisch auszuüben, die ihnen in ihrer Einsamkeit von erfahrneren Mitschwestern mitgetheilt werden; sie taumeln dann so lange im betäubenden Wirbel von sinnlicher Lust herum, bis sie der Polizei wieder in die Hände fallen, die ihnen dann durch eine vieljährige Einsperrung die Gelegenheit zu sündigen benimmt. Wäre man ernstlich gesonnen, diese verirrten Mädchen zu bessern, und sie auf immer den zerreißenden Klauen des Lasters zu entreißen: so dörfte man sie nicht an einen allgemeinen Sammelplatz weiblicher Schande bringen; man müßte sie vertheilen, und sie der Aufsicht tugendhafter Menschen überlassen, durch deren Lehren und Beispiel sie das Laster hassen lernten; nach und nach würden sie zu ihrer Selbsterkenntniß kommen, ihr voriges Schandleben würde ihnen ein Greuel seyn; das Gefühl der liebenswürdigen Tugend würde wieder in sie zurückkehren, und nun erst würden sie verdienen, Mitglieder der bürgerlichen Gesellschaft zu werden, wo sie auf eine ehrenvolle Art den Zweck erfüllen könnten, zu dem die Natur ihr Daseyn erweckte, statt daß sie jezt bei ihrer Entlassung aus St. Fernando dem gierigen Laster sogleich wieder in die Arme geworfen werden. (...)

August Ludwig von Rochau

Das Mustergefängnis

Heute Morgen besuchte ich das Mustergefängnis in der Calle del Barquillo, welches vor etwa acht Monaten unter der Leitung des Herrn Martinez de la Rosa, eines Bruders des Ministers der auswärtigen Angelegenheiten, errichtet worden ist. Das Gebäude hat von Außen nicht den mindesten Anflug der Gefängnißmiene, die einem sonst bei dem Anblick solcher Anstalten das Herz zusammenpreßt. Nicht einmal ein Wachtposten steht vor der Thüre, und die gewundenen Stangen des bemalten und vergoldeten Gatterthores, welches die breite Eingangstreppe schließt, sind von Holz. Durch luftige Gänge und Vorzimmer kommt man in den von den Gefangenen bewohnten Theil des Hauses. Hier zieht zuerst die Schule die Aufmerksamkeit auf sich: ein freundliches Zimmer, artig ausgeschmückt, mit einer hübschen Dekoration über dem Sitz des Lehrers, und mit zwei Reihen von Pulttischen und Bänken längs der Wände, auf denen in bunte Rahmen auf den Kalk gemalt allerlei moralische Sprüche zu lesen sind. (...)

Auf jedem der Plätze befindet sich ein Tintenfaß, eine Unterlage zum Schreiben, und sogar ein schwarzer Zeuglappen, um die Federn auszuwischen. Die Schulbücher, welche auf dem Kathedertisch liegen, sehen aus, als ob sie eifrig gebraucht würden.

Neben der Schule befindet sich das Krankenzimmer, dessen Einrichtung, so weit sie sich mit einem flüchtigen Blick übersehen läßt, mancher Wohlthätigkeitsanstalt zum Beispiel dienen könnte. Dann folgen die Werkstätten der Sträflinge, geräumige Säle, in denen man weder mit der Luft noch mit dem Lichte gegeizt hat, und die trotz ihrer vergitterten Fenster ein freundlicheres Aussehen haben, als die Arbeitszimmer der meisten Fabriken. Die Werkstätten wie das ganze Haus werden mit der größten Reinlichkeit und Ordnung gehalten, und man begreift, daß in ihnen weder der Geist verdumpft und verkümmert, noch der Körper verkrüppelt. Die Sträflinge, sauber gekleidet in blaue Jacken und weiße Beinkleider, arbeiten so eifrig, so augenscheinlich gutes Muthes, daß man leicht erräth, daß bei ihrer Thätigkeit ein anderes Triebrad im Spiele ist, als der Zwang, der Stock des Zuchtmeisters. In der That wird ihnen ihr Verdienst, nach Abzug der Unterhaltskosten, nicht nur gut geschrieben, sondern auch am Ende jeder Woche baar ausbezahlt. Lärmendes Geschwätz ist in den Werkstätten verboten, aber man verhindert die Sträflinge nicht, gelegentlich ein paar Worte mit einander zu wechseln, welche ihre Aufmerksamkeit nicht von der Arbeit abziehen. Das Gefängniß liefert Handarbeiten der verschiedensten Art, vorzüglich aber Schreinerwaaren, gewebte Stoffe, von der einfachen Hausleinwand bis zum schweren Seidensammet, Kleider, Schuhwerk, Schlosser- und Schmiedearbeiten. Die Arbeitsstunden währen Morgens von 6 bis 12, und Nachmittags von 2 bis 7 Uhr, und man erlaubt den Sträflingen, in den Werkstätten zu rauchen.

Die Hausstrafen sind milde, wie die ganze Behandlung der Gefangenen. Ungefüge Sträflinge werden auf längere oder kürzere Zeit in ein einsames Gefängniß gesperrt, und wenn dieß Mittel nicht hilft, in eine andere Anstalt geschickt, wo strengere Zucht herrscht. Die letztere Maßregel tritt auch gegen diejenigen ein, welche versuchen zu entfliehen, was in der That nicht sehr schwer seyn muß. Die Zahl der Sträflinge beläuft sich auf etwa 250, und es befinden sich unter ihnen Leute, die bis zu achtjähriger Freiheitsstrafe verurtheilt sind. Gleichwohl ist, wie mich mehrere der Aufseher versichert haben, das Betragen der Gefangenen, bis auf ein paar vereinzelte Ausnahmefälle, bis jetzt durchaus lobenswerth gewesen, so daß von einer Verschärfung der eingeführten Zucht mit keinem Worte die Rede ist, und daß man den Versuch des Herrn Martinez de la Rosa als einen vollkommen gelungenen betrachtet.

Gegen eine solche Ansicht werden nun freilich viele unserer Straftheoretiker laute Einsprache erheben, und sie werden vielmehr der Meinung seyn, daß Herr Martinez de la Rosa durch seine Anstalt unserer erleuchteten Zeit ein unverzeihliches Ärgerniß gebe. (...)

Was mich betrifft, so möchte ich nicht gerade alle Einrichtungen der Anstalt des Herrn Martinez de la Rosa unbedingt gutheißen, aber es ist für mich nicht dem mindesten Zweifel ausgesetzt, daß dieser Mann im Allgemeinen den einzig richtigen Weg eingeschlagen hat. Für Spanien wenigstens, denn hier ist, trotz alles politischen Unglücks, kein Mensch elend oder feige genug, um selbst für die mildeste Freiheitsstrafe gleichgültig zu seyn, oder gar sie als einen Vortheil anzusehen, weil sie ihn der Sorge um das tägliche Brod überhebt. Und ich bin sehr geneigt zu glauben, daß dem mit geringen Unterschieden in allen Ländern so sey, und daß die Staaten und die Völker verleumdet werden, denen man nachsagt, daß bei ihnen die bloße Entziehung der persönlichen Freiheit, die Zwangsbeschränkung auf den Raum eines Hauses kein Übel, kein Abschreckungsmittel bilde, und daß es deßhalb nothwendig sey, die einfache Freiheitsstrafe durch einen Beisatz von Mißhandlungen und Martern künstlich zu steigern. Fragt den Indianer am Felsengebirge, fragt den Neger am Senegal, fragt den Grönländer und selbst den Pescheräh, ob sie Lust haben, sich im Käfig füttern zu lassen, und sie Alle werden euch antworten, daß sie tausendmal lieber dem Hunger, dem Zahn der wilden Thiere und der noch unbarmherzigern Mörderfaust des Weißen trotzen, als ihr mühevolles und von tausend Gefahren umgebenes Leben gegen die Bequemlichkeit und die Sicherheit des Gefängnisses vertauschen wollen. Und der Staat, der civilisirte europäische Staat, sollte den Menschen, statt ihn zu heben, unter den Wilden herabwürdigen, so weit daß er sein edelstes Besitzthum hingäbe für das Futter und für die Streu? Ich habe das unzählige Male sagen hören, aber wie gesagt, ich glaube es nicht. Wäre es aber dennoch in diesem oder jenem Staate wahr, dann würde ich dem fraglichen Staate rathen, diese gräßliche Wahrheit in den Grund des tiefsten Meeres zu versenken bis zum jüngsten Tage, statt sie und mit ihr seine eigne Schande von den Dächern zu predigen. (...)

Kurz, wenn man die Menschen tugendhaft im bürgerlichen Sinn des Wortes machen will, so fange man damit an, sie aus dem Elend zu erlösen, sie von der peinigenden Sorge um des Leibes Nothdurft und Nahrung zu befreien. Das ist allerdings leichter gesagt als gethan, aber es würde doch immer schon etwas damit gewonnen seyn, wenn man nur endlich den wahren Sitz des Uebels erkennen wollte, von welchem man bis jetzt wie im bösen Gewissen die Augen wegzuwenden pflegt. (...)

Ich komme noch einmal auf das Gefängniß der Calle del Barquillo zurück, um eine Einrichtung desselben zu erwähnen, die mir höchst beifalls- und nachahmungswürdig scheint. Der Hof nämlich, welcher den Gefangenen dazu dient, sich Bewegung in freier Luft zu machen, ist zugleich zum allgemeinen Ankleidezimmer eingerichtet. In der Mitte des Hofes ist ein geräumiger Brunnenstein, das gemeinschaftliche Waschbecken. Längs der Mauern, unter einem Regendach, hängt für jeden der Gefangenen ein großes Handtuch, und neben dem Handtuche ein leinener Beutel mit den kleinen Geräthschaften, welche zur Pflege der körperlichen Reinlichkeit nothwendig sind. Herr Martinez de la Rosa hat ohne Zweifel begriffen, daß mit dem Leibe zugleich die Seele gewaschen wird. In zwanzig andern Gefängnissen dagegen, die ich gesehen habe, hält man wohl auf die Reinlichkeit der Zimmer und der Möbel, aber die Person des Gefangenen mag in Schmutz vergehen, ohne daß man sich dessen ein Härchen kümmert.

Das Presidio in Valencia ist nach ähnlichen Grundsätzen eingerichtet wie das hiesige Mustergefängniß. Während man sich der Gefangenen dort früher durch schwere Ketten und durch harte Behandlung nicht Meister zu machen vermochte, herrscht gegenwärtig nach der Abschaffung jener Zwangsmittel, die da nur erbittern und verstockt machen und verthieren, die beste Ordnung und der größte Fleiß in jener Anstalt, und obgleich sie ausschließlich für schwere Verbrecher bestimmt ist, so darf man doch mit augenscheinlichem Gewinn die Handhabung der Hauspolizei den Gefangenen selbst überlassen.

In Sevilla befindet sich ein Presidio für Neger, das ich leider keine Gelegenheit fand, näher kennen zu lernen, so lebhaft ich mich auch dafür interessirte. Die Gefangenen dieser Anstalt, vierzig bis fünfzig an der Zahl, werden als Straßen- und Gartenarbeiter auf den öffentlichen Spaziergängen verwendet. Man sieht sie dort den ganzen Tag ohne alle Aufsicht emsig hanthieren, und trotz des eisernen Ringes, den sie an dem einen Fuß tragen, haben diese Leute in ihrer reinlichen Leinwandtracht mit dem Strohhut auf dem Kopf ein ganz behagliches zufriedenes Aussehen. Sie heißen freilich Presidiarios, Zuchthaussträflinge, aber ich habe einen Grund anzunehmen, daß sie eigentlich nichts anderes sind als Staatssklaven, die man sich denn doch schämt, der europäischen Welt unter ihrem wahren Namen vor Augen zu führen. Hätten diese Leute wirklich Verbrechen begangen, so würde ihre Abführung aus den Kolonien in das Presidio von Sevilla nicht eine Strafe, sondern eine Belohnung seyn, denn es gibt vielleicht auf ganz Cuba und Puertorico keinen Sklaven, der nicht dabei zu gewinnen hätte, wenn er seine Lage mit der ihrigen vertauschte. Ich vermuthe deßhalb, daß diese schwarzen Presidiarios hauptsächlich aus sogenannten »gefährlichen Menschen« bestehen, die zwar keinen Anlaß zu einer schweren Bestrafung gegeben haben, die man aber fürchten zu müssen glaubt, und die man deßhalb sicherheitspolizeilich aus den Kolonien entfernt hat. Sie in das Ausland zu verkaufen, wie das sonst in ähnlichen Fällen geschah, mag bei der jetzigen Verfassung des Sklavenhandels seine Schwierigkeiten haben, und um das in ihren Personen steckende Kapital wenigstens nicht ganz zu verlieren, verdingt man sie dem Ayuntamiento von Sevilla. (...)

Achtes Kapitel

Madrid und Umgebung

»Wer beim Betreten Madrids eine moderne Großstadt zu sehen erwartet, erlebt eine arge Enttäuschung.«

Alfred Zimmermann

Johann Jacob Volkmann

Die Stadt Madrid

Madrid, welches eigentlich nur ein Flecken *(Villa)* ist, hat sich doch durch den langen Aufenthalt der Könige zur vornehmsten Stadt in Spanien erhoben. Einige glauben, es sey das Mantua Carpetanorum der Alten. Der dürre undankbare Boden umher ist zum Theil schuld, daß man, indem man sich der Stadt nähert, kaum glaubt, daß dieß die Residenz eines großen Monarchen sey. Die Wirthshäuser zwo Meilen von der Stadt sind eben so schmutzig, elend, und von allem entblößt, als in sämmtlichen Gegenden des Reichs. Man sieht keine Bäume, kein angenehmes Grün, außer an der Seite des Manzanares bey Buenretiro, und den neu angelegten Spaziergängen. Die Stadt liegt auf einigen niedrigen Hügeln von einem groben erdartigen Sande. In Ansehung des Meeres ist die Lage hoch; denn es geht gegen das mittelländische Meer immer bergab. Alle Flüsse in der Nachbarschaft fallen in den Tajo, der ins Weltmeer fließt. Nordwestwärts sieht man die hohen *Guadarama* Gebirge liegen, welche im Winter die kalten schneidenden Nordwinde veranlassen, die Westwinde sind hingegen warm und bringen Regen. (...)

Madrid hat keine Befestigungswerke und Graben, sondern ist nur zur Verhütung des Unterschleifs der Accise mit einer schlechten Mauer von Lehm umgeben. Man rechnet, daß um die Stadt ohne den Garten und Schloß *Buenretiro* zu umgehen drey Stunden erfordert werden. Unter den 15 Thoren verdient bloß das neue von *Alcala* in Ansehung der Architektur einige Achtung. Es ist auf beyden Seiten von innen und außen mit Säulen versehen, und hat auch noch andere Verzierungen.

Der kleine Fluß *Manzanares* fließt auf der West- und Südseite der Stadt, und ist mit zwo ansehnlichen steinernen Brücken versehen. Die *Segovische Brücke*, welche nach dem Stadtthore gleiches Namens führt, besteht aus 9 Bogen von Quadersteinen mit einer Brustlehne, auf der in gewissen Entfernungen große steinerne Kugeln stehen. Philipp der andre ließ sie 1584. durch den berühmten *Johann de Herrera* aufführen, und sie kostete über 200000 Dukaten. Sie ist über 1000 Schritte lang, beym Eingange 22 Schritte breit, verengt sich aber in der Mitte bis auf 12 Schritte. Die andre Brücke heißt die *Toledische*, und geht auf der Südseite der Stadt über den Fluß, und führt zum Thor von Toledo. Philipp V. ließ sie 1718. bauen. Sie hat auch 9 Bogen, und nimmt sich gut aus, nur hat sie, wie die meisten spanischen Brücken, zu viel Blenden. (...)

Die meisten Straßen sind breit und gerade. Zu den größten und lebhaftesten gehören die Hauptstraßen *Alcala*, *Atocha*, *Toledo* und die große Straße. Insonderheit ist die Alcalastraße am Eingange fast 200 Schritte breit, so daß 20 Kutschen neben einander fahren können. Ehemals war Madrid die schmutzigste Stadt von der Welt: noch vor 30 Jahren war sie nicht gepflastert, und des Nachts wurden alle Nachtstühle auf die Gasse geschüttet, welches bey dem heißen Clima einen unerträglichen Gestank verursachte. Der jetzige König hat dieses nicht nur abgeschafft, sondern alle Gassen auch pflastern lassen, so daß Madrid jetzt keiner Stadt an Reinlichkeit nachstehen darf. Von dem Pflaster haben wir bereits oben geredet. In allen Gassen sind auf den Seiten zween Fußwege von großen viereckigen Steinen, aber etwas zu schmal angelegt, damit die Fußgänger bequem gehen können, ohne der Beschwerden von den spitzigen Kieseln in der Mitte der Gasse ausgesetzt zu seyn. Die Fläche dieser großen Steine bleibt immer eben, weil sich weder Wagen, noch Kutschen, noch Pferde und Maulesel derselben bedienen können, und die Fußgänger gehen reinlich und gemächlich darauf. Alle 15 bis 16 Schritte stehen Lampen, wodurch Madrid schön erleuchtet wird, wenn kein Mondenschein ist.

Die *Häuser* sind mehrentheils von Backsteinen, manche auch von Granit, und Holz: die der Adel bewohnt, sind von außen beworfen und angestrichen. Vor den Fenstern, die insgemein Balkons haben, sieht man lauter eiserne Gitter, wenigstens im untern Stock, vielleicht Überreste der jetzt verloschenen Eifersucht. Manche Häuser sind 5. 6 bis 7 Stockwerke hoch, insonderheit auf dem *großen Platze (plaza major).* Leute vom Mittelstande bewohnen einzelne Stockwerke, daher ist der allgemeine Eingang, wo viele Familien beysammen wohnen, insgemein kothig, zu geschweigen, daß der Platz hinter der Hausthüre zum Behältniß übelriechender Unreinigkeiten gemacht wird. Der unterste Stock eines neu erbauten Hauses ist für den König, aber der Eigner kauft sich gemeiniglich los. Die Hausmiethe ist sehr theuer: wer vollends Hausgeräthe dazu haben will, muß einen übertriebenen Preis dafür bezahlen. Wer Glasfenster liebt, muß sie sich machen lassen, sonst sind keine zu haben. Ueberhaupt sind die Häuser schlecht, und nur zur Schau gebauet, auf Bequemlichkeit ist nicht gedacht. Gewöhnlich geht man durch zwey oder drey große Zimmer von keinem Nutzen, bis man in einen kleinen Winkel kommt, wo die Familie sich aufhält. Jedoch giebt es auch einige prächtige Palläste, die von denen aus den Statthalterschaften zurück gekommenen Vicekönigen, oder den vornehmsten Grandes erbauet worden. Sie haben Höfe und Thorwege, welche bey andern nicht sind. Die meisten dieser Palläste unterscheiden sich aber nicht sowohl durch schöne Architektur, durch Bequemlichkeit und Zierlichkeit, als durch die Größe. Sie haben weder Gärten, noch Gallerien, ein paar ausgenommen, wovon unten. In Ansehung der Wirthshäuser sind Fremde übel daran; die Fontana d'oro, und das Maltheserkreuz sind die besten, die übrigen schlecht. Von Wein- und Kaffeehäusern weis man vollends gar nichts. *Dillon* giebt die Anzahl der Häuser nur auf 9 bis 10 000 an, Herr *Büsching* hingegen auf 13 100.

Madrid hat etliche freye Plätze, die im Ganzen betrachtet weder sehr schön noch regelmäßig sind, wenn man etwa ein paar ausnimmt. (...) Der Platz del Sol ist schön, acht ansehnliche Straßen laufen hier zusammen, welches Abends, wenn solche insgesammt erleuchtet sind, einen vortreflichen Anblick macht. Der beste und regelmäßigste *Platz* ist der sogenannte große *(Plaza Mayor)*. Er hat 1536 Fuß im Umfange und meistens schöne Häuser von fünf Stockwerken, die Anzahl beläuft sich auf 136. Sie sind mit Balkons versehen, und ruhen auf Pfeilern, welche vier bedeckte Gänge machen, darunter man spatzieren gehen kann. Es ist schade, daß dieser ansehnliche Platz zum Kräutermarkt bestimmt ist. Sonst wurden hier die Stiergefechte gehalten, allein seit 1760, da der jetzige König den Thron bestieg, hat man ihn nicht dazu gebraucht.

Außer diesem Platze haben die übrigen, und auch die Kreuzwege auf 30 öffentliche *Springbrunnen*, die aber wegen des schlechten Geschmacks keinen forderlichen Beyfall verdienen: insonderheit zeichnen sich die beyden auf den Plätzen del Sol, und Anton Martin durch das lächerliche und abgeschmackte aus. Das Wasser ist ungemein leicht und rein: doch wird es aus allen Quellen nicht von gleicher Güte geschätzt. Dem von *Berro* giebt man den Vorzug, wenigstens trinkt der König und der Hof kein andres Wasser, er mag sich auch aufhalten an welchem Orte er will. Viele Leute nähren sich davon, daß sie das Wasser aus den besten Brunnen auf Eseln in irdenen Krügen zum Verkauf herum führen. Ueber die Güte des Wassers in Madrid darf man sich um so weniger wundern, wenn man bedenkt, daß es aus den Gebirgen von Guadarama kömmt, und sich sieben bis acht Meilen lang durch einen Kies- und Sandboden, der keine fremden Materien mittheilt, filtrirt. Hingegen hat das Wasser auf dem St. Ludwigsmarkt, und in der großen Bernhardsgasse, welches vermuthlich über eine Thonlage fließet, einen Bodensatz.

Das schöne Wasser macht, daß es vielleicht keinen Ort giebt, dessen Einwohner so wenig Wein und so viel Wasser ihrer Gesundheit unbeschadet trinken, als in Madrid. Bey dieser Gelegenheit müssen wir der Ziegen gedenken, welche die Stadt täglich zwey mal Früh und Abends mit frischer Milch versorgen. Es werden nämlich alle Tage einige Heerden nach Madrid getrieben, und daselbst gemolken. Man führt sie auf die Felder um auf den freyen Plätzen zu weiden. Über dieses fressen sie im Frühling und Sommer die Blätter oder das Gras von der Gerste, die in den nah gelegenen Feldern ausdrücklich für sie gesäet wird. Diese wächset so dick, daß ein Fremder sich keine Vorstellung davon machen kann. Im Winter bey wenigem Gras nähren sich die Ziegen von den Blättern, welche die Kräuterweiber auf dem Markte wegwerfen. Des Nachts geben die Hirten ihnen viel Salz, um sie zum Trinken zu reizen, und desto mehr Milch zu erhalten, daher ist die Abendmilch allemal besser, als die Frühmilch.

Außer den bereits erwähnten Alleen, die seit einigen Jahren angelegt sind, und der Fevrida am Manzanares, giebt es noch zween Oerter zum spatzieren gehen in Madrid, nämlich den *Prado* und *las Delicias*. Der letztere liegt auf der Seite des Atochathores, verdient aber den Namen nicht sehr, zumal seitdem man den Kanal de Manzanares unvollendet liegen lassen, und das stehende Wasser darinn einen unaufhörlichen Gestank verursacht. Wenn er fertig ist, und alsdann Fall genug hat, so werden sich hoffentlich diese bösen Ausdünstungen verlieren, und er muß den benachbarten Ländern unstreitig dadurch vortheilhaft seyn, daß er den Handel und die Communication erleichtern, und verschiedene Mühlen treiben wird.

In der Vertiefung zwischen dem Pallast Buenretiro und der Stadt liegt der *Prado*, der einen großen sehr langen und breiten Raum einnimmt. Er war sonst ungemein ungleich, ist aber unter dem jetzigen Könige durch den Grafen *Aranda* sehr verschönert. Man hat mehrere Alleen von Bäumen gepflanzt, eine Menge steinerne Bänke mit eisernen Lehnen gesetzt, und die Wege für die Fußgänger breit und angenehm gemacht. Die lehmerne Mauer, und die schlechten zum Retiro gehörigen Gebäude sind weggerissen, und an deren Stelle ist ein eisernes Gitterwerk angelegt, das mit Pfeilern, worauf

Vasen stehen, abwechselt. Vom Thore von Alcala gehen vier Reihen Bäume nach dem Prado und formiren einen edlen Zugang. Dieß ist die Promenade, wo man Abends, wenn auch der Hof nicht da ist, oft 2 bis 300 Kutschen zählt, und wo sich vornehmlich die Damen, welche Langeweile haben, täglich einzufinden pflegen. Die Kutschen fahren hinter einander her in der Runde herum. Uebrigens ist diese eingeschränkte Spatzierfahrt ein sehr mäßiges Vergnügen, weil man immer in einer Wolke von Staub eingehüllt ist. Man besprengt den *Prado* zwar im Sommer alle Tage, aber die Hitze des Clima, und die Menge der Wagen macht diese künstliche Befeuchtung bald unmerklich. Keine freye Aussicht darf man hier nicht suchen; aber die tiefe Lage schützt den *Prado* doch wenigstens einigermaßen für die scharfe Luft, und die schneidenden Winde, denen man, wenn er hoch läge, gewiß ausgesetzt seyn würde. Was gewönne man auch durch eine freye Aussicht, da die umliegende Gegend traurig, kahl, und wüste ist. Uebrigens ist der *Prado* schon in den alten spanischen Romanen der Schauplatz unzähliger Liebesgeschichten: und es fehlt vermuthlich auch noch jetzt nicht an Abentheuern, die hier vorfallen.

Leopold Anton Kaufhold

Krankheiten

Eine andere sehr gemeine und sehr schlimme Krankheit, ist Blindheit. Wirklich hab ich noch in keiner großen Stadt so viele Blinde angetroffen, als hier; man sieht davon 4–6 zusammen, die einander angefaßt haben, und wovon der erste von einem kleinen Knaben geführt wird; ja manche, die ihre gewisse, nicht weite Wege haben, gehen ohne allen Wegweiser, bloß durch Hülfe ihres Stocks, über die Straßen; sie pochen damit so scharf auf, daß jedermann schon von ferne sie gewahrt, und ihnen ausweicht; aber Wehe dem, der von ohngefähr von ihnen getreten wird; denn sie treten eben so unsanft wie ein Pferd auf. Größtentheils sind diese Blinden schon Leute von einem gewissen Alter, ganz junge Leute sah ich selten, oder nie blind.

Man hat sich alle Mühe gegeben, um die Ursache herauszubringen wodurch dieses Uebel veranlaßt wird; allein man hat bis jetzt noch nichts Zuverlässiges darüber erfahren können; einige haben behaupten wollen, daß die hellen Sonnenstrahlen in Verbindung mit dem trocknen sandigen Erdreiche der Sehkraft des Auges sehr nachtheilig wären, und nach und nach Blindheit verursachten, allein, wenn diese Ursache gegründet wäre, was sollte denn aus den armen Afrikanern und andern Bewohnern heißer Länder werden, wo das Sonnenlicht nicht weniger hellglänzend, als in Spanien, und wo das Erdreich noch viel dürrer und sandiger ist?*)

Andere haben die Schuld auf die Lebensart der Spanier geschoben, und ihren starcken Gebrauch von Gewürzen, besonders dem häufigen Genuß der Chokolade der Reichen und des spanischen Pfeffers der Armen die böse Eigenschaft des Blindmachens zu geschrieben; allein auch dieses kann eben so wenig Grund haben; denn wenn Chokolade blind macht, warum bringt sie diese Wirkung nicht auch in andern warmen Ländern hervor, wo sie ebenfalls häufig genossen wird; ja was noch mehr ist, warum macht sie in Spanien nur einige wenige und nicht alle blind, die dieses Getränke zu ihrem gewöhnlichen täglichen Getränke gemacht haben? Sollten alle Chokoladentrinker blind werden: so würde es gar keine Sehenden mehr geben; eben so ist es auch mit dem spa-

*) Ja, warum werden denn nicht alle Spanier blind, da doch alle auf dem nemlichen Boden wohnen und von der nemlichen Sonne beschienen werden?

nischen Pfeffer; sein Gebrauch ist bey der niedern Classe allgemein und er wird häufig genossen; aber auch von diesen werden nur sehr wenige, in Vergleich, gegen diejene, es nicht werden, blind; er kann also keineswegs als zureichender Grund angenommen werden, eben so wenig, wie die Chokolade.

Es läßt sich da schlechterdings keine allgemeine Ursache angeben, und bey einem kann dieses beim andern wieder was anders die Blindheit veranlaßt haben; mir scheint dieses Uebel Folge ihrer Lebensart und des Climas zugleich zu seyn; der Genuß hitziger Gewürze, Ausschweifungen in der Liebe, in Verbindung mit dem Clima hauptsächlich aber der Genuß des Eißwasser im heißen Sommer,*) mögen wohl den Seh-Nerven sehr schädlich seyn, und nach und nach die Sehkraft ganz rauben.

Hier sieht man, immer eine Menge Leute auf den Straßen mit Brillen auf den Nasen, die als Candidaten der Blindheit einher gehen; die meisten davon sind Pfaffen, vielleicht daß hier in Verbindung mit den obigen Ursachen, das Lesen auch etwas mit beyträgt. Bey den meisten Blinden sind die Augen nicht zu, sondern offen, und man sieht ihnen die Blindheit gar nicht an. Viele von den armen Blinden sind Musikanten, und spielen weit besser als die Sehenden, sie beschäftigen sich auch mit allerhand Handarbeit, und machen besonders hübsche Rosenkränze.

*) Der unvorsichtige Genuß von Erfrischungen ist der Gesundheit sehr schädlich, und besonders die künstlichen Schneewasser, die im Sommer auf allen Straßen zu verkaufen sind. So ein Glas Eißwasser in einen schwitzenden Körper jähling hinein gegossen, kann sehr leicht die Sehkraft zerstören, wovon ich auch in Deutschland mehrere traurige Beyspiele erlebt habe; unglücklicher Weise ist diese Art der Abkühlung bey den Spaniern sehr häufig, und die schädliche Wirkung davon muß also auch nach Verhältniß allgemein seyn. Lebensart und Clima wirken hier eben so in Verbindung, als wie bey der verheerenden Luftfeuchte, von der ich bereits bey einer andern Gelegenheit geredet habe.

Jedes Land hat doch in Kranckheiten sogar etwas eignes; in Frankreich giebt es eine ungeheure Menge eckelhafter scheußlicher Krippel, die man hier nicht sieht, dagegen gibt es hier so viele Blinde, die zwar das Auge nicht beleidigen, aber ebenfalls sehr unglückliche Menschen sind. – Ebenfalls habe ich hier keinen einzigen taub und stumm Gebohrnen gesehn, ja nicht einmal davon reden hören; ob es wirklich keine giebt, weiß ich nicht, wenigstens müssen sie selten seyn.

Auch von Hemoroiden habe ich nichts gehört, wahrscheinlich deswegen, weil die Spanier das Hemoroidenmachende Getränke, den Kaffe, nicht genießen. (...)

Alfred Zimmermann

Aus der spanischen Königsstadt

Wer beim Betreten Madrids eine moderne Großstadt zu sehen erwartet, erlebt eine arge Enttäuschung. Die von Philipp II. zum Mittelpunkte seiner spanischen Herrschaft erhobene Stadt trägt trotz aller Paläste und großartigen Anlagen einen ausgesprochen orientalischen Charakter. Die neuen, von breiten, schattigen Promenaden durchzogenen Viertel im Osten der Stadt, in der Umgebung des Retiroparks, erinnern trotz einiger Vernachlässigung wohl an die von der wohlhabenden Bevölkerung bevorzugten Teile europäischer Großstädte, der weitaus größte Teil Madrids aber bildet eine Welt für sich. Schon der Bahnhof, auf dem die von Norden kommenden Züge einlaufen, macht einen alles andere als großstädtischen Eindruck. Das schuppenartige, gänzlich schmucklose Gebäude liegt am Fuße des Schloßhügels in freiem, der Bebauung harrendem Felde. Eine ganze Reihe altmodischer Hotelomnibusse begrüßt neben den Autos des Rietzhotels und des benachbarten neuen Riesengasthofs den Ankömmling. Nur im Schritt vermögen Pferde die staubige Allee, die am Schloßgarten vorüber empor zur Stadt führt, wegen ihrer Steilheit zu bezwingen. Der palmenbepflanzte, schöne Platz vor dem Schlosse, den der Wagen berührt, ist menschenleer. Das benachbarte königliche Theater sieht verlassen und verwahrlost aus. Dann aber öffnen sich enge, verwickelte, von übermäßig hohen Häusern gebildete Straßen, in denen der bunteste Verkehr wogt. Bis hoch hinauf sind die Häuser mit Geschäftsreklamen bedeckt, Laden drängt sich an Laden. Zahlreich sind Confiterias, Geschäfte mit Süßigkeiten und Naschereien aller Art, Stoff- und Modewarenläden, Juweliere. Dazwischen gelegentlich Auslagen mit Toledometallarbeiten, Tabak-, Frucht- und wenige Buchläden. Dafür wimmelt es von Ständen mit Zeitungen, illustrierten Blättern und allerlei Schundliteratur. Natürlich fehlt es auch nicht an Kinematographen. Am buntesten ist das Treiben auf dem Platze der Puerta del Sol, wo zehn Straßen sich treffen und zahlreiche elektrische Bahnen ihre Haltestelle haben. Jedes Eckhaus ist hier ein Hotel mit Kaffeehaus im Erdgeschoß. Die Südseite wird durch das Gebäude des Ministeriums des Innern gebildet, neben dem ein großes Spielwarengeschäft liegt. Tag und Nacht stehen hier meist dürftig und nachlässig gekleidete Männer, mit der Zigarette im Munde, Kopf an Kopf. Gott weiß, was sie bezwecken. Mitten durch drängen sich Hausierer mit Messern, Knöpfen und dergleichen, buntgekleidete Zigeunerinnen mit glänzend schwarzen Haaren und an die Stirn geklebten Locken, gelegentlich auch schwere, mit Ochsen bespannte Karren, Esel mit Lasten und Reitern. Des Morgens erblickt man auch nicht selten eine Ziegenherde mit schweren Eutern. Die Abnehmer erhalten die Milch an der Tür vor ihren Augen in den Topf gemolken.

Europäischer ist das Bild in den beiden Straßen, die von der Puerta del Sol nach Osten führen. Die breite Alcala, an deren Nordseite die Akademie, ein Theater und die Calatravakirche liegen, ist die Straße der Klubs. Den ganzen Tag sitzen hier zahlreiche Elegants an den Fenstern der stattlichen Klubhäuser, rauchen, spucken, plaudern und mustern die Vorübergehenden. Nicht minder stark besucht sind die neben den Klubs liegenden Kaffeehäuser. Auffällig berührt, daß man trotz des vielen Rauchens nirgends ein Zündholz erblickt. Jedermann führt hier ein mechanisches Feuerzeug in der Tasche, und unaufhörlich ertönt das Knacken dieser kleinen Apparate. Doch in keinem Café ist eine Dame zu sehen. Zeigt sich irgendwo an einem Tische ein Damenhut, so kann man sicher sein, daß er einer Fremden gehört. Spanierinnen besserer Klassen erblickt man, immer in elegantesten Strümpfen und Schuhen und nach neuester Mode gekleidet, nur im Wagen oder in den Läden. In der ebenso belebten, halb parallel laufenden Straße San Jeronimo, die zum Kongreßgebäude und dem Pradomuseum führt, drängen sich vornehme Restaurants neben den Bureaus großer Geschäfte und zahlreicher Antiquitätenläden. – Der Hauptverkehr herrscht in der Stadthälfte, die südlich von diesen Straßen ziemlich steil hinunter zum Manzanares liegt. Es ist hier oft gar nicht durchzukommen. Hier liegen die Hauptmärkte, das Schlachthaus, Hospitäler, Kirchen und Theater. Zahllose Straßenhändler, Bettler, Zeitungshändler drängen sich zwischen den Ochsenkarren, beladenen Eseln und flinken, billigen Droschken. Die letzteren haben keine Fahrpreisanzeiger: aber am Sitz des Kutschers befindet sich ein Stab mit einem weißen Schild, ähnlich wie bei unseren Taxametern. Ist das Schild aufgerichtet, so ist der Wagen frei. An den Wänden der hohen Häuser sieht man häufig trockene Palmwedel mit bunten Papierblumen befestigt. Sie stammen noch vom Palmsonntag und beweisen, welche Rolle kirchliche Festlichkeiten hier spielen. – Eine der Hauptstraßen dieses Stadtteils führt zu einem kleinen Platze, von dem ein breiter Boulevard jäh ins Tal hinabführt. Der Fleck heißt der Rastro, und auf ihm findet jeden Morgen ein großer Trödelmarkt statt. Ungeheuer sind die Mengen gebrauchter Möbel, Kleidungsstücke, Metallwaren, Bücher, die hier ausgeboten werden. Einzelne Buden, die ständig hier ihren Platz haben, sind ganz voll von alten Schlüsseln, Schlössern und dergleichen. Nur der berühmte, den bezeichnenden Namen »Lausemarkt« tragende Platz an der Sucharewna Baschnja in Moskau bietet ein ähnliches Bild. Blasco Ibanez hat dem Rastro und seinen Bewohnern einen ganzen Roman gewidmet.

Eigenartig wie Leben, Treiben und Straßenbild sind die Hoteleinrichtungen in der spanischen Hauptstadt. Die Gasthäuser, die bis vor kurzem als die besten galten, liegen an den geräuschvollsten Stellen der Stadt. Ihr Erdgeschoß stellt meist ein sehr belebtes Kaffeehaus dar. Im Innern herrscht ewiges geräuschvolles Kommen und Gehen. Zwar sind Lift, elektrisches Licht und Wasserleitung vorhanden, aber Europäer werden sich in diesen Häusern selten wohlfühlen. Dazu kommt, daß diese gastlichen Stätten dem Reisenden sich nur unter der Bedingung öffnen, daß er alle Mahlzeiten in ihnen einnimmt. Es ist daher von den an spanische Sonderheiten nicht gewöhnten Fremden als eine wahre Wohltat empfunden worden, daß die Rietz-Hotelgesellschaft neuerdings an der schönen, ruhigen Promenade am Pradomuseum ein neues, europäischen Wünschen entsprechendes Hotel eröffnet hat. Hier ist man auch nicht an die Mahlzeiten gebunden. Das Beispiel der Rietz-Gesellschaft hat bewirkt, daß jetzt in der nächsten Nähe dort von spanischen Unternehmern ein noch größeres, modernes Hotel erbaut worden ist. Vielleicht bedauert manch einer das Zurückdrängen der alten, eigenartigen Hotels. Da diese indessen seit langem die guten Seiten der alten Einrichtungen verloren und nur ihre Schattenseiten gehütet hatten, ist es um sie nicht schade. Zu den guten Eigenarten gehörte die Einrichtung, daß der Wein im Preis der Mahlzeit mit einbegriffen war. Davon war aber schon längst in den größeren Gasthäusern keine Rede mehr. Und dazu wurde hier der Wein auch immer schlechter und teurer. Heute bieten nur noch kleine spanische Gasthäuser den Wein ohne besondere Zahlung zum Essen. Mit dem Steigen der

Weinpreise wächst der Verbrauch von Bier und Mineralwässern. Der Eßzwang der Hotels hat verschuldet, daß in Madrid nur wenige große Restaurants besserer Art vorhanden sind. Hier findet man neben manchen vortrefflichen Nationalgerichten auch sehr gute Küche französischer Art, bei nicht übertriebenen Preisen. Bei Ausflügen in die Büsche und Wiesen des El Pardo am Manzanares nehmen die Familien Vorräte mit und kochen an dort vorgesehenen Feuerstellen im Freien. Das ist indessen wohl nur ein Vergnügen für die unteren Klassen, welche auch die Hauptteilnehmer an den Ferias, Verbenas und sonstigen Festen sind, die im Laufe des Jahres in Madrid eine große Rolle spielen. Abgesehen von den Festen hat die Bevölkerung Interesse nur für die allwöchentlichen Stierkämpfe, Hahnengefechte und dergleichen. Die vornehme Welt bekommt man für gewöhnlich nur beim Korso, in der Stierarena oder bei den Pferderennen zu Gesicht. Der im Retiropark angelegte Zoologische Garten findet offenbar so wenig Liebhaber, daß er in einer traurigen Verfassung ist. Allerdings fehlt es in ihm, wie beim Pariser Jardin d'acclimatisation, auch an allem, was außer einigen wilden Tieren Besucher anlocken könnte.

Den Hauptreiz Madrids bilden für den Reisenden seine Kunstschätze. Die Bildersammlung des Prado hat ihresgleichen nirgends in der Welt, und auch die Waffen und Kostbarkeiten der Armeria sind teilweise einzig in ihrer Art. Diese Museen, zu denen noch die Sammlungen der Academica, der Gobelins und andere kommen, locken wohl die Mehrzahl der nicht in Geschäften reisenden Fremden nach der spanischen Königstadt. Wenn diese aber die Besucher sonst manchmal arg enttäuscht hat, liegt das wohl meist daran, daß sie in der Wahl ihres Unterkommens nicht glücklich waren und infolge mangelnder Sprachkenntnisse sich in das eigenartige Volksleben Madrids zu wenig vertieft haben. Was Madrid an Kunst bietet, ist so großartig und einzig, daß es in dem Rahmen dieser kurzen Skizzen nur angedeutet werden kann. Von Velasques, Murillo, Greco, Goya, ganz zu schweigen von den anderen spanischen Meistern, kann sich der Kunstfreund nur hier und in einigen anderen Orten Spaniens ein wahres Bild machen.

J. P. Texier

In Aranjuez

Aranjuez ist weder Stadt noch Flecken, sondern eigentlich das Königslager, mit zahlreichen Gebäuden, welche sämmtlich dem Hofe gehören. Seiner Lage und Einrichtung nach ist es etwa mit dem Haag zu vergleichen. Es liegt in einem ovalförmigen Thale von 5 bis 6 Meilen im Umkreise, rings von Höhen umgeben, wovon einige sehr ansehnlich sind, und welche größtentheils aus Kalk- und Gypssteinen bestehen. Durch das Thal strömt der *Tajo*, an dessen Ufer der königliche Pallast liegt; die Gärten des Königs nehmen fast den ganzen Hintergrund des Thals und einen Theil der anliegenden Hügel ein. Der Pallast ist groß und geräumig und die Gebäude, welche darauf folgen, sind sehr weitläuftig; allein weder seine innere Einrichtung, noch seine Bauart bieten etwas bemerkenswerthes dar. Der Bau ist unregelmäßig und sein Aeußeres hat nicht das mindeste Ansehn. Die Vorderfaçade und die eine Seite gehen auf die Gärten; die Hinterfaçade und die andere Seite auf den großen Platz. Die beiden Seiten, welche längs dieses Platzes herlaufen, sind mit Gebäuden besetzt, welche den Hofbedienten zur Wohnung dienen. Die große Kirche, vor welcher sich ein schöner Springbrunnen befindet, liegt in der Mitte und der Brücke nach den Gärten gegenüber. Der Tajo bildet eine Insel, wo sich der sogenannte Inselgarten befindet, der dem Pallaste am nächsten liegt. Das Wasser des Flusses, welches in einen großen Behälter eingelassen wird, strömt unter den Fenstern des Schlosses her und bildet dort in einiger Entfernung von einander zwei Kaskaden, deren Rauschen mit der durch Lustwaldungen und Baumgruppen unterhaltenen Kühlung diese Parthie höchst anmuthig macht. Weiterhin, jenseits des Weges nach Madrid, nimmt der Garten seinen Anfang, welcher vordem der Garten des Prinzen von Asturien genannt wurde, aber eigentlich Frühlingsgarten heißt. Er ist von einem sehr großen Umfang und nach einem viel neuern Plane als der andere angelegt; man erblickt darin eine schöne Allee von Thränenweiden. Am äußersten Ende des Gartens liegt am Ufer des Tajo die kleine Festung, die der jetzige König (Carl der 4te) noch als Prinz von Asturien hat anlegen lassen, versehen mit Geschütz und allen möglichen Vertheidigungsanstalten. Er hat noch jetzt daran seine Freude; eben so an der kleinen Kriegsflotte von 4 bis 5 Schiffen und mehrern prächtig geschmückten Schaluppen und Gondeln, welche auf dem Flusse ihre Station hat und der königl. Familie zur Ergötzlichkeit dient. Bei der Thronbesteigung Karls des vierten gab sie zu einem eben so außerordentlichen, als überaus kostspieligen Einfalle und Phantasiestücke Anlaß.

Der Geschmack des Königs an solchen Ergötzlichkeiten hatte sich bei seiner Thronbesteigung noch nicht im mindesten verloren: er nahm seine kleine Flotte regelmäßig jeden Tag in Augenschein, und um dem Spielwerk mehr Interesse zu geben, wünschte er sie einmal in Wirksamkeit und Thätigkeit zu versetzen. Aber der Kanal, wo die Eskadre lag, war zu schmal, um irgend ein Manöver ausführen zu können, der König fiel also auf den Gedanken, sich das gewünschte Vergnügen durch Versetzung der Flotte nach einem geräumigen Wasserbehälter zu verschaffen. Wo ließ sich indessen ein anderes Bassin auffinden, welches mit dem ersten in Verbindung gestanden hätte? In der Nachbarschaft war ein solches nicht und die Anlage eines neuen wurde durch die Örtlichkeit gehindert. Auch war, von den Kosten einer solchen Unternehmung abgesehn, die zur Ausführung erforderliche Zeit viel zu lang, als daß man sich auf einen solchen Aufschub des plötzlich aufgegriffenen Phantasiestücks hätte einlassen können. Man nahm daher zu folgendem Mittel seine Zuflucht, um den Willen des Monarchen zu befriedigen. An einer der äußersten Seiten von Aranjuez, links von dem Chausseewege nach Ocana, dem Berge, worauf man den Parnaß angelegt hat, gerade gegenüber, befindet sich auf einem Berge ein kleiner von Natur gebildeter See, welcher das Wasser des von der Felsenkette strömenden Regendachs aufnimmt und zum Wasserbehälter dient, woraus die Gärten und Anpflanzungen von Aranjuez ihre Bewässerung erhalten. Dieser See liegt etwa eine halbe Meile von den Gärten und dem Standpunkt der kleinen Flotte, aber mehr als 200 Fuß über den Wasserstand des Bassins, von welchem er durch die Gärten, die königlichen Häuser und die große Kunststraße geschieden wird. Letztere liegt des ungleichen Bodens wegen mehrere Fuß hoch über der Fläche und erhebt sich in einer Abdachung bis zum Fuße des Gebirges, wo der See etwa gegen die Mitte zu liegt und wegen der Felsabhänge nur auf Umwegen erreicht werden kann. Wer sollte wohl glauben, daß man jemals auf den ausschweifenden Gedanken hätte verfallen können, Kriegsschiffe bis zu dieser Höhe hinaufziehen zu lassen? Gleichwohl war man gegen alle Schwierigkeiten und Hindernisse völlig blind und faßte den Entschluß, die ganze Flotte mit Masten, Geschütz und Takelwerk nach dem Bergsee zu bringen. Zu diesem Ende mußte man erst einen Theil des Bodens eben machen, Materialien zusammenbringen, um die schweren Waffen aus dem Bassin zu heben und Maschinen erbaun, um sie bis zum Fuße des Berges und von da bis zum See hinaufzuziehn. Man zog aus den umliegenden Gegenden eine große Anzahl Bauern und Arbeitsleute zusammen. Anfangs sollten die Schiffe von dem Bassin des Tajo bis nach dem Berge durch Ochsen gezogen werden, allein man kam damit nicht vorwärts, da die zahllosen Thiere nicht gleichzeitig ihre Kraft verwenden konnten. Das eine Thier zog nach dieser Seite hin, das andere nach jener, und die Stricke rissen jeden Augenblick. Man mußte daher diesen Plan aufgeben und den Transport bloß durch Menschenhülfe zu bewerkstelligen trachten. Mit ungeheurer Arbeit und Kostenverwendung kam man damit zu Stande; nur die größte Fregatte war viel zu schwer und mußte zurückbleiben. Als die Flotte bis zu dem Bergsee gelangt war, ließ man sie in Gegenwart des Hofes mit vielem Glanz herumrudern und manövriren; kostspielige Feste wurden gegeben und nachdem man sich einige Tage lang an dieser Spielerei ergötzt hatte, wurde man der Sache wieder überdrüssig und die Flotte mit derselben Anstrengung nach ihrer alten Station im Bassin des Frühlingsgartens, wo wir sie jetzt sahen, zurückgeschafft. Man berechnet, daß dieser thörichte Einfall eine Ausgabe von fünf bis sechsmal hundert tausend Piastern verursacht hat. Hätte der König einen Theil dieser Summe zu einer Reise nach Cadix und den südlichen Seestädten verbraucht, so würde er sein Gelüst auf eine des spanischen Königs viel würdigere Weise haben befriedigen können; er hätte sich dann selbst von dem Zustande seiner Flotten unterrichtet und unterweges auch noch auf die Provinzen einen Blick werfen können, die er nur aus den Berichten seiner Minister und Höflinge kennt. Aber freilich reiset ein König von Spanien nicht so leicht und wohlfeil, wie Friedrich der Große oder Joseph II. Er ist bloß der Sklav seiner Minister und hat keinen andern Willen, als den sie mit gewandter Kunst in ihm aufsteigen lassen; dagegen hüten sie sich wohl, ihm bei kleinen Lieblingswünschen zuwider zu seyn, wenn sie dem Staate auch noch so viel kosten. Während seine Aufmerksamkeit auf solche Spielereien geheftet ist, kann er sie nicht auf wichtigere Gegenstände richten; die Minister haben freie Hand und in der Leitung der Staatsangelegenheiten keinen Widerspruch zu befürchten. Vielleicht scheuen sie sich auch, ihn bei einer Reise in die äußersten Provinzen des Reichs die Kahlheit des Landes sehen zu lassen, und ich wüßte nicht einmal, wo er unterwegs sein Quartier nehmen wollte, weil es weder Gasthöfe, noch in den Städten königliche Häuser giebt, worin er anständig aufgenommen werden könnte; es müßten erst große Summen ausgegeben werden, um sie für den Empfang eines Königs von Spanien mit seinem Zuge und Gefolge in gehörigen Stand zu setzen. (...)

Nachdem wir eine halbe Stunde gewartet hatten, kam die königliche Familie an. Unter den Hofleuten, welche ihr vorangingen, bemerkte ich vorzüglich den *Herzog von Alcudia*. Dieser berühmte Günstling des Glücks, der in wenig Jahren zu den ersten Stellen des Reiches emporgestiegen ist, ein Edelmann aus unbekannter Familie, war unter dem Namen Godoi noch vor etwa 5 Jahren Gefreiter unter der königlichen Leibwache. Jung, von vortheilhaftem Wuchs, blühender Gesichtsfarbe und vielversprechender Gestalt war er glücklich genug, die Aufmerksamkeit der Königin auf sich zu ziehen. Er wurde bei Hofe eingeführt und die Gunst der Königin bahnte ihm sehr bald den Weg zu den ersten Stellen. Jetzt ist er etwa in einem Alter von 30 Jahren und vereinigt in seiner Person schon alle Aemter, Titel, Ehrenzeichen und Emolumente, nach welchen nur immer ein spanischer Grand trachten kann. Er steht an der Spitze aller Departements; sein Credit ist ohne Grenzen und durch die Gunst, welche er genießt, hat er in wenig Jahren einen unermeßlichen Reichthum erworben. Jeder Tag bringt ihm eine neue Schenkung von Landgütern, Pallästen, Equipagen und Kostbarkeiten aller Art. Ohne Talente, ohne Kenntnisse und Erfahrung leitet er alle Angelegenheiten des Staats und hat diesen auch, nachdem der Graf von Aranda einmal von seinem Platze verdrängt worden ist, in den gegenwärtigen, höchst verderblichen Krieg verwickelt. Er ist mehr schwach, als bösartig, und seines Charakters halber weniger gefürchtet, als von den unter ihm stehenden Reichsbeamten beneidet. Es läßt sich leicht voraussehen, daß Spaniens unglückliche Lage dem Könige über die völlige Unfähigkeit seines Günstlings bald die Augen öffnen wird; sein Fall wird dann eben so schrecklich seyn, als seine Erhebung glänzend und rasch gewesen ist.

Der König, 47 Jahr alt, ist von mittlerer Größe. Sein Gesicht hat nichts Ausgezeichnetes; es drückt sich darin Langeweile und Verdrießlickeit aus, doch sieht man einen Zug von Güte durchschimmern. Er war ganz einfach in einen braunen Frack gekleidet und trug bloß das Band des goldenen Vließes. Beim Herabgehen von der Treppe sprach er mit Niemandem, und warf sich ganz allein in eine mit acht Maulthieren bespannte Berline, welche blitzschnell davon eilte; Pferde würden bei einer einzigen solchen Fahrt durchaus zu Grunde gerichtet werden. Die Garden, Officiere und Pagen, welche den König begleiten, haben alle Mühe, ihm in gestrecktem Galopp zu folgen und sehr häufig werden bei diesen Spazierfahrten Pferde zu Tode geritten.

Die Königin, eine Prinzessin von Parma, ist 43 Jahr alt; ihrer Figur nach muß sie jeder noch für weit älter halten, und kaum nimmt man wahr, daß sie jemals für eine Schönheit hat gelten können. Ihre Jahre und viele Wochenbetten geben ihr einen Anstrich von Abgelebtheit und Betagtheit, der den meisten spanischen Frauen gemein ist; gewöhnlich fangen diese an zu altern, wenn sie über das dreißigste Jahr gekommen sind. Die Königin wurde ihrer Schwangerschaft wegen von ihren Gemächern bis an den Fuß der Treppe in einer Sänfte getragen. Ehe sie in den Wagen stieg, nahm sie mit wohlwollendem Blick die Bittschrift einer Officierwittwe an, der sie noch einige theilnehmende Worte sagte. Die Hofdamen, welche sie begleiteten, waren lauter alte Schachteln und die Prinzessinnen ohne alle Liebenswürdigkeit.

Zuletzt sahen wir von der königlichen Familie noch den *Infanten Don Antonio*, Bruder des Königs, zu Pferde steigen. Er war mit einem ganz gewöhnlichen braunen Frack bekleidet und von höchst abstoßender Figur und Haltung. Trotz und Eigenwillen im Gesicht, ging er, den Hut tief in die Augen gedrückt, dicht vor dem umherstehenden Frauenzimmer mit höhnisch hingeheftetem Blick vorüber, ohne sich nur einmal mit dem Kopfe zu verneigen. (...)

Arthur Stahl

Ausflug zum Escorial

Zu unserer Rechten erhob sich jetzt die Kette des Guadaramagebirges. Die höchsten Spitzen waren mit Schnee bedeckt und dies gab zu den violetten und bläulichen Färbungen der nackten Felswände, auf welchen die Sonne lag, einen unvergleichlichen Contrast.

Wir passirten noch einige kleinere Stationen, einen langen Tunnel, die Gegend wurde immer wilder und düstrer, und von dem gewaltigen kahlen Bergrücken, der jetzt vor uns aufstieg, hoben sich grau vom Grau, massig, gigantisch düster die Kuppeln und Thürme des Escorial.

Die Station Villalba befindet sich am Fuß des Hügels, auf welchem er, umgeben von finstern Klostergärten, liegt, und nichts giebt das Gefühl seltsameren Contrastes, als das Geräusch und Leben der Eisenbahn inmitten dieser grabesstarren Umgebung.

Wie ist der Geist, der dieses Riesenwerk schuf und über ein gutes Stück Europa seinen eisernen Arm ausgestreckt hielt, so himmelweit von jenem verschieden, welcher jetzt die Continente mit seinem Schienennetz überzieht. – – (...)

Durch ein massiges Thor tritt man auf den großen Hof des Escorial, und nun zuerst die Vorder- und Seitenfront übersehend, macht man sich eine Vorstellung von den riesigen Verhältnissen dieses »Leviathan von Stein«, der größten Anhäufung von Granit nächst den Pyramiden.

Bekanntlich ließ Philipp II. den Bau 1565 nach dem Siege von St. Quentin aufführen, als Erfüllung eines Gelübdes an den heiligen Laurentius.

Man weiß, daß dieser Heilige sein Martyrium auf einem glühenden Rost erlitt, und daß Philipp II., Gourmand des Gräßlichen, befahl, dem Gebäude die Form eines Rostes zu geben.

Die vier Thürme an den Ecken stellen die Füße dar, die Langseiten den Rost, die Kirche mit dem vorspringenden Gebäude, der Wohnung des Königs, den Griff. Im Übrigen fehlt ihm jede Ornamentik, nur seine ungeheuren Massen imponiren von Ferne, unabsehbar lange und kahle Wandflächen ermüden das Auge, eine doppelte Reihe von unzählbaren kleinen Fenstern beleidigen den Schönheitssinn; man glaubt den Urtypus einer Kaserne oder eines Lazareths vor sich zu haben.

Die Thürme, welche die Ecken des gewaltigen Vierecks flankiren, sind ohne allen Reiz des Styls, die Kuppel der Kirche erscheint gedrückt und hier begegnet dem Auge zuerst die einzige architektonische Zierde, welche man später auf den Mauern, in den Gärten, auf den Treppen, überall wiederfindet: Kugeln von Granit in riesiger Größe und in solchen Mengen, daß man die Idee dieses Schmucks, welcher zugleich aller Kunst entbehrt, nicht wohl dem Baumeister allein zuschreiben kann. Vielleicht waren es die Phantasiespiele eines furchtsamen und darum nur um so furchtbareren Tyrannen, welcher sich hier einschloß mit dem siegenden und tröstenden Bewußtsein der Kanonenkugeln, welche aber hier aussehen, als wollten Titanen sie durch den Himmelsraum auf untergehende Welten schleudern.

Mit der Vorstellung des Rostes und der Bombe, welche man nicht mehr verscheuchen kann, tritt man in den zweiten inneren Hof, und hier überfällt uns ein unbeschreiblich erstarrendes Gefühl von Geistesdruck, ein Ersterben aller Lebensfreude, Kälte, Grabesodem, eine Luft erfüllt von Miasmen mönchischer Bigotterie, Inquisition und Todesurtheilen.

Und dies ist nicht eingegeben von mitgebrachten Vorurtheilen; nein, das einzige künstlerische Verdienst des Escorial ist: in vollkommenster, unverkennbarster Weise das auszudrücken, was es darstellen soll.

Von diesem Gesichtspunkt aus ist der Escorial bewundrungswürdig und man könnte sich wieder versucht fühlen, ihn mit den Pyramiden zu vergleichen.

Die Lage, die Umgebung, der Ernst des Styls, drücken sie nicht den unerbittlichen Ernst des Todes aus? Aber noch mehr. König Philipp wollte nicht allein ein großes Mausoleum für Todte errichten, der Escorial war vielmehr ein Grab für Lebendige, ein Grab für jede Lebensäußerung, welche freier geistiger Bewegung ähnlich sah.

Wie ein doppelter, undurchdringlicher Ring umgeben Klostergänge alle Seiten des Gebäudes; die äußern Umfassungsmauern bilden Kasernen, und der freie Raum zwischen beiden diente als Exercierplatz. Im Innern des Gebäudes giebt es mehrere der erwähnten kleineren Höfe, sie sind gleich düster und traurig, und das monotone Plätschern steinerner Brunnen dient nicht dazu, die Melancholie zu verscheuchen, welche dort wohnt.

Vom freien Platz vor der Schloßkirche führen die breiten Treppen in die oberen Räume des Escorial. Wohin das Auge sich wendet, verliert es sich nun in Klostergängen, denn die unabsehbare Zahl kleiner Fenster, welcher ich erwähnte, gehören den Mönchszellen, welche sich hier aneinander reihen, dann und wann schlüpfte ein junger Mönch durch die schweigenden Gänge, oder las, vor der Thür seiner Zelle auf und nieder gehend, sein Morgengebet, und schlug neugierig und gelangweilt seine Augen zu den Fremden auf.

Das Kloster besteht noch, aber nur für eine kleine Zahl von Mönchen, während es zu Philipps Zeiten, welcher sein Leben in ihrer Gesellschaft verbrachte, das größte war, welches jemals existirte.

(...) Ich sah aus den tiefen Fensternischen hinab auf die Gärten, welche hinter hohen Mauern an der Vorderfront des Gebäudes angelegt sind.

Es war ein seltsam düstrer und charakteristischer Eindruck, und sie fesselten mich so, daß ich Gefahr lief, mich in einer der Fensternischen zu vergessen und in den einstmaligen Gemächern des finstern Tyrannen eingeschlossen zu werden.

Diese Gärten sind ganz unverkennbar in dem Styl erhalten worden, in welchem Philipp sie anlegen ließ, und als Beweis dient ihre Ausschmückung, welche einzig und allein aus Kugeln besteht. Während auf den Umfassungsmauern, auf jenen, welche die Gärten durchschneiden, auf jedem Bassin, auf jedem Thor sich deren von Granit befinden, wiederholen sie sich in den Gärten in noch größerer Zahl von geschnittnem Grün. Cypressen, Buchsbaum, die arme Myrthe selbst, hat hier die Form der Bombe annehmen müssen. Alles ist regelmäßig, correct, grade, unbeschreiblich melancholisch. Nicht der kleinsten Ranke wurde hier erlaubt, frei zu wachsen, nur gewissermaßen versteinert durften die Pflanzen leben. Wirklich giebt es kaum etwas Interessanteres, als die Entwickelungsgeschichte eines Menschen, der groß war, gleichviel im Guten oder im Schlechten, aus den Ueberresten zu studieren, welche seine tägliche Umgebung bildeten, Zeugen seiner intimsten Empfindungen waren, und die oft, so unbedeutend sie sind, sein Wesen in das hellste Licht stellen.

Von den Wohnräumen König Philipps hat man in seiner ursprünglichen Einrichtung nur ein Zimmer erhalten. Man möchte bezweifeln, daß dies aus Pietät geschah, wahrscheinlich ist, daß keine Umgestaltung fähig gewesen wäre, den schwarzen Geist zu scheuchen, welcher hier brütet.

Es ist ein kleines düsteres Gemach, nur Licht erhaltend durch ein Fenster, das in die Kirche hinabsieht, aus welcher die Meßgesänge der Priester heraufdrangen.

Hier betete Philipp II., hier unterschrieb er die Todesurtheile, hier starb er. (...)

[illegible] Anschauungen, welche [illegible] und [illegible] Ro[illegible] [illegible] Welt [illegible] [illegible] [illegible] [illegible] [illegible] [illegible] dunkle Straßen, auf jeden Balkon [illegible] [illegible] [illegible] [illegible] [illegible] [illegible] [illegible] [illegible] [illegible] [illegible] [illegible] [illegible] [illegible] [illegible] [illegible] [illegible] [illegible] gewesen. Hier [illegible] [illegible] [illegible] [illegible] [illegible] [illegible] Form [illegible] Wohlhabende kann [illegible] Interessen [illegible] Wesen [illegible] [illegible]

Von den Wohlhabenden [illegible] [illegible] [illegible] [illegible] [illegible] Einrichtungen [illegible] Zimmer [illegible] [illegible] [illegible] [illegible] [illegible] [illegible] [illegible] [illegible] [illegible] [illegible] [illegible] [illegible] [illegible] [illegible] [illegible] [illegible] [illegible]

[illegible] [illegible] [illegible] [illegible] [illegible] erhalten [illegible] [illegible] [illegible] [illegible] [illegible] [illegible] [illegible] [illegible]

[illegible] Philipp II. [illegible] unterschrieb er die Texte [illegible] [illegible]

Neuntes Kapitel

Querfeldein

»Es wird wohl keine Nation der Welt den Spaniern gleich kommen in der Gefälligkeit der Form und der Hingebung, mit welcher sie den Fremden zu begegnen wissen.«

Heinrich Alexander Pagenstecher

Alexander von Humboldt

Die Besteigung des Pik von Tenerifa

Zu Madrid angelangt, fand ich bald Ursache mir Glück dazu zu wünschen, daß wir uns entschlossen, die Halbinsel zu besuchen. Der Baron Forell, sächsischer Gesandter am spanischen Hofe, kam mir auf eine Weise entgegen, die meinen Zwecken sehr förderlich wurde. Er verband mit ausgebreiteten mineralogischen Kenntnissen das regste Interesse für Unternehmungen zur Förderung der Wissenschaft. Er bedeutete mir, daß ich unter der Verwaltung eines aufgeklärten Ministers, des Ritters Don Mariano Luis de Urquijo, Aussicht habe, auf meine Kosten im Inneren des spanischen Amerikas reisen zu dürfen. Nach all den Widerwärtigkeiten, die ich erfahren, besann ich mich keinen Augenblick, diesen Gedanken zu ergreifen.

Im März 1799 wurde ich dem Hofe von Aranjuez vorgestellt. Der König nahm mich äußerst wohlwollend auf. Ich entwickelte die Gründe, die mich bewogen, eine Reise in den neuen Kontinent und auf die Philippinen zu unternehmen, und reichte dem Staatssekretär eine darauf bezügliche Denkschrift ein. Der Ritter d'Urquijo unterstützte mein Gesuch und räumte alle Schwierigkeiten aus dem Wege. (...)

Ich erhielt zwei Pässe, den einen vom ersten Staatssekretär, den anderen vom Rat von Indien. Nie war einem Reisenden mit der Erlaubnis, die man ihm erteilte, mehr zugestanden worden, nie hatte die spanische Regierung einem Fremden größeres Vertrauen bewiesen. Um alle Bedenken zu beseitigen, welche die Vizekönige oder Generalkapitäne, als Vertreter der königlichen Gewalt in Amerika, hinsichtlich des Zweckes und Wesens meiner Beschäftigungen erheben könnten, hieß es im Paß der primera secretaria de estado: »ich sei ermächtigt, mich meiner physikalischen und geodätischen Instrumente mit voller Freiheit zu bedienen; ich dürfe in allen spanischen Besitzungen astronomische Beobachtungen anstellen, die Höhen der Berge messen, die Erzeugnisse des Bodens sammeln und alle Operationen ausführen, die ich zur Förderung der Wissenschaft vorzunehmen gut finde«. (...)

Am 19. morgens sahen wir den Berggipfel Naga (...), aber der Pik von Tenerifa blieb fortwährend unsichtbar. Das Land trat nur undeutlich hervor, ein dicker Nebel verwischte alle Umrisse. Als wir uns der Reede von Santa Cruz näherten, bemerkten wir, daß der Nebel, vom Winde getrieben, auf uns zukam. Das Meer war sehr unruhig, wie fast immer in diesen Strichen. Wir warfen Anker, nachdem wir mehrmals das Senkblei ausgeworfen; denn der Nebel war so dicht, daß man kaum auf ein paar Kabellängen sah. Aber eben da man anfing den Platz zu salutieren, zerstreute sich der Nebel völlig, und da erschien der Pik de Teyde in einem freien Stück Himmel über den Wolken, und die ersten Strahlen der Sonne, die für uns noch nicht aufgegangen war, beleuchteten den Gipfel des Vulkanes. (...)

Wir sahen nur den Zuckerhut; sein Kegel hob sich vom reinsten Himmelsblau ab, während schwarze dicke Wolken den übrigen Berg bis auf 3500 m Höhe einhüllten. Der Bimsstein, von den ersten Sonnenstrahlen beleuchtet, warf ein rötliches Licht zurück, dem ähnlich, das häufig die Gipfel der Hochalpen färbt. Allmählich ging dieser Schimmer in das blendendste Weiß über, und es ging uns wie den meisten Reisenden, wir meinten, der Pik sei noch mit Schnee bedeckt und wir werden nur mit großer Mühe an den Rand des Kraters gelangen können. (...)

Lange und mit Ungeduld warteten wir auf die Erlaubnis von seiten des Statthalters, ans Land gehen zu dürfen. (...)

Nachdem die Leute, die zu uns an Bord gekommen waren, um sich nach politischen Neuigkeiten zu erkundigen, uns mit ihren vielerlei Fragen geplagt hatten, stiegen wir endlich ans Land. Das Boot wurde sogleich zur Korvette zurückgeschickt, weil die auf der Reede sehr gefährliche Brandung es leicht hätte am Hafendamm zertrümmern können. Das erste, was uns zu Gesicht kam, war ein hochgewachsenes, sehr gebräuntes, schlecht gekleidetes Frauenzimmer, das die *Capitana* hieß. Hinter ihr kamen einige andere in nicht anständigerem Aufzug; sie bestürmten uns mit der Bitte, an Bord des Pizarro gehen zu dürfen, was ihnen natürlich nicht bewilligt wurde. In diesem von Europäern so stark besuchten Hafen ist die Ausschweifung diszipliniert. Die Capitana ist von ihresgleichen als Anführerin gewählt, und sie hat große Gewalt über sie. Sie läßt nichts geschehen, was sich mit dem Dienst auf den Schiffen nicht verträgt, sie fordert die Matrosen auf, zur rechten Zeit an Bord zurückzukehren, und die Offiziere wenden sich an sie, wenn man fürchtet, daß sich einer von der Mannschaft versteckt habe, um auszureißen.

Als wir die Straßen von Santa Cruz betraten, kam es uns zum Ersticken heiß vor, und doch stand der Thermometer nur auf 25°. Wenn man lange Seeluft geatmet hat, fühlt man sich unbehaglich, so oft man ans Land geht, nicht weil jene Luft mehr Sauerstoff enthält als die Luft am Lande, wie man irrtümlich behauptet hat, sondern weil sie weniger mit den Gasgemischen geschwängert ist, welche die tierischen und Pflanzenstoffe und die Dammerde, die sich aus ihrer Zersetzung bildet, fortwährend in den Luftkreis entbinden. Miasmen, welche sich der chemischen Analyse entziehen, wirken gewaltig auf unsere Organe, zumal wenn sie nicht schon seit längerer Zeit denselben Reizen ausgesetzt gewesen sind.

Santa Cruz de Tenerifa, das Añaza der Guanchen, ist eine ziemlich hübsche Stadt mit 8000 Einwohnern. Mir ist die Menge von Mönchen und Weltgeistlichen, welche die Reisenden in allen Ländern unter spanischem Zepter sehen zu müssen glauben, gar nicht aufgefallen. Ich halte mich auch nicht damit auf, die Kirchen zu beschreiben, die Bibliothek der Dominikaner, die kaum ein paar hundert Bände zählt, den Hafendamm, wo die Einwohnerschaft abends zusammenkommt, um der Kühle zu genießen, und das berühmte

10 m hohe Denkmal aus karrarischem Marmor, geweiht unserer lieben Frau von Candelaria, zum Gedächtnis ihrer wunderbaren Erscheinung zu Chimisay bei Guimar im Jahre 1392. Der Hafen von Santa Cruz ist eigentlich ein großes Karawanserai auf dem Wege nach Amerika und Indien. (...)

Die Empfehlungen des Madrider Hofes verschafften uns auf den Kanarien, wie in allen anderen spanischen Besitzungen, die befriedigendste Aufnahme. Vor allem erteilte uns der Generalkapitän die Erlaubnis, die Insel zu bereisen. (...)

Der Kapitän der Korvette hatte zwar Befehl, so lange zu verweilen, daß wir die Spitze des Piks besteigen könnten, wenn anders der Schnee es gestattete; man gab uns aber zu erkennen, wegen der Blockade der englischen Schiffe dürften wir nur auf einen Aufenthalt von vier, fünf Tagen rechnen. Wir eilten demnach, in den Hafen von Orotava zu kommen, der am Westabhang des Vulkanes liegt, und wo wir Führer finden sollten. In Santa Cruz konnte ich niemand auffinden, der den Pik bestiegen gehabt hätte, und ich wunderte mich nicht darüber. Die merkwürdigsten Dinge haben desto weniger Reiz für uns, je näher sie uns sind, und ich kannte Schaffhauser, welche den Rheinfall niemals in der Nähe gesehen hatten.

Am 20. Juni vor Sonnenaufgang machten wir uns auf den Weg nach Villa de la Laguna, die 682 m über dem Hafen von Santa Cruz liegt. (...) Bei der Stadt begegneten uns weiße Kamele, die sehr leicht beladen schienen. Diese Tiere werden vorzugsweise dazu gebraucht, die Waren von der Douane in die Magazine der Kaufleute zu schaffen. Man ladet ihnen gewöhnlich zwei Kisten mit Havanazucker auf, die zusammen 450 kg wiegen, man kann aber die Ladung bis auf 13 Zentner oder 52 kastilische Arrobas steigern. Auf Tenerifa sind die Kamele nicht sehr häufig, während ihrer auf Lanzarote und Fuerteventura viele Tausende sind. Diese Inseln liegen Afrika näher und kommen daher auch in Klima und Vegetation mehr mit diesem Kontinent überein. Es ist sehr auffallend, daß dieses nützliche Tier, das sich in Südamerika fortpflanzt, dies auf Tenerifa fast nie thut. Nur im fruchtbaren Distrikt von Adexe, wo die bedeutendsten Zuckerrohrpflanzungen sind, hat man die Kamele zuweilen Junge werfen sehen. Diese Lasttiere, wie die Pferde, sind im 15. Jahrhundert durch die normännischen Eroberer auf den Kanarien eingeführt worden. Die Guanchen kannten sie nicht, und dies erklärt sich wohl leicht daraus, daß ein so gewaltiges Tier schwer auf schwachen Fahrzeugen zu transportieren ist, ohne daß man die Guanchen als die Überreste der Bevölkerung der Atlantis zu betrachten und zu glauben braucht, sie gehören einer anderen Rasse an als die Westafrikaner. (...)

Die fortwährende Kühle, die in Laguna herrscht, macht die Stadt für die Kanarier zu einem köstlichen Aufenthaltsorte. Auf einer kleinen Ebene, umgeben von Gärten, am Fuße eines Hügels, den Lorbeeren, Myrten und Erdbeerbäume krönen, ist die Hauptstadt von Tenerifa wirklich ungemein freundlich gelegen. Sie liegt keineswegs, wie man nach mehreren Reiseberichten glauben sollte, an einem See. Das Regenwasser bildet hier periodisch einen weiten Sumpf, und der Geolog, der überall in der Natur vielmehr einen früheren Zustand der Dinge als den gegenwärtigen im Auge hat, zweifelt nicht daran, daß die ganze Ebene ein großes ausgetrocknetes Becken ist. Laguna ist in seinem Wohlstand herabgekommen, seit die Seitenausbrüche des Vulkanes den Hafen von Garachico zerstört haben und Santa Cruz der Haupthandelsplatz der Inseln geworden ist; es zählt nur noch 9000 Einwohner, worunter gegen 400 Mönche in sechs Klöstern. Manche Reisende behaupten, die Hälfte der Bevölkerung bestehe aus Kuttenträgern. Die Stadt ist mit zahlreichen Windmühlen umgeben, ein Wahrzeichen des Getreidebaus in diesem hochgelegenen Striche. (...)

Der Weg, den wir uns durch das Malpays bahnen mußten, ist äußerst ermüdend. Der Abhang ist steil und die Lavablöcke wichen unter unseren Füßen. Ich kann dieses Stück des Weges nur mit den *Moränen* der Alpen vergleichen, jenen Haufen von Rollsteinen, welche am unteren Ende der Gletscher liegen; die Lavatrümmer auf dem Pik haben aber scharfe

Kanten und lassen oft Lücken, in die man Gefahr läuft bis zum halben Körper zu fallen. Leider trug die Faulheit und der üble Wille unserer Führer viel dazu bei, uns das Aufsteigen sauer zu machen; sie glichen weder den Führern im Chamounithal noch jenen gewandten Guanchen, von denen die Sage geht, daß sie ein Kaninchen oder eine wilde Ziege im Laufe fingen. Unsere kanarischen Führer waren träg zum Verzweifeln; sie hatten tags zuvor uns bereden wollen, nicht über die Station bei den Felsen hinaufzugehen; sie setzten sich alle zehn Minuten nieder, um auszuruhen; sie warfen hinter uns die Handstücke Obsidian und Bimsstein, die wir sorgfältig gesammelt hatten, weg, und es kam heraus, daß noch keiner auf dem Gipfel des Vulkanes gewesen war.

Nach dreistündigem Marsch erreichten wir das Ende des Malpays bei einer kleinen Ebene, la Rambleta genannt; aus ihrem Mittelpunkte steigt der Piton oder Zuckerhut empor. (...)

Wir hatten jetzt noch den steilsten Teil des Berges, der die Spitze bildet, den Piton, zu ersteigen. Der Abhang dieses kleinen, mit vulkanischer Asche und Bimssteinstücken bedeckten Kegels ist so schroff, daß es fast unmöglich wäre, auf den Gipfel zu gelangen, wenn man nicht einem alten Lavastrom nachginge, der aus dem Krater geflossen scheint und dessen Trümmer dem Zahn der Zeit getrotzt haben. Diese Trümmer bilden eine verschlackte Felswand, die sich mitten durch die lose Asche hinzieht. Wir erstiegen den Piton, indem wir uns an diesen Schlacken anklammerten, die scharfe Kanten haben und, halb verwittert, wie sie sind, uns nicht selten in der Hand blieben. Wir brauchten gegen eine halbe Stunde, um einen Hügel zu ersteigen, dessen senkrechte Höhe kaum 175 m beträgt. Der Vesuv, der dreimal niedriger ist als der Vulkan von Tenerifa, läuft in einen fast dreimal höheren Aschenkegel aus, der aber nicht so steil und zugänglicher ist. Unter allen Vulkanen, die ich besucht, ist nur der Jorullo in Mexiko noch schwerer zu besteigen, weil der ganze Berg mit loser Asche bedeckt ist. (...)

Auf der Spitze des Piton angelangt, wunderten wir uns nicht wenig, daß wir kaum Platz fanden, bequem niederzusitzen. Wir standen vor einer kleinen kreisförmigen Mauer aus porphyrartiger Lava mit Pechsteinbasis; diese Mauer hinderte uns in den Krater hinabzusehen.*) Der Wind blies so heftig aus West, daß wir uns kaum auf den Beinen halten konnten. Es war acht Uhr morgens und wir waren starr vor Kälte, obgleich der Thermometer etwas über dem Gefrierpunkt stand. Seit lange waren wir an eine sehr hohe Temperatur gewöhnt, und der trockene Wind steigerte das Frostgefühl, weil er die kleine Schicht warmer und feuchter Luft, welche sich durch die Hautausdünstung um uns her bildete, fortwährend wegführte.

Der Krater des Piks hat, was den Rand betrifft, mit den Kratern der meisten anderen Vulkane, die ich besucht, z. B. mit dem des Vesuvs, des Jorullo und Pichincha, keine Aehnlichkeit. Bei diesen behält der Piton seine Kegelgestalt bis zum Gipfel; der ganze Abhang ist im selben Winkel geneigt und gleichförmig mit einer Schicht sehr fein zerteilten Bimssteines bedeckt; hat man die Spitze dieser drei Vulkane erreicht, so blickt man frei bis auf den Boden des Schlundes. Der Pik von Tenerifa und der Cotopaxi dagegen sind ganz anders gebaut; auf ihrer Spitze läuft kreisförmig ein Kamm oder eine Mauer um den Krater; von ferne stellt sich diese Mauer wie ein kleiner Cylinder auf einem abgestutzten Kegel dar. (...) Beim Pik von Tenerifa ist der Kamm, der wie eine Brustwehr um den Krater läuft, so hoch, daß er gar nicht zur Caldera gelangen ließe, wenn sich nicht gegen Ost eine Lücke darin befände, die von einem sehr alten Lavaerguß herzurühren scheint.

Die äußeren Ränder der Caldera sind beinahe senkrecht (...) Wir stiegen auf den Boden des Kraters auf einem Streif zerbrochener Laven, der zu der Lücke in der Umfangsmauer

*) La Caldera oder der Kessel des Piks. Der Name erinnert an die *Oules* der Pyrenäen.

hinaufläuft. Hitze war nur über einigen Spalten zu spüren, aus denen Wasserdampf mit einem eigentümlichen Sumsen strömte. Einige dieser Luftlöcher oder Spalten befinden sich außerhalb des Kraterumfanges, am äußeren Rand der Brüstung, welche den Krater umgibt. Ein in dieselben gebrachter Thermometer stieg rasch auf 68 und 75°. Er zeigte ohne Zweifel eine noch höhere Temperatur an, aber wir konnten das Instrument erst ansehen, nachdem wir es herausgezogen, wollten wir uns nicht die Hände verbrennen. (...)

Ich habe an Ort und Stelle die Ansicht des inneren Kraterrandes gezeichnet, wie er sich darstellt, wenn man durch die gegen Ost gelegene Lücke hinabsteigt. Nichts merkwürdiger als diese Aufeinanderlagerung von Lavaschichten, die Krümmungen zeigen, wie der Alpenkalkstein. Diese ungeheuren Bänke sind bald wagerecht, bald geneigt und wellenförmig gewunden, und alles weist darauf hin, daß einst die ganze Masse flüssig war, und daß mehrere störende Ursachen zusammenwirkten, um jedem Strom seine bestimmte Richtung zu geben. An der oben umlaufenden Mauer sieht man das seltsame Astwerk, wie man es an der entschwefelten Steinkohle beobachtet. Der nördliche Rand ist der höchste; gegen Südwest erniedrigt sich die Mauer bedeutend und am äußersten Rand ist eine ungeheure verschlackte Lavamasse angebacken. Gegen West ist das Gestein durchbrochen, und durch eine weite Spalte sieht man den Meereshorizont. Vielleicht hat die Gewalt der elastischen Dämpfe im Moment, wo die im Krater aufgestiegene Lava überquoll, hier durchgerissen.

Das Innere des Trichters weist darauf hin, daß der Vulkan seit Jahrtausenden nur noch aus seinen Seiten Feuer gespieen hat. Diese Behauptung gründet sich nicht darauf, weil sich am Boden der Caldera keine großen Öffnungen zeigen, wie man erwarten könnte. Die Physiker, die die Natur selbst beobachtet haben, wissen, daß viele Vulkane in der Zwischenzeit zweier Ausbrüche ausgefüllt und fast erloschen scheinen, daß sich dann aber im vulkanischen Schlund Schichten sehr rauher, klingender und glänzender Schlacken finden. Man bemerkt kleine Erhöhungen, Auftreibungen durch die elastischen Dämpfe, kleine Schlacken- und Aschenkegel, unter denen die Öffnungen liegen. Der Krater des Piks von Tenerifa zeigt keines dieser Merkmale; sein Boden ist nicht im Zustand geblieben, wie ein Ausbruch ihn zurückläßt. Durch den Zahn der Zeit und den Einfluß der Dämpfe sind die Wände abgebröckelt und haben das Becken mit großen Blöcken steiniger Lava bedeckt.

Man gelangt gefahrlos auf den Boden des Kraters. Bei einem Vulkan, dessen Hauptthätigkeit dem Gipfel zu geht, wie beim Vesuv, wechselt die Tiefe des Kraters vor und nach jedem Ausbruch; auf dem Pik von Tenerifa dagegen scheint die Tiefe seit langer Zeit sich gleich geblieben zu sein. Edens schätzte sie im Jahre 1715 auf 37 m, Cordier im Jahre 1803 auf 35,5. Nach dem Augenmaß hätte ich geglaubt, daß der Trichter nicht einmal so tief wäre. In seinem jetzigen Zustand ist er eigentlich eine Solfatara; er ist ein weites Feld für interessante Beobachtungen, aber imposant ist sein Anblick nicht. Großartig wird der Punkt nur durch die Höhe über dem Meeresspiegel, durch die tiefe Stille in dieser hohen Region, durch den unermeßlichen Erdraum, den das Auge auf der Spitze des Berges überblickt.

Die Besteigung des Vulkanes von Tenerifa ist nicht nur dadurch anziehend, daß sie uns so reichen Stoff für wissenschaftliche Forschung liefert; sie ist es noch weit mehr dadurch, daß sie dem, der Sinn hat für die Größe der Natur, eine Fülle malerischer Reize bietet. Solche Empfindungen zu schildern, ist eine schwere Aufgabe; sie regen uns desto tiefer auf, da sie etwas Unbestimmtes haben, wie es die Unermeßlichkeit des Raumes und die Größe, Neuheit und Mannigfaltigkeit der uns umgebenden Gegenstände mit sich bringen. Wenn ein Reisender die hohen Berggipfel unseres Erdballes, die Katarakten der großen Ströme, die gewundenen Thäler der Anden zu beschreiben hat, so läuft er Gefahr, den Leser durch den eintönigen Ausdruck seiner Bewunderung zu ermüden. Es scheint mir den Zwecken, die ich bei dieser Reisebeschreibung im Auge habe, angemessener, den eigentümlichen Charakter zu schildern, der jeden Landstrich auszeichnet. Man lehrt die Physiognomie einer Landschaft desto besser kennen, je genauer man die einzelnen Züge auffaßt, sie untereinander vergleicht und so auf dem Wege der Analysis den Quellen der Genüsse nachgeht, die uns das große Naturgemälde bietet.

Die Reisenden wissen aus Erfahrung, daß man auf der Spitze sehr hoher Berge selten eine so schöne Aussicht hat und so mannigfaltige malerische Effekte beobachtet als auf Gipfeln von der Höhe des Vesuvs, des Rigi, des Puy de Dome. Kolossale Berge wie der Chimborażo, der Antisana oder der Montblanc haben eine so große Masse, daß man die mit reichem Pflanzenwuchs bedeckten Ebenen nur in großer Entfernung sieht und ein bläulicher Duft gleichförmig auf der ganzen Landschaft liegt. Durch seine schlanke Gestalt und seine eigentümliche Lage vereinigt nun der Pik von Tenerifa die Vorteile niedrigerer Gipfel mit denen, wie sehr bedeutende Höhen sie bieten. Man erblickt auf seiner Spitze nicht allein einen ungeheuren Meereshorizont, der über die höchsten Berge der benachbarten Inseln hinaufreicht, man sieht auch die Wälder von Tenerifa und die bewohnten Küstenstriche so nahe, daß noch Umrisse und Farben in den schönsten Kontrasten hervortreten. Es ist, als ob der Vulkan die kleine Insel, die ihm zur Grundlage dient, erdrückte; er steigt aus dem Schoße des Meeres dreimal höher auf, als die Wolken im Sommer ziehen. Wenn sein seit Jahrhunderten halb erloschener Krater Feuergarben auswürfe wie der Stromboli der äolischen Inseln, so würde der Pik von Tenerifa dem Schiffer in einem Umkreis von mehr als 1170 km als Leuchtturm dienen.

Wir lagerten uns am äußeren Rande des Kraters und blickten zuerst nach Nordwest, wo die Küsten mit Dörfern und Weilern geschmückt sind. Vom Winde fortwährend hin und her getriebene Dunstmassen zu unseren Füßen boten uns das mannigfaltigste Schauspiel. Eine ebene Wolkenschicht zwischen uns und den tiefen Regionen der Insel, dieselbe, von der oben die Rede war, war da und dort durch die kleinen Luftströme durchbrochen, welche nachgerade die von der Sonne erwärmte Erdoberfläche zu uns heraufsandte. Der Hafen von Orotava, die darin ankernden Schiffe, die Gärten und Weinberge um die Stadt wurden durch eine Oeffnung sichtbar, welche jeden Augenblick größer zu werden schien. Aus diesen einsamen Regionen blickten wir nieder in eine bewohnte Welt; wir ergötzten uns am lebhaften Kontrast zwischen den dürren Flanken des Piks, seinen mit Schlacken bedeckten steilen Abhängen, seinen pflanzenlosen Plateaus, und dem lachenden Anblick des bebauten Landes (...)

LEOPOLD ANTON KAUFHOLD

Die deutschen Siedler in der Sierra Morena

Gestern sah ich hier die Frau und Tochter des berühmten Thürriegels, der die Rekruten zur Bevölkerung der Sierra Morena geliefert hat. (...) Thürriegel, der abgefeimteste Spitzbube, der vielleicht je in Bayern gebohren wurde, war Offizier unter den hiesigen Schweitzern; als Olavides, ein gebohrner Peruaner, und ein Mann von vielem Unternehmungsgeiste, den großen Plan entwarf, die Wüsteneyen der Sierra Morena in fruchtbare Felder zu verwandeln, und fremde Kolonisten hier anzusiedeln: so übernahm Thürriegel die Lieferung der Kolonisten; er warb mehr als 6000 Menschen fast alle aus jenen Gegenden Deutschlands, wo der Druck der Fürsten und die Schinderei der Amtleute, zur Schande der hochgepriesenen deutschen Constitution, den armen Landmann zur Verzweiflung und zur Auswanderung zwingt.

Thürriegel bekam für jeden Kopf eine gewisse Summe, ihm war es daher nur darum zu thun, die bestimmte Anzahl Rekruten zusammen zu bringen; nach Werberart machte er ihnen daher allerhand blendende Versprechungen, versprach allgemeine Religionstoleranz, und lockte dadurch auch viele Protestanten mit nach Spanien. Olavides überwand durch seine Geistesgröße alle die namenlosen Schwierigkeiten einer neuen Ansiedelung, und kam glücklich mit seinem Projecte zu Stande; allein dadurch daß er die Pfaffen- und alle Religionsdumheiten von dem angehendem Staate verbannte, wurde er der Ketzerei angeklagt, und der Hof war niederträchtig genug, ihn der menschenfeindlichen Inquisition aufzuopfern, wo er mit Mühe seine Freiheit noch durch die Flucht rettete. Thürriegel war nicht nur bei der Lieferung der Colonisten, sondern auch bei der Ansiedelung sowohl unter Olavides als nach dessen Sturze mit gebraucht worden; hier übte er die abscheulichsten Bedrückungen und Ungerechtigkeiten aus; nicht nur die betrogenen Protestanten, sondern auch zur Verzweiflung gebrachte Catholiken liefen wieder davon; viele davon kamen nach Madrid, und suchten Hülfe gegen Thürriegels schwarze Bosheiten; allein selten findet der Elende Gehör gegen die Ungerechtigkeiten des Reichen und Mächtigen; Thürriegels List und Geld triumphirten immer über die Klagen des Armen, der zu seinem Beweis sonst nichts als sein Elend anführen konnte.

Thürriegel hatte die Kolonisten um die schuldige Bezahlung gebracht, und königl. Gelder durch betrügerische Rechnungen unterschlagen, und eben dieses Geld nuzte er, als Kenner der spanischen Sitte, zu Bestechungen, und erkaufte sich dadurch das Privilegium zu neuen Ungerechtigkeiten; denn wer diesen Schleichweg einschlägt, der kann hier ungerochen der Gerechtigkeit Hohn sprechen. Viele von diesen Kolonisten geriethen in das äußerste Elend, und wurden ein Raub von Mangel und Noth, während dem Thürriegel bei dem schändlichen Raube schwelgte; Thürriegel wurde für seine blendenden Verdienste vom Hofe reichlich belohnt; er erhielt den Grad eines Obersten, verschiedene Ordensbänder, und was dabei das wichtigste war, eine sehr ansehnliche lebenslängliche Pension; er lebte nun zu Madrid in voller Pracht und Herrlichkeit, und genoß eine ausgezeichnete Achtung; geschäftlos hätte er nun seine Tage in gemächlicher Ruhe und im Schooße des Ueberflusses verleben können, allein das Schicksal wollte doch nicht, daß er die Früchte seiner schwarzen Bosheiten so ungestöhrt genießen sollte. (...)

Die beiden Stifter der neuen Colonie wurden also beide wiewohl auf verschiedene Art unglücklich; Olavides fiel durch die scheinheilige Bosheit blutgieriger herrschsüchtiger Mönche, ein Opfer seines wahrhaft patriotischen Eifers, Thürriegeln stürzten seine eigne Verbrechen ins Verderben (...)

Von den ersten Colonisten liefen zwar viele davon oder wurden von Krankheiten und Mangel aufgerieben, aber ein großer Theil davon blieb doch da, viele fleißige Spanier besonders Catalaner gesellten sich dazu, und schufen die Wüstenei in fruchtbare Felder um; schon ist diese Colonie eine der freundlichsten Gegenden in Spanien, und von Jahren zu Jahren nimmt der Anbau noch immer zu; die Heerstraße nach Cadix geht mitten durch die Colonie hindurch, auf beiden Seiten sieht man niedliche Landhäuser in kleiner Ferne von einander; in diesen Häusern herrscht mehr Ordnung und Reinlichkeit als man sonst in Spanien antreffen kann. Die Felder sind schön angebauet, grüne Wiesen und reiche Kornfelder wechseln stets mit einander. Die Deutschen führten hier die deutsche Landwirtschaft ein, es giebt hier Kuhmilch, Butter und Käse, das man in andern Gegenden Spaniens nicht antrift; auch ist hier die deutsche Sprache noch nicht ausgestorben. Ein Deutscher reiste vor Kurzem durch die Colonie und wurde auf eine sehr angenehme Art überrascht, als er da – seine liebe Muttersprache so unvermuthet reden hörte, und sich mit herzlichen gastfreien Landesleuten lezen konnte. Die Colonie hat mehrere Flecken und drei Städte, worunter Carolina die vornehmste ist; sie liegt auf einer Anhöhe, von der man eine sehr schöne Aussicht über die ganze Gegend hat; sie ist wie ein Oblong gebauet, hat schöne, breite, gerade Straßen mit bedeckten Gängen und in der Mitte einen großen runden Marktplatz; man hat hier einige Fabriken von Zeug, Hüthen etc. angelegt, und man schätzt die Bevölkerung auf 8000 Menschen. (…)

Friedrich Wilhelm Hackländer

Ein Besuch auf dem Montserrat

Nachdem wir zwei Stunden emporgestiegen waren, lief der Weg eine Zeitlang eben hin, neigte sich sodann abwärts, und wir erreichten ein kleines, mit gehauenen Steinen eingefaßtes Becken voll klaren grünen Wassers, das recht still und einfach unter einer senkrechten Felswand lag, worauf wir noch wenige Schritte weiter machten, um eine scharfe Ecke des Gebirges bogen und das Kloster des Montserrat vor uns liegen sahen – hier in dieser Einöde ein gewaltiger, unvergeßlicher Anblick. Zu unserer Rechten und vor uns fiel das Gebirge einige tausend Fuß senkrecht in den Llobregat hinab, um an der andern Seite in einer ebenso kolossalen Felswand wieder emporzusteigen. An dieser tief unter uns lagen die Klostergebäude geschmiegt, vor sich die gerade hinabgehende Wand, hinter sich ungeheure Felsmassen, deren Spitzen drohend überzuhängen schienen. Unregelmäßig ohne Zusammenhang hingebaute Häuser standen da bei einander, aus ihnen hervorragend zwei gelbe majestätische Gebäude mit vielen Fenstern, die hohe und lange Fronte uns zugekehrt, das eigentliche Kloster, über welche hinweg der nicht sehr hohe Thurm hervorschaut. Wir hielten eine Zeitlang auf dieser Stelle, um uns das vor Augen liegende eigenthümliche Bild recht ins Gedächtniß zu prägen. Ruhig und ernst lagen alle Gebäude da, fast unheimlich in dieser Oede und Einsamkeit, ohne Zeichen irgendwelchen Verkehrs und Lebens, und wenn man auch nicht schon von hier die Zerstörungen derselben bemerkte, so hatte doch das Ganze etwas verlassenes und ruinenhaftes. Als wir langsam hinabstiegen und dem Kloster näher kamen, bemerkten wir deutlich einzelne Wände, die ohne Verbindung mit den andern dastanden, eingestürzte Thorbogen, zertrümmerte Dächer. Vor der Einfahrt, deren Thor aus wenigen Brettern bestand und in rostigen Angeln hieng, befand sich ein kleiner überwölbter Wasserbehälter, dessen Quelle versiegt schien, und an dem nur noch an der äußern Wand mit melancholischem Schall einzelne Wassertropfen in ein zertrümmertes Becken niederfielen.

Wir brauchten keine Glocke zu ziehen um in den Klosterhof einzutreten, alles war weit geöffnet, und der einzige Laut der unsern Eintritt begrüßte war das Klappern der Hufe unserer Thiere auf dem Pflaster und der Wiederhall der eigenen Stimme.

Die Zerstörung des Klosters datirt sich bekanntlich aus dem Befreiungskrieg von 1808. Bei dem ersten Besuch hatten die Franzosen, da sie hier auf keinen Widerstand stießen, das Kloster verschont; doch als sie abzogen, machten die Spanier einen Waffenplatz aus demselben, den die französischen Truppen gegen das Ende des Kriegs stürmten und einnahmen, worauf sie den Versuch machten die festen Gebäude in die Luft zu sprengen und dem Erdboden gleich zu machen; doch rettete die Stärke der Mauern das Kloster von dem gänzlichen Untergang, und nach der Rückkehr Ferdinands VII. bauten die Mönche fleißig an der Wiederherstellung ihres Hauses. 1820 zum zweitenmal vertrieben, begann die Restauration des Klosters 1823 wieder, und wurde, soweit die spärlichen Mittel es erlaubten, bis 1835 fortgesetzt, wo sie durch den allgemeinen Klostersturm in Spanien abermals unterbrochen wurde, und es auch wohl für immer bleiben wird.

Früher wurden alle Pilger und Fremden, die den Montserrat besuchten, von den Mönchen mit herzlicher Gastfreundschaft aufgenommen; man fand hier ein eigenes sehr anständiges Fremdenhaus, und wurde aus der Klosterküche gespeist. Bei der Armuth indessen, in welche das früher so reiche Kloster verfiel, mußte diese Gastfreundschaft natürlicherweise aufhören, und von da an richtete sich ein Gastwirth auf dem heiligen Berg ein, bei dem die Fremden für Geld und gute Worte, wie auch anderwärts, ein Unterkommen fanden. Ob nun dieser Wirth in der That glänzende Geschäfte gemacht, bin ich nicht im Stand anzugeben, die Regierung aber hatte diesen Glauben, und legte ihm vor nicht langer Zeit eine Abgabe von jährlich 500 Thlrn. auf, und befahl im Weigerungsfall die Herberge zu schließen. Letzteres ist nun nicht vollständig geschehen, obgleich die Steuer begreiflicherweise auch nicht bezahlt wurde, und so besteht denn hier oben auf dem Montserrat für die hungrigen und durstigen Fremden eigentlich so gut wie gar keine Herberge. Man hatte uns schon in Colbata einen Wink gegeben Proviant mitzunehmen, doch war die Probe, die man uns von dem Eßbaren da unten gab, so schlecht, daß wir lieber den Beschluß faßten es mit dem halbgeschlossenen Wirthshaus da oben zu versuchen, und wir thaten daran nicht unrecht, denn wir fanden Brod, Käse und Wein, und Abends ein einfaches Mahl, bei welchem freilich alles Fleisch fehlte. In einem stehengebliebenen Flügel des Klosters, unter lauter Ruinen, wurde für uns ein Zimmer aufgeschlossen, auch Betten hergerichtet, und so befanden wir uns denn, gegenüber der prachtvollsten Aussicht wie ich lange keine mehr gesehen, bestens versorgt.

Das Kloster in seiner jetzigen Gestalt ist eine der malerischsten Ruinen die man sehen kann, die umliegenden Häuser, mit einziger Ausnahme der Herberge, sind nur vier Wände, ohne Dach und Fenster; aus den letztern wächst Epheu hervor und schmückt freundlich die zertrümmerten und zerrissenen

Mauern. Große steinerne Wasserbehälter sind leer und staubig, denn die Leitung aus den Felsen ist zerstört, und einzelne Tropfen, die herabrieseln, nähren schmarotzende Schlingpflanzen, die jetzt die Stelle der klaren Fluth einnehmen und ihre wehenden Ranken über den Rand der Bassins herabhängen lassen. Eine der Hauptmauern, die früher den Klosterhof umgaben, ist gänzlich eingestürzt, und läßt, wie durch eine klaffende Wunde, den Blick in das todte Innere bringen; hie und da befinden sich noch kleine Theile des Kreuzganges, einzelne Säulen, denen die verbindenden Bogen fehlen. Trauernd steht im Vorhof eine zierliche Logenwand, zwei Reihen schlanker Säulen übereinander, die aber nicht mehr wie früher in ein Gemach führen, denn das dahinterliegende Gebäude ist abgesprengt, und durch die leichten zierlichen Bogen, deren Verzierungen hie und da zerstört und die in einzelnen Theilen von Pulver geschwärzt sind, blickt man in den klaren Tag hinaus, in die großartige Felsgegend. Ein kleiner Brunnen in eigenthümlicher Gestalt, der davor steht, ist allein noch gut erhalten und scheint heute noch den Mönchen zu dienen, dagegen sind andere kleine Bauwerke im Hof, Nischen in denen Heiligenbilder standen, Grabmäler u. dgl., der allgemeinen Verwüstung nicht entgangen, und bieten mit herabgestürzten Statuen, mit zerbrochenen Säulen und zerstörten Inschriften ein trauriges Bild. Wirklich malerisch schön war das klare Sonnenlicht in seiner Verbindung mit diesen Ruinen, wo es durch die zerrissenen Gewölbe glänzend hereindrang, hier die hellsten Lichttöne bildend, daneben die seltsamsten tiefdunkeln Schatten. (...)

Nachdem wir in unserm Zimmer eine kleine Weile gerastet, erschien der Prior des Klosters, ein freundlicher liebenswürdiger Mann in den Fünfzigern, welcher sich längere Zeit in Salzburg und Wien aufgehalten und geläufig Deutsch sprach. Er führte uns durch die Klostertrümmer, an deren Wiederherstellung oder vielmehr Erhaltung, soviel es die Armuth der Mönche erlaubt, immer noch gearbeitet wird; an verschiedenen Stellen sahen wir Haufen von Backsteinen und

Kalk, hier eine Mauer auszubessern, dort einen Bogen vor gänzlichem Einsturz zu bewahren. Die Kirche des Klosters ist in ihrem Innern nothdürftig wieder hergestellt, doch sind die Mauern, die früher mit buntfarbigem Marmor bedeckt waren, jetzt einfach weiß getüncht, und der Hochaltar, auf welchem das wunderthätige Madonnenbild steht, wird von ein paar ärmlichen Messinglampen beleuchtet, statt daß früher hier auf achtzig silbernen Leuchtern Tag und Nacht schwere Wachskerzen brannten.

Durch die Sacristei stiegen wir in ein kleines Gemach hinter dem Hochaltar, dessen Fenster mit rother Seide verhängt waren, wo es uns gestattet wurde das Marienbild näher zu betrachten. Die Statue ist beinahe lebensgroß, nicht ohne Kunst aus dunkelfarbenem Holz geschnitzt, welches mit der Zeit ganz schwarz geworden ist, und aus dem die hellen glänzenden Augen sonderbar hervorleuchten; sie ist bekleidet mit prächtigen seidenen und goldgestickten Gewändern, und trägt an den Armen und Fingern Geschmeide von Gold mit edlen Steinen besetzt, von denen einiges noch aus sehr alter Zeit herzurühren scheint. (...)

Von hier aus führte uns der Prior in die obern Theile des Klosters, und zeigte uns im Vorübergehen seine Wohnung, zwei Zimmer mit einfachen weißen Kalkwänden, einer kleinen Bibliothek, einem Schreibtisch mit Büchern und Papieren, und einigen mathematischen Instrumenten. So bescheiden diese Klause auch war, so war sie doch gewiß für den Bewohner ein lieber angenehmer Aufenthalt in dieser Stille und Einsamkeit, und mit der herrlichsten Aussicht auf das großartige Felsengebirg und das schöne Thal des Llobregat. Wir lehnten lange an dem eisernen Balcon, der in schwindelnder Höhe über der senkrechten wohl tausend Fuß hohen Felsenwand hieng; wir träumten von der Welt, die mit ihren Leiden und Freuden tief zu unsern Füßen lag, und begriffen daß ein Herz, welches gelitten und sich verletzt und wund von ihr zurückgezogen, hier, wenn auch nicht glücklich sein, doch seine Ruhe wieder finden kann. (...)

Heinrich Alexander Pagenstecher

Die Delphine von Palma

Man hatte uns die Fonda de las cuatro naciones empfohlen, aber Niemand wusste uns Auskunft zu geben. Die Irrfahrt hin und her in dem Karren wurde uns selbst lächerlich und wir nahmen schliesslich das freundliche Anerbieten eines Herrn und einer Dame aus den bessern Ständen an, uns in die Tres palomidas zu geleiten. Man hatte dort, wie es schien, nur Quartiere für längere Zeit und nicht eine Stube frei. Es blieb nur noch die Fonda de los vapores. In einer engen Gasse um einen unsaubern Hof aufsteigend, machte dies Haus einen sehr niederschlagenden Eindruck. Man räumte uns rasch zwei Zimmer von Gepäck und Soldatenkleidern, aber der Schmutz wurde nur um so sichtbarer. Wir öffneten vor der Hand unser Gepäck nicht und begehrten ein Diner. Man gab uns in einem fast lichtlosen Raume neben ein paar Hafenarbeitern einige Speisen, die an sich nicht schlecht, aber durch die Zubereitung fast ungeniessbar gemacht waren. Es schien unmöglich, hier zu bleiben.

Unsere Irrfahrt hatte uns schon gezeigt, welche Paläste und breite Strassen man in Palma neben den engen Quartieren finden kann. Man sah ausserdem mancherlei Industrie, schöne Läden und im Ganzen die Beweise nicht unbedeutender Wohlhabenheit und dem entsprechender bequemer und reicher Einrichtung der Wohnungen. Unbegreiflich scheint es, dass in solcher Stadt, die noch dazu den bedeutenden Hafenverkehr hat und Sitz der Behörden ist, so wenig Möglichkeit sich bot, ein passendes Unterkommen zu finden, aber es war thatsächlich kein eigentlicher Gasthof in der Stadt. Freilich Fremde kommen kaum, die Capitäne bleiben auf ihren Schiffen, die Spanier wohnen bei Freunden. Wir waren rathlos, fast im Begriff mit dem nächsten Schiffe wieder abzureisen oder doch für die Nacht in das reinliche Haus zu Inca zurückzukehren. Zunächst wenigstens hinaus aus dem Schmutze und den erstickenden Lüften von Lauch, Zwiebeln und schlechtem Oele in die Frühlingsluft und den Sonnenschein.

Zoologisches Interesse führte uns zum Meere, vor die Puerta del muelle an den Hafen, um zu sehen, was hier wohl zu finden sei. Wie wir an den Fischmarkt und seine Halle traten, über die hinaus man gleich den stattlichen Wald von Masten und das lebhaft bewegte Meer sah, fiel fast unser erster Blick auf drei Delphine. Oft hatten diese Thiere unsern Kahn umspielt, wenn wir bei Villa franca die Carmarina fischten und sie sich mit den Möven in den Courants die Nahrung streitig machten, wir hatten ihre Sprünge gesehn, wenn sie den Mugil-Schwärmen in den Golf von Spezia folgten, bei Porto venere und Palmaria, wo wir an der Scola Meerdatteln aus den Steinen klopften und in den Höhlen Seeigel suchten. Aber zum ersten Mal sah ich Delphine gefangen am Lande und war gleich entschlossen, dass einer daheim unser Museum schmücken müsse. Und so geschah es. Ungewiß, wohin wir selbst unser Haupt legen würden, kaufte ich das kleinste der Thiere, da die grössern zu sehr beschädigt waren. Ich schloss den Handel für einen Piaster mit einer uralten, verwitterten Frau, der Mutter des Fischmarktes, die auch später in den Gemeingeschäften zu entscheiden schien.

Es sammelte sich eine grosse Menge Menschen um uns, zu sehn, was nun würde, da Fischer und Marktweiber sich auch beim Ankaufe solcher Gegenstände nicht von dem Gedanken losmachen können, am Ende werde man das Zeug doch wohl essen. Ich hatte Mühe die Hände und langen Messer abzuhalten, die das Thier gleich einem Thunfisch oder Lachse in grosse Scheiben zu schneiden eilten. Nicht ohne Mühe streifte ich die mit dem halb zerfliessenden Fette innig verwachsene schlüpfrige Haut ab, wobei ich im Speck einige Finnen bemerkte. Die Fischer begriffen den Ausdruck »perlas«, den ich dafür wählte. Die Königin der Halle band mir eine grosse blaue Schürze um, die Männer schliffen frische Messer, einer der umstehenden Herren trocknete mir sogar den auf der Stirne perlenden Schweiss mit durchduftetem Tuche ab. Wir waren durch den Delphin die Helden des Tages geworden. Endlich war die Haut schön abgelöst, ich trennte noch das Haupt vom Rumpfe; die alte Dame nahm vorläufig beides in Bewahrung an einen sichern Ort, wo sie, wie ich sah, auch eine Reserve der schönsten Fische und Krebse hatte. Nebst freundlichem Dank und Trinkgeld überliess ich den Rumpf der Fischergilde, die ihn wohl zu Haifischködern verwandt hat.

Nachdem so der erste Schritt gethan und das naturhistorische Interesse geweckt war, schien die Frage über unser Bleiben entschieden. Der Wunsch bessere Unterkunft zu finden musste um so lebhafter werden. Der Delphin brachte uns Hülfe, wie einst dem Arion. Zur Zubereitung der Haut bedurfte ich Alaun und Kochsalz. Ich wollte zu gewisserer Sicherheit gegen Fäulniss einen Theil des ersten durch Salpeter ersetzen und wir suchten nun eine Apotheke auf um diese Substanzen zu erhalten. In dem ersten Geschäfte der Art, welches wir fanden, hatte man davon nur soviel, als man zu einem Gurgelwasser oder ein paar Mixturen braucht und man konnte uns diese kleinen Vorräthe, welche uns kaum genutzt hätten, nicht abgeben, ohne Gefahr, den Credit zu untergraben. In der zweiten Botica war man reicher und wog uns einige Pfunde ab. Unterdessen trat ein Herr ein, leicht als Arzt zu erkennen. Es war Don Pedro T. Wir stellten uns ihm vor und er war erbötig uns in unsern Bemühungen um eine bessere Wohnung zu unterstützen. Wir mussten ihn begleiten, damit er uns mit Leuten bekannt mache, welche sichrer Rath und Hülfe würden geben können als er selbst. Vergeblich meinten wir uns zuvor umkleiden zu müssen, Don Pedro hatte uns und seine Gefälligkeit liess uns nicht los. In den von der Reise bestaubten Kleidern, mit Bart von mehreren Tagen, mit Händen, denen die Seife hülfreicher Fischweiber den Thranduft nicht vollkommen hatte nehmen können, in den Taschen Pfunde von Alaun und Salpeter mussten wir folgen. Unser Doctor kannte den Namen von B. recht gut, besonders aus den von ihm angegebenen Elementen; verehrte unsern Landsmann und Collegen Ch. als erste chirurgische Autorität, und hatte seine Studien nach Barcelona in Paris vervollkommnet. Er führte uns zunächst zu Don Basilio C., einem für Wissenschaft, wie er sagte, sehr begeisterten und strebsamen jungen Mann und setzte uns unterwegs kurz in Kenntniss von den Angelegenheiten des Hauses C. y C., welches uns nachher so theuer werden sollte, und dessen Gliedern wir vor Allem den Genuss zu danken haben, den wir aus dieser Reise zogen. Wir trafen Don Basilio nicht, aber Don Pedro wusste Rath. Es sei gerade die Zeit, einen ältern Herrn Don Franzisco V. y E. zu treffen, der über achtzig Jahre alt, allen Weltereignissen und besonders den Wissenschaften grosse Aufmerksamkeit schenke und der uns, genau betrachtet, wohl noch besser werde helfen können, als Don Basilio. Wir waren bald in der Calla de S. Franzisco und im Vorsaale eines palastähnlichen Gebäudes. (...)

Wir sollten nun bei dem alten Herrn eintreten und ich denke es war eine kleine Falle, welche uns die beiden Herren nicht ohne einiges Vergnügen stellten, als sie uns durch eine Thür schoben und uns so in die Mitte einer feinen Gesellschaft von mehr als einem Dutzend Herren und Damen brachten. Wir fanden uns im Speisesaal des Hauses und die Gesellschaft war um Herrn V. y E. eben mit dem Nachtisch und Kaffee beschäftigt. Zum Theil waren es Freunde, zum Theil die Kinder und Schwiegerkinder des alten Herrn und eben brachte man die Enkelchen, allerliebste niños und niñas. Die zuvorkommende Freundlichkeit der Gesellschaft achtete nicht unsrer verwilderten Toilette und half uns über unsre Verlegenheit hinweg. Es war dem Herrn V. y E., der in seinen alten Tagen gerne noch vergnügt war und nicht wie Andre Abends Gesellschaft empfangen mochte, so Gebrauch, zu Tisch und namentlich zum Nachtisch offenes Haus zu haben und seine Freunde zu sehen. Heute war der Besuch nicht gerade zahlreich und die Tafel lange nicht voll. Unter den Gästen waren einige, welche grössere Reisen gemacht hatten, ein Musiker, schöne Frauen und die Unterhaltung wurde rasch lebhaft. Es wird wohl keine Nation der Welt den Spaniern gleich kommen in der Gefälligkeit der Form und der Hingebung, mit welcher sie den Fremden zu begegnen wissen. Wir verloren unsern Hauptzweck nicht aus den Augen und Herr T. konnte uns Auskunft geben, was aus der Fonda de las cuatro naciones geworden sei. Dem Wirthe war es schlecht ergangen; er selbst sagte uns später, er sei durch Intrigen gestürzt worden; jedenfalls hatte er das Hôtel aufgegeben und jetzt nur eine kleine Wohnung, in welcher er meublirt vermiethete und aus welcher er bald als Wirth der Tre palomidas, seiner frühern Concurrenten, sich wieder zu erheben hoffte.

Die Herren führten uns dahin. Herr Bonnafous, ein guter alter Franzose aus dem Limousin, öffnete uns ein paar Quartiere mit recht hübschen Zimmern, Balkonen, Himmelbetten, feinem Mobiliar und Teppichen, aber nur um uns zu sagen, daß Alles vermiethet sei. Namentlich spielten dabei die Zimmer, welche einstens Lady Franklin bewohnt habe, und welche jetzt an die Eisenbahningenieure vermiethet waren, eine große Rolle. Nachdem so durch Entfaltung des Bessern der Ehre des Hauses genügt war, blieb ein einziges Zimmer disponibel. Es war, wie ich denke, eigentlich das Gemach von Herrn und Frau Bonnafous. Es hatte zwar nur ein Fenster und das sah nach dem Hofe, der darüber hinaus noch allerseits von vier oder fünf Stockwerken umgeben war, und gerade die Breite des Zimmers mit etwa zwölf Fuß im Quadrat mass, aber man konnte ja zu dem großen Bette für die Nacht noch ein eisernes setzen, man konnte zum Diner und Souper den Tisch gedeckt hinein tragen und wieder verschwinden lassen und das Frühstück konnte man auf dem Corridor serviren. Und dabei sahen Herr Bonnafous und seine gute Alte so vergnügt aus, noch ein paar gute Gäste zu haben, und so bereit Alles das, was man konnte, auch wirklich einzurichten und der Enkel Charles, ein braves Bürschchen von etwa sechzehn Jahren, fing schon an zu räumen. In dem reinlichen, ordentlichen Wesen fühlten wir uns wie im Paradiese gegen die

Fonda de los vapores und zögerten keinen Augenblick umzuziehen. Auch gab man uns noch eine Kammer oben auf dem Dache mit voller Aussicht über das Meer, räumte ein wenig unter den alten Mobilien, die dort verwahrt wurden, und den Bohnen, Zwiebeln und Sämereien, die man daselbst trocknete, auf, verschlug die Fenster mit alten Glasrahmen und richtete so ein Arbeitszimmerchen ein. Zur Feier des Einzugs bereitete unsere Wirthin ein sehr schmackhaftes Abendessen, dessen Glanzpunct ein Dutzend kleine Vögel waren, die je zu dritt an silbernen Schwertern aufgespiesst waren. Wir versöhnten uns mit Palma.

Andern Morgens halfen die Damen der Halle freundlichst den Delphin vollends herrichten; ich nahm das schöne Gehirn, nach dessen Formen der Delphin eins der gedankenreichsten Thiere sein muss, aus dem Schädel und bereitete diesen soweit zu, dass er getrocknet und später beim Ausstopfen wieder eingesetzt werden konnte. Die Haut wurde mit den gekauften Salzen stark eingerieben und aufgerollt in ein Fässchen gelegt. Bei dem Küfer, den ich um dies zu kaufen aufsuchte, fand ich, nebenbei bemerkt, ein sonderbares kleines Beil, an dessen gebogenem Stiel ein vor dem Ende quer umgelegtes Band das Eisen zwischen dem platten Rücken und der querstehenden Schneide so befestigt, dass die letztere in einem kleinen Winkel am Stiel zu dessen Griff hinabgewandt ist. Mit solchem Beile wird ziehend gearbeitet. Der Delphin kam seiner Zeit sehr gut in Heidelberg an und wurde ein schönes Stück der dortigen Sammlung. Auf mich aber wiesen die Kinder von Palma: das ist der, welcher den Delphin gekauft hat. (...)

Zehntes Kapitel

Zentralspanien

»... es ist dies die entvölkertste Provinz Spaniens, theils weil die vertriebene maurische Landbevölkerung nicht ersetzt worden ist, theils weil von hier hautpsächlich die Auswanderung nach Amerika ausgegangen ist ... Die Nachkommen der ehemaligen Einwohner dieser öden Flächen sind die heutigen Peruaner und Mexikaner.«

Carl Justi

Johann Jacob Volkmann

Von Valladolid nach Salamanca

Von Valladolid über Toro und Zamora nach Salamanca rechnet man 36 Stunden. Wenn man vier Stunden längst der Pisuerga, meistens durch ebne sandige Kornfelder, hinab gereiset ist, kommt man an ihren Einfluß in den Duero, und hier liegt der mit einer Mauer umgebne Flecken *Simancas* (Latein. *Septimancae)* auf einer Anhöhe. Ueber die Pisuerga führt eine steinerne Brücke von 17 Bogen. Die Araber hatten hier ehemals ein geräumiges Kastell, und auf desen Ruinen ist ein neues gebauet, das einen trocknen Graben und zwo Brücken hat. Simancas ist in der Geschichte durch die große Niederlage merkwürdig, welche die Araber hier im Jahr 934. erlitten, und den spanischen Regenten ist es deswegen wichtig, weil das von Philipp II. im Jahr 1566. niedergelegte Archiv noch beständig hier als ein großes Heiligthum in verschiedenen Sälen aufbewahrt wird. Die Proceßakten von der Gefangenschaft und dem Tode seines Sohnes Don Carlos sind in einem eisernen Kasten sorgfältig verschlossen, und dürfen nicht aufgemacht werden.

Die Reise geht nunmehr den Duero abwärts. Vier Stunden weiter kommt man nach *Tordesillas*, einem Flecken auf einer Anhöhe. Der Weg geht zwar durch eine sandige Ebne, sie bringt aber guten Wein und Getraide hervor. Der Ort liegt auf einer kleinen Anhöhe, und hat eine Brücke von 10 zugespitzten Bogen über den Fluß. Von hier wird der Weg gut und angenehm: allenthalben sieht man Weingärten und Kornfelder.

Sieben Stunden weiter erreicht man die Stadt Toro, von der eine der Provinzen des Königreichs Leon den Namen hat. Die Stadt ist eine der ältesten des Reichs, und liegt auf einem hohen Hügel, an dessen Fuße der Duero vorbey fließt. In der spanischen Statistik ist sie wegen des hier 1505. gehaltenen Reichstags berühmt, worauf die Leges de Toro gemacht wurden. Sie hat 22 Pfarrkirchen, eine Collegiatkirche und 14 Klöster, ist aber doch nicht volkreich. Der Weg von der Stadt herab läuft hin und her, und macht, weil er sonst zu steil seyn würde, 13 Zickzacke. Oben vom Hügel hat man eine herrliche Aussicht auf den Fluß, mit einer schmalen steinernen Brücke von 22 Bogen, und über eine fruchtbare Ebne. Von einem alten mohrischen Kastell stehen noch die Mauern, welche ein Quadrat von 143 Fuß machen. An jeder Ecke ist ein runder Thurm. Der Boden ist aber eingefallen. Unter den verschiednen sehr alten Basrefliefs über der Thüre der Hauptkirche bemerkt man eines, worauf zween Engel eine Art von Leyer oder Drehorgel spielen, der eine berührt den Kasten mit den Fingern, und der andre dreht den Handgriff herum. Das Instrument ist 5 Fuß lang.

Acht bis neun Stunden abwärts am Duero liegt die Stadt *Zamora*, von der ebenfalls eine der leonischen Provinzen den Namen führt. Man reiset, wie bisher, durch lauter mit Wein und Getraide besetzte Gegenden. Allenthalben sieht man eine unglaubliche Menge Wiedehöpfe, die überhaupt Spanien gleichsam zu ihrem vorzüglichen Wohnsitze gemacht haben: *Zamora*, bey den Römern *Sentica*, eine Zeitlang die Residenz der Könige von Leon, ist eine sehr alte düstre Stadt mit engen Gassen, und vielen großen alten Häusern, die als ein Gränzplatz gegen Portugal etwas befestigt ist, und auch eine Besatzung hat: die alten Mauern werden im Stande erhalten: und ihre Lage auf einer Anhöhe am Flusse macht sie schon an und für sich stark. In den beständigen Kriegen nach den Einfällen der Gothen ward sie zerstört. Zu Ende des neunten Jahrhunderts bauete Alphonsus III. sie wieder auf, und nannte sie nach den vielen sich dort findenden bläulichten Steinen Zamora, welches ihre Benennung in der maurischen Sprache ist. Bey der Stadt ist auch ein wüstes arabisches Kastell. Ueber den Duero führet eine alte plumpe Brücke von 16 Bogen verschiedener Größe. Die Lebensmittel sind hier sehr wohlfeil: und der Markt von Eseln und Mauleseln ist beträchtlich. Von letztern wird das Stück zuweilen mit 150 Piastern bezahlt. (...)

Von Zamora nach Salamanca werden 13 Stunden gerechnet (...)

Die große Stadt und berühmte Universität *Salamanca* (Latein. *Salmantica*) liegt auf drey Hügeln und zwey Thälern am Flusse *Tormes*, der hier eine steinerne Brücke hat, und sich an der portugiesischen Gränze mit dem Duero vereinigt. Die Gassen sind enge und kothigt, aber doch gepflastert: nur gehen sie der Lage wegen bald hoch, bald niedrig. Man zählt 10 Thore, 25 Pfarrkirchen, 20 Mönchs- und 11 Nonnenklöster, 6 Hospitäler, und 25 Collegia. Der Bischof genießt 24000 Dukaten Einkünfte. Die obgedachte Brücke besteht aus 25 Bogen, und hat sich seit der Römer Zeit unbeschädigt erhalten: wie denn auch noch eine alte römische Landstraße von hier nach Merida und Sevilla führt.

Das beste in der Stadt ist der vor ohngefähr 40 Jahren neu angelegte *große Markt*. Rings umher stehen Häuser von drey Stockwerken und gleicher Höhe, das vom Corregidor ausgenommen. Jedes hat einen eisernen Balkon, und unten läuft eine geräumige Gallerie herum. Die untern Schwibbogen machen einen Spatziergang rund um den Markt, von 293 Fuß auf jeder Seite. Ueber einigen dieser Bogen sind Medaillons mit schlechten Brustbildern spanischer Könige, und einiger berühmten Männer, als Fernand Cortez, Franz Pizarro, der Held Cid etc. Das ganze sieht aus wie der innere Hof eines Königl. Pallasts. Der Platz ist zu den Stiergefechten bestimmt, welche drey Tage im Monat Junius gehalten werden.

Die ehemals so berühmte *Universität*, die 1240. von Palencia hieher verlegt ward, und einst in solchem Rufe stand, daß man 15000 Studenten zählte, ist so herunter gekommen, daß man kaum 1000 mehr zählt. Sie gehen schwarz gekleidet, wie Priester, und haben geschorne Glatzen. Wie kann dieses nach ihrer erbärmlichen Lehrart und elenden Einrichtung anders seyn? Collegia giebt es genug, aber man sollte sie für wüste verfallene Häuser halten, die kürzlich von den Feinden verheert worden; die Professoren wohnen darinn, und in manchen sind sehr wenige Studenten.

Das Universitätsgebäude ist enge, die Bogengänge sind unansehnlich, die dunklen Hörsäle schicken sich zu der abstrakten spitzfündigen Philosophie, zu der verworrenen Theologie und Casuisterey, die darinn gelehrt wird, vortreflich. Die Bibliothek ist geräumig, es ist aber falsch, wie Twiß ausdrücklich erinnert, wenn viele es aufs gerathewohl hinschreiben, daß die Bücher an Ketten liegen. Daß hier aber ein Wust unnützer scholastischer Weisheit, welchen die Doktoren von Salamanca selbst kaum verstehen, aufgehoben wird, kann man sich leicht vorstellen. Man zählt 70 Lehrstühle, acht sind von Mönchen besetzt, als zween von Benediktinern, zween von Dominikanern, zween ehemals von Jesuiten, und zween von Franziskanern, welche alle umsonst lesen: die andern weltlichen Professoren haben 500 bis 1000 Dukaten Gehalt. (...)

Die Weltweisheit ward 1774. und nach dem System eines Dominikaners Don Gaudin gelehrt, und hatte drey Lehrstühle: und einen der Moral. Keine Experimentalphilosophie ward noch nicht gelehrt. In der Theologie wird das erste Jahr über Melchior Cano kurzen Begriff der Religionsstreitigkeiten, und die vier folgenden über St. Thomas theologisches Lehrbuch, *Summa divi Thomae Aquinatis* genannt, gelesen. Es sind acht Professores dazu bestellt, die des Morgens und Nachmittags lesen, überdem ist ein Professor zur Erklärung der heil. Schrift, und einer zur theologischen Moral bestimmt. Nach den Gesetzen soll jeder theologischer Student ein Jahr lang vorher Ebräisch, und ein Jurist ein Jahr lang griechisch studiren, es wird aber nicht darauf geachtet. Das bürgerliche Recht hat viele Professoren, welche das Justinianische Recht, und die spanischen Gesetze erklären. Die Lehrstühle der medicinischen Facultät heißen *Collegia Prognosticorum, Methodi, Simplicium, Anatomiae, Chirurgiae etc.* Um die medicinischen Kenntnisse sieht es aber schlecht aus, so wie auch um die Mathematischen.

Die *Kathedralkirche* ist ein ansehnliches schönes gothisches Gebäude, darinn viele Bildhauerarbeit ohne Geschmack verschwendet worden. Die ansehnliche Orgel ist mit horizontalen Pfeifen gebauet. Die Kirche ist inwendig nach spanischer Art aufgeputzt, das will sagen, Wände und Altäre sind mit Heiligen, Engeln, Wundern, Gelübden, Blumen, und unzähligen geschnitzten und gemalten Figuren überladen. Ueberhaupt erstaunt man über den Reichthum und die Verzierungen der reichen Kirchen in diesem Reiche, aber es fehlt der Geschmack: das Auge findet nirgends Ruhe, es kann nicht wählen, weil es nirgends hinsieht, ohne etwas neues gewahr zu werden. Daraus entsteht Ueberdruß, und Ekel: unter vielen mittelmäßigen Sachen stecken oft gute Werke der Kunst, aber das ermüdete Auge findet sie unter der Menge und Verwirrung nicht, oder hat nicht Lust sie erst aus dem Chaos heraus zu suchen. (...)

Carl Justi

Das Kloster von Guadelupe

Am Mittwoch in der Morgendämmerung kam ich bei der spanischen Station an, von der eine Zweigbahn hier nach *Cáceres* fährt. Ich schlief mich erst einige Stunden aus und begab mich dann hinaus, mir die Stadt anzusehen. Der Eindruck des völlig veränderten Climas war ein außerordentlicher. Statt der frischen feuchten Luft und des stets veränderlichen Himmels – dieses eherne wolkenlose Firmament, mit der stillen trockenen Glut. Es war, als ob man drei Monate übersprungen hätte, aus dem Mai in die Mitte Juli versetzt wäre. – Die Stadt hat wie viele eine Art Akropolis, wo eine Menge alter Adelspaläste und die Kirche, alles aus massivstem Granit dicht und chaotisch zusammenstehen. Meine Absicht war jedoch, von hier aus die Tour nach Guadelupe zu unternehmen, die mir schon seit Jahren vorschwebte, und wohl für die schwierigste auf der Halbinsel gelten kann. Guadelupe ist ein mitten in der Wildnis der Gebirge gelegenes Hieronymitenkloster einst von fabelhaftem Reichthum, noch immer voll von Kunstsachen ersten Ranges. Ich hatte noch niemanden getroffen, der dort gewesen wäre. Zum Glück waren in der letzten Zeit, in Folge des Verkehrs mit den Bergwerken in der Nähe, gute Fahrstraßen angelegt worden; und am folgenden Morgen, früh 6 $^1/_2$ Uhr saß ich schon auf dem Bock zwischen dem Kutscher und einer Guardia civil, auf dem Weg nach Trujillo (Turris Julii). Die Folgen des völlig regenlosen Winters machten sich bemerklich; kein frisches Frühlingsgrün; dabei fast alles Wildniß: es ist dies die entvölkertste Provinz Spaniens, theils weil die vertriebene maurische Landbevölkerung nicht ersetzt worden ist, theils weil von hier hauptsächlich die Auswanderung nach Amerika ausgegangen ist (in Trujillo ist noch der Palast und das Grab des Pizarro). Die Nachkommen der ehemaligen Einwohner dieser öden Flächen sind die heutigen Peruaner und Mexikaner. Die Leute machen indes einen sehr stattlichen Eindruck, besonders die Frauen; in den elenden Dörfern, wo wir anhielten und Vorspann nahmen, sah ich Gestalten, die mich an Römerinen erinnerten, was besonders nach Portugal und Andalusien auffällt. – Gegen 11 waren wir in Trujillo, von wo um Mittag eine weitere Post, erst seit vorigem Sommer eingeführt, nach Logrosan abging. Der Mayoral erzählte mir, daß in Logrosan zwei Deutsche wohnten, Ingenieure bei den Minen, und eine halbe Stunde vor dem Orte, gegen 7 Uhr Abends, begegneten wir ihnen auf ihrer Abendpromenade, in Begleitung mehrerer Notablen des Ortes, des Arztes, Posthalters. Ich stieg aus und ging mit ihnen zu Fuß nach dem Ort; meine Ueberraschung war groß, in dem einen einen Bonner zu entdecken. Sie waren äußerst gefällig, ich konnte bei ihnen logiren; der eine suchte noch den Abend einen Advocaten auf, den Besitzer des Hauses, wo sie wohnten, der mir einen Brief schrieb an den Sacristan und Cantor von Guadelupe, seinen Verwandten. Der Diener der beiden, Pepe, einäugig, wurde citirt, und die Expedition für den folgenden Morgen in seiner Begleitung verabredet. Von Logrosan sind noch vier Meilen bis Guadelupe, aber ein furchtbarer Weg durch die Sierra, so steinig, wie die Pfade in Steinbrüchen, indes stellenweise blumenreich. Der Blick von der Höhe nach der anderen Seite der Sierra hinunter, dies Meer von Bergwellen, alles ohne Spur menschlicher Cultur, war erhaben. Die Sonne brannte fürchterlich, den Maulthieren troff der Schweiß in Strömen vom Rücken, meine Rockschöße waren davon ganz durchnäßt. Auf einmal eröffnete sich ein ungeheures Thal, und in der Mitte der gegenüber liegenden Thalwand, etwa eine Stunde entfernt, erschien das Kloster mit seinen mächtigen Mauern und Thürmen, das mich an den Tower in London erinnerte. Gegen 1 Uhr ritten wir in den Ort ein und stiegen ab bei Don Gabriel Cano, so hieß der Mann, dem ich empfohlen war. – Es war etwas eigen, bei einem so ganz Unbekannten einzukehren, ich wäre lieber in die posada gegangen; es war ein ernster Mann, von wenig Worten (...). Indessen war er unermüdlich mir alles zu zeigen und wunderte sich, daß ich schon über das meiste orientirt war. Nur mit der Verpflegung ging es etwas wunderlich zu; ich nahm nach der Ankunft nur ein paar gesottene Eier und Wein, um den Nachmittag noch auszunutzen, und ruhte dann etwas; ich erwartete Abends eine Hauptmahlzeit, indessen hörte ich, daß er erst um 10 soupire; außerdem war Fasttag; und da ich nach der Besichtigung um 8 Uhr mich sehr ermüdet fühlte, entschied ich mich, mich zurückzuziehen, und einen Thee zu machen und nur Eier dazu auszubitten. Ich wollte noch eine Stunde allein sein und etwas über den Ort nachlesen, für den Haupttag morgen; indessen schien er es für seine Pflicht zu halten, mich zu begleiten, wobei sich noch irgend ein Vetter anschloß, die sich nun in mein Zimmer setzten, rauchten und sich unterhalten wollten! Die drei Frauenzimmer, – es waren 5 im Hause, – setzten sich in die Küche, vor dem Wohnzimmer, aber so, daß sie mir ebenfalls zusahen; ich kam mir vor wie der Escimo im zoologischen Garten bei der Mahlzeit. Niemals ist mir die Geduld so schwer geworden, wie bei diesem Thee!

Indessen schlief ich leidlich, stand früh auf und konnte nun denn doch alles mit vollkommener Freiheit wiederholt ansehen. Die Sacristei, mit 8 großen Zurbarans, und einer Kapelle des h. Hieronymus ist einer der schönsten kirchlichen Innenräume, die es giebt. Der große Kreuzgang, mit maurisch-gothischen Hufeisenbogen hat in der Mitte einen wunderbaren Brunnenbau, erst eine viereckige Halle, dann drei sich verjüngende Achtecke mit reichem Maaßwerk, und einst ganz mit glasirten Thonplatten ausgelegt; wie jetzt ein einzelnes Stück theuer bezahlt wird, die meisten freilich gestohlen. Einige der Meßgewänder aus dem 16. Jahrh. mit figürlichen Seidenstickereien sind in Zeichnung und Modellirung vielleicht das beste und kostbarste, was existirt, ich habe wenigstens nichts dem Gleiches gesehen. Einige der letzten, mit der Zahl 1790, bestehen ganz aus Perlen, Gold und Silberfiligran, hier muß ein Stück ein Vermögen gekostet haben. In dem Kloster war ehemals alles, was zu den Bedürfnissen einer Stadt gehört, vereinigt; es gab ein Sprichwort: wer Graf ist und Herzog werden will, der gehe als Mönch nach Guadelupe: »Quien es conde y quiere ser duque, hagase monje en Guadelupe«.

Ein großer Theil dieser Gebäude, darunter der alte Palast, wo die Könige wohnten, ist Ruine. Indessen wurden aber die Zellen für neue Mönche zurecht gemacht. Ich saß auf dem Stuhl, der für Philipp II. gemacht wurde, die Sitzplatte von Tauschierarbeit, (»der Künstler hat sich selbst überboten, indessen für Philipp noch nicht gut genug« stand darauf). Philipp hatte hier eine Zusammenkunft mit dem letzten König von Portugal, Don Sebastian, vor dessen unglücklichem Zuge nach Africa, wobei er mit der Blüthe des portug. Adels umkam. Die Folge war die Eroberung Portugals durch die Spanier. Philipp II hatte ihm indes abgerathen. – Den zweiten Tag um 4 Uhr ritt ich zurück; diesmal war der Himmel etwas bewölkt, und die Kühlung schon eingetreten, so daß ich mich nur wenig angegriffen fühlte, und von Logrosan noch dieselbe Nacht um 11 Uhr nach Trujillo zurückfuhr. Hier erduldete ich alle Greul der spanischen Diligencen; da es außen zu kalt war, bei scharfem Nordost, mußte ich im Innern Platz nehmen, wo wir eingepackt saßen, wie die Schwarzen im Sklavenschiff. Wir kamen um halb acht in T. an, und bis 12 hatte ich Zeit, diese merkwürdige Stadt zu sehen. Ueber der neuen Stadt liegt eine förmliche Ruinenstadt von alten Adelspalästen, und darunter der Thurm Julius Cäsars! In der Hauptkirche, die mitten in diesen Ruinen liegt, war ein großes Fest, es war eine neue Statue der Immaculata aufgestellt worden; die Musik, bestehend aus einem Piano, einer Geige und Gesang, war das mißtönendste, was ich in meinem Leben gehört habe, lauter falsche Töne. Aber der Pfarrer hielt eine Predigt über die christliche Kunst; er characterisirte die Kunst in den verschiedenen Jahrhunderten, vom 15. an; gab eine Philosophie der Kunst; erzählte, wie es der Wunsch seines Lebens gewesen sei, dessen Verwirklichung er aber immer bezweifelt, seiner Kirche ein Bildwerk zu geben, das des großen Altarwerks, für dessen Mitte es bestimmt war, nicht unwürdig sei. Dieses Altarwerk war in der That sehr merkwürdig, ein großer Aufbau im reichsten spätgothischen Flamboyantstil, mit 25 Tafelgemälden der spanischen Schule aus der Zeit, wo man den flandrischen Geschmack nachahmte. Ich wartete mit Spannung auf das Ende der Ceremonien, die Kirche war gedrängt voll Menschen, um es noch ansehn zu können; denn um 12 mußte ich fort. Kaum war die Messe zu Ende, so drängte ich mich durch und hatte die Befriedigung, diese nirgends erwähnte namhafte Arbeit noch ziemlich gut sehen zu können. – Die Rückfahrt nach Cáceres fand wieder auf dem Bock statt, der Wagen war überfüllt, zwei mußten auf dem Kutschendeckel Platz nehmen, ein Landmann auf dem Trittbrett des Bocks. Die Pferde waren aber superbe, und der ganze Weg wurde mit 3 maligem Wechsel in vier Stunden im Trab, trotz der öfter erheblichen Steigung, zurückgelegt. –

Hier traf ich den einen der Ingenieure; und nach einer guten Mahlzeit und Abendfrische auf der plaza schlief ich sehr gut; und heute morgen fühlte ich nichts mehr von der immerhin starken Strapaze, außer daß ich von dem scharfen Maulthierritt etwas geschunden war. In den nächsten Tagen denke ich nun in Madrid endlich wieder einzutreffen; die Reise hat zwei Monate länger gedauert, als ich dachte . . .

Arnold Nolden

Toledo

Die Strecke nach Toledo streift schon jene ödeste Landschaft Spaniens, die durch ihren sonderbaren Sprößling, den Ritter Don Quijote, gleichzeitig auch die bekannteste geworden ist: La Mancha. Erfährt man noch, daß Cervantes, der Dichter des Don Quijote, in Toledo seinen Wohnsitz hatte, so begreift man schnell, warum dieses Land vor Toledo uns gleich so vertraut erscheint. Vielleicht ist die Windmühle, die man fern am Horizont sieht, jene, gegen deren Flügel Don Quijote vergeblich ankämpfte. Herden schwarzer Schafe kleben an den grauen Abhängen. Nur selten gewahrt man hier menschliche Ansiedlungen. Kaum erkennt man sie, weil sie der Farbe und der Natur des Erdbodens angepaßt sind. Erst kurz vor Toledo bringt ein felsig-rotes Gebirge eine vertikale Belebung der grauen Eintönigkeit.

Der Zug hält ziemlich weit vor der Stadt, die geschützt liegt hinter einem rötlichen Felskamm. Vom Bahnhof aus sieht man nicht ein einziges Mauerstück der Stadt. Übrigens ist der Bahnhof von Toledo einer der seltsamsten seiner Art. Erst einmal ist er viel zu groß für den geringen Verkehr, und es ließe sich über ihn dasselbe sagen wie über die zwecklosen

Monumentalbauten in Madrid. Dann aber auch wirkt die weit hergeholte Bauweise geradezu grotesk. Welch komplizierter Gedankengang, für einen modernen Zweckbau die Alhambra zum Vorbild zu nehmen! Welch unsinniger Gedanke, Schalterräume unter Stalaktitengewölben anzubringen!

»Mazapan! Mazapan de Toledo!« ruft ein kleiner Junge, der eine Schachtel mit Marzipan in den Händen hält. Marzipan und das Konditorwerk des Bahnhofs erzeugen eine wundersame Stimmung in mir. Betrete ich die Pforten eines Märchenreiches? Ist dieser Bahnhof und was um ihn herum ist schon ein Zipfelchen jenes Geheimnisses, das sich hinter dem rötlichen Felskamm verborgen hält?

Ungeheure Spannung im Herzen, gehe ich den Weg zur Stadt zu Fuß. Man muß ihn zu Fuß machen, schon dieser Spannung halber, und auch weil der erste Anblick der Stadt ein einmaliges Erlebnis ist.

Zur Rechten liegt ein großes grünes Tal, das Tal des Tajo. Links der rote Felskamm, auf dessen Spitze, ebenfalls in Rot, die Ruinen eines maurischen Kastells in den blauen Himmel ragen. Von der Stadt aber sieht man immer noch nichts.

An der Straßenböschung fällt mir ein Standbild auf, dessen Figur man die Nase abgeschlagen und sie auch sonst übel zugerichtet hatte. Aus der Inschrift lese ich, daß hier der Gotenkönig Wamba dargestellt war. Er zog nach Gallien, hieß es weiter, und brachte einen besiegten und gefangenen Gegner mit nach Toledo. Dann nahm er, Wamba, Abschied von der Welt und begab sich in ein Kloster. Merkwürdiges Schicksal für einen Barbarenkönig. Jawohl, merkwürdig. Doch weiter.

Ja, weiter. Aber nun konnte ich keinen Schritt mehr weiter, denn als ich mich von der Statue des Königs Wamba abwandte, lag plötzlich die Stadt vor meinen Augen, und dieser herrliche Anblick zwang mich, stillzustehn.

Ich war bisher von allem Spanischen enttäuscht worden, von Barcelona, Zaragoza, Madrid, dem Escorial. Toledo aber war mir eine Überraschung. Sie ist auch die einzige Überraschung meiner Spanienreise geblieben.

Ich verstand jetzt auch, warum man den Bahnhof so weit nach außen gelegt hatte. Es war ja einfach unmöglich, näher an die Stadt heranzukommen, die, umgürtet vom Tajo, wie eine unbezwingbare Festung hoch auf einem Felsblock liegt. Steil fallen die Abhänge in den Fluß, hoch ragen die Festungsmauern, die noch aus der gotischen und maurischen Zeit stammen. Die Häuser marschieren förmlich den Berg hinan, der oben von den Türmen des Alkazar und der Kathedrale feierlich gekrönt wird. Alles ist rot in der Farbe: die Felsen, die Mauern und die Steine der Häuser. Ein seltsames Rot. Selbst der Tajo, der sich durch eine tiefe Schlucht windet, gibt einen Schimmer dieses Rots. Und diese farbige Silhouette hebt sich scharf von dem zart getönten Himmel ab.

Der Weg steigt höher und höher hinan, die Schlucht unter mir wird tiefer und tiefer. Drüben steht die Stadt, ein gewappneter Koloß in Rot. Das Rauschen des Flusses und aller übriger Lärm tönt hohl zwischen den fallenden Abhängen derTajoschlucht. Nichts hat hier einen freundlichen oder liebenswürdigen Anstrich. Alles ist von einem bitteren Ernst und einer unsagbaren Melancholie erfüllt. Eine verwegene Brücke hoch über der Schlucht verbindet meinen Weg mit der Stadt. Es ist eine uralte Brücke. Man schreitet beklommen hinüber und schaut angstvoll auf den schmutzigen Fluß in der Tiefe. Ein drohendes Tor steht am Ende der Brücke, und ebenso drohend ist ein Schild, das dort angebracht ist. Für spanische Verhältnisse ein sonderbares Schild, wenn es da heißt: In dieser Stadt bleibt Betteln und Fluchen verboten. Macht Toledo hiermit für sich eine Ausnahmestellung geltend? Wollen die Toledaner mit Bewußtsein etwas anderes als Spanier sein? Was nützt es einem Spanier, wenn er nicht fluchen darf!

Ich ging durch das Tor hindurch, zufrieden damit, die Schlucht nun hinter mir zu haben. Doch war plötzlich die Stadt, die mit ihren Türmen und Bollwerken noch vor wenigen Minuten über mir war, verschwunden, während ich in langsamer Steigung die Straße weiter hinaufwanderte. Ich sah nichts anderes mehr als den nackten Fels neben mir und den blauen Himmel darüber. Mit solch entschiedener Verschlossenheit hatte sich mir bisher kein Ort gezeigt.

Weiter oben trat der Fels gegen ein paar große finstre Mauern aus gotischer Zeit zurück. Endlich wieder Häuser, die mit ihrer weißen Tünche die beängstigende Vielheit des Rots beleben. Die Straße weitet sich zur Terrasse. Man schaut über die grünen Felder des Tajotals und weiter hinaus in die graue Gleichförmigkeit der kastilischen Landschaft. (...)

Schon auf dem Wege zur Stadt drückte mir jemand geheimnisvoll einen Zettel in die Hand. »Die öffentliche Meinung« stand oben darüber. Und dann ging es los: »Bürger und Arbeiter, die Monarchie ist mit ihrer historischen Mission der Unmoral und Dekadenz am Ende. Das Blut der Freiheitsmärtyrer verlangt seine Genugtuung. In wenigen Tagen liegt die Zukunft Spaniens in unseren Händen, Arbeiter. Verraten wir uns nicht wieder selbst, sondern drücken wir bei der Wahl unsere republikanische Gesinnung aus.« Unterschrieben war dieser Aufruf von phantastischen Namen: Telesforo Manzaneque, Regino Tolon usw.

Ich steckte den Zettel ebenso geheimnisvoll ein, wie ich ihn bekommen hatte. Und dann stand ich in der Stadt.

Ich befand mich mit einem Male auf einem ziemlich großen Platz, den ich in der engen Stadt nicht vermutet haben würde. In seiner Mitte, innerhalb einer Umzäunung, wandelten ungewöhnlich viel Menschen – Männer natürlich –, schwatzend, lärmend, gestikulierend. Auffallend war diese Ansammlung darum, weil alle Straßen und Gassen ringsum leer waren, ausgestorben. So sehr ist der Zocodover – so heißt dieser Platz – das Herz von Toledo. Er saugt alles Leben der Stadt auf, alle Menschen und auch den wenigen Verkehr, der in der engen Stadt überhaupt möglich ist. (...)

Das ganze Geschäftsleben von Toledo spielt sich in einer einzigen Straße ab, die vom Zocodover abbiegt, der Calle del Comercio. Hier ist ein Laden neben dem andern. Aber auch nur hier. Die Belebung, die der geschäftliche Verkehr dieser

Straße bringt, verwandelt sich sofort wieder in jene typische toledanische Stille, wenn man in eine Nebenstraße einbiegt. Hier stört uns nichts mehr. Vielleicht schreit wohl ein Junge »Mazapan« oder es poltert ein Eselchen über das holprige Pflaster. Aber keinem Wagen, keinem Auto bieten diese engen Gäßchen die Möglichkeit einer Durchfahrt. So ist denn Toledo wie ein felsiges Venedig: es duldet nur diejenigen, die Muße haben, seine Straßen zu durchqueren.

Toledo vereint auf engem Boden alles, was Spanien ist und Spanien heißt. Alle Völker Spaniens haben an Toledo gebaut: Iberer, Römer, Goten, Juden und Mauren. Daher sind alle Baustile nebeneinander sichtbar. Toledo ist das Zentrum des spanischen Katholizismus, und in Toledo entstand das Zeremoniell des Königshofes. Nach Toledo kam alles Gold der Neuen Welt, und es blieb daselbst, unfruchtbar und als imaginärer Reichtum. Toledo zeigt aber auch wie kaum eine andere Stadt, den unvergleichlichen Verfall des spanischen Weltreiches. (...)

Es läuten Glocken. Viele Glocken. Sie haben einen blechernen Klang, und sie werden ganz hastig angeschlagen, manchmal etwas zu hastig, als ob der Glöckner keine Geduld hätte.

Dann hört der Klang auf und es herrscht wieder diese unheimliche Grabesstille über der Stadt. Es ist kein Leben in Toledo. Es fehlen die zweihunderttausend Menschen, die es einst bevölkert haben. Jetzt sind nur noch Priester da. Auf jeden Einwohner kommen am Tag sieben Messen, sagt man.

Toledo, das mit seiner sichtbaren Vergangenheit, seiner Vielheit und seinem Charakter eine Zusammenballung alles Spanischen ist, dieses Toledo wird gekrönt, übertroffen noch, von seiner Kathedrale, die die spanischste und schönste aller Kirchen im Lande ist. Die gotische Idee: alles Irdische zu vergeistigen, Überwindung der Materie und Verwandlung des Realen ins Irreale, diese Idee wurde an der Kathedrale von Toledo erfüllt. Die tote Materie wurde unter den Händen ihrer Gestalter verzaubert. Der Stein, aus dem die Kathedrale gefügt wurde, führt ein eigenes überirdisches Leben. Er ist überladen mit figürlichem und abstraktem Schmuck. Schon wenn man den Eingang der Kirche betritt, hat man das Gefühl, nicht mehr auf Erden zu sein. Im Innern aber steigert sich dieses Gefühl bis zur Zwangsvorstellung. Dieser Raum ist kein Raum mehr, er ist verwandelt und verzaubert, eine Symphonie in Licht und Dunkelheit. Man gewinnt keinen Überblick, da der Raum grenzenlos scheint. Wo man sonst in andern Kirchen unsern Augen ein beruhigendes Genießen über freie Flächen hinweg gewähren kann, stößt man hier auf eine Überfülle bewegter und belebter Wände. So ist zum Beispiel mitten in der Kathedrale der Chor, der mit seinen Gittern und seinem nach oben strebenden Gewirr der kompliziertesten Formen die letzte Klarheit des Raumes vollkommen zerstört. Man kann den Hauptchor rings umschreiten. Aber nirgendwo sieht man wohl eine glatte Fläche. Jeder Stein, jedes Gitterstück bot den Künstlern Gelegenheit zu spielerischer Gestaltung. Nicht nur der Reichtum an materiellen Werten, die – wie ich schon betonte – hier nicht mehr geschätzt werden können, sondern vor allem auch der Reichtum an künstlerischen Formen läßt den Betrachter in eine staunende Verwirrung geraten. Unzählige Reliefs in Marmor, Alabaster und Jaspis, Gitter aus kostbarem Metall (man mußte sie während der Franzosenzeit schwarz übermalen, da sie sonst von den Eindringlingen abgebrochen wurden), goldene Kanzeln und goldene Altäre reihen sich ohne Unterbrechung aneinander. Immer wieder neue Bilder, neue Dimensionen, neue Wirkungen. Und die seltsamen Lichtbrechungen, die die bunten Fenster verursachen, erzeugen eine überirdisch verklärte Stimmung, die sich von Minute zu Minute steigert und die man nicht mehr los wird. (...)

Aber auch nur in der Kathedrale spürt man diesen Hauch des ewigen Lebens. Ringsum in den Gassen ist das Leben ausgestorben. Toledo ist wie eine Stadt, die im Mittelalter verlassen wurde, und die man heute als moderner Mensch betritt. Aber es liegt keine große Zeitspanne dazwischen. Es ist, als ob sie gestern erst verlassen worden wäre. In dieser Vorstellung liegt wohl das Gefühl der Unheimlichkeit begründet, das man in Toledo nicht verliert. Als ich die Kathedrale verließ, trat mir die Leere und Grabesstille Toledos stärker als vorher ins Bewußtsein. Ich flüchtete mich in ein Café am Zocodover. In ein schmutziges Café, jawohl, aber es waren doch ein paar Menschen da – und es tönte ein Lautsprecher. Musik! Das war fast wie ein Stück Heimat und erzeugte in mir das Gefühl des Geborgenseins.

Ein paar Bauern saßen am Nebentisch, auf der andern Seite elegante Stutzer. Das Café ist der demokratischste Ort in Spanien. Die Bauern, in blauen Kitteln und mit großen schwarzen Hüten auf dem Kopf, hatten einen kleinen Jungen bei sich, der um Limonade bettelte. Dann hörte die Radiomusik auf, und damit auch für mich jenes sonderbare Gefühl des Geborgenseins. Ich ging hinaus und noch einmal durch die Stadt, bergauf und bergab, über enge Gassen und holprige Pflaster. Dann befand ich mich auf der terrassenförmigen Straße zwischen gotischen und maurischen Festungswerken, die eine drohende und finstere Sprache redeten. Am Ende der Straße überquerte ich die Brücke mit dem Schild, das Betteln und Fluchen untersagte. Tief unter mir, zwischen den roten Abhängen der Schlucht, wälzte der Tajo seine schmutzigen Wasser. Weiter. Ich stand noch einmal vor dem Gotenkönig Wamba mit der abgehauenen Nase und der Inschrift, daß er aus der Welt schied, um in ein Kloster zu gehn. Und an dieser Stelle, wo ich die Stadt zum ersten Male zu Gesicht bekam, wandte ich mich noch einmal um. Da lag die tollste und wunderbarste aller spanischen Städte hoch oben auf ihrem Felsen, und dieser Felsen war jetzt – am Abend – dunkelrot, ebenso wie die Wälle und Brücken, so daß die Silhouette der Stadt schärfer gegen den zartblauen Himmel stand.

Wieder der Konditorbahnhof. Wie vertraut mir seine Architektur nun schon geworden ist. Die Signale der Lokomotive wecken mich wie aus einem schweren Traum. Im Zuge nach Madrid hatte ich das Gefühl, einem verwirrenden Zauber entronnen zu sein.

Elftes Kapitel

Leibliche Genüsse

»Dem Deutschen ist der wahre Sherry zu feurig und schwer. Abgesehen davon ist er auch zu teuer.«

Alfred Zimmermann

Karl Friedrich von Rumohr

Puchero und Gaspacho

Wer auf die Zurüstungen zu einer Reise in die pyrenäische Halbinsel einige Tage zu verwenden hat, kann solche nicht besser als in dem wohlbestellten Gasthause St. Etienne in Bayonne zubringen, welches in goldenen Buchstaben auch den Namen Posada de Sant Esteban führt. Er versäume nicht, sich die eigentümlichen Leckerbissen dieses Landes des Wohllebens vorsetzen zu lassen; den saftigen Ortolan, der nirgend so schön als in dem Lande gefunden wird, die berühmten cuisses d'oie, die in dieser Stadt besonders schmackhaft als Sülze zubereitet und in Töpfen versandt werden, um nachher, leicht gebraten, verzehrt zu werden; er vergesse nicht, wenn es sein kann, mit der frischen grünen Feige eine Schnitte Bayonner Schinken zu genießen und unter dem Reichtume trefflicher Seefische, den Thunfisch, frisch aus dem Wasser, und mariniert zu versuchen.

Das Andenken dieser Genüsse wird dazu dienen, seinen Mut unter den Entbehrungen aufrecht zu halten, denen er entgegengeht. Die spanische Venta kennt überall keine Küche, als die der Reisende selbst macht; etwa mit einem von den Bauernknaben erhandelten oder selbst geschossenen Rebhuhn, oder ein Paar wilder Tauben, von einigen unterwegs erstandenen Forellen, Eiern und Ziegenmilch. Die Posada bietet nur das schlechteste Geschmiere halbfranzösischer Zubereitung der Speisen dar.

Die Nationalküche muß in Spanien, wie überall, in den Häusern des wohlhabenden Bauern und des mittleren Bürgerstandes gesucht werden. Sie ist nicht mannigfaltig, nicht künstlich, und daher durch übelverstandene Willkür und Erfindsamkeit, so wie durch noch unglücklichere Nachahmung fremder Traditionen, häufig entstellt, verkünstelt und verdrängt worden.

Man pflegt, von Hörensagen, frischweg die sogenannte Olla potrida als ausschließliches Nationalgericht der Spanier anzuführen und ein verworren gedachtes Gemengsel eßbarer Dinge darunter zu verstehen. Wir haben hierbei mehrere Mißverständnisse aufzuklären. Zuvörderst ist uns im Lande selbst dies Gericht nie anders als unter der einfachen Bezeichnung der Olla schlechtweg vorgekommen, und es scheint das Beiwort aus einer früheren Zeit in Reisebeschreibungen übergegangen, im Lande aber verschollen zu sein. Sodann ist es erforderlich, den Begriff der Olla als eines höchst Zusammengesetzten und augenscheinlich sukzessiv Enstandenen, zugleich auf seinen Ursprung und auf seine einfachere Form zurückzuführen. Wir müssen daher, bevor wir von der Olla handeln, die Beschaffenheit des Puchero erläutern, welcher, zwar selbst ein Mannigfaltiges, doch eine in sich geschlossene Einheit, in zweckmäßigster Vereinigung, der zu einem nahrsamen und wohlschmeckenden Mahl erforderten Stoffe darstellt. Vegetabilisches und Animalisches in demselben Gefäße bis zur völligen Durchdringung der Säfte, nicht der Substanzen, gekocht, bilden den Puchero.

Als animalischer Bestandteil wird meist Hammelfleisch (carnero) als das häufigere und seiner Beschaffenheit nach vorzüglichere Schlachtfleisch angewandt. Nicht selten auch Rindfleisch (vaca), zuweilen mag ein weniges von beiden vorgezogen werden. Das Gemüse, das nach seinem Bedürfnisse später hinzugefügt wird, besteht abwechselnd in weißem Kohl, – Kohlrabi, Broccoli, Karotten, vorzüglich aber darf der Garbanzo, die große Kichererbse, der Spanier Lieblingsgemüse, nicht fehlen; eine Zutat von mehreren dieser Gemüse macht den Puchero nur reicher; doch halten wir den Grundsatz fest, daß schon aus einem Fleisch und einem Gemüse, zusammengekocht, in möglichst engem Gefäß und ohne auf Gewinn der Suppe die erste Rücksicht zu nehmen, der Puchero vollständig erzielt wird. Einige Würze pflegt der Ärmere durch Tomaten (Liebesäpfel), Lauch oder Zwiebeln, der Wohlhabende durch eine Zutat jener pikanten Saucischen zu geben, die der Spanier Chorizos nennt, und die in Estremadura von unübertrefflicher Feinheit, man behauptet mit Unrecht aus Maultierfleisch, verfertigt und durch ganz Spanien versandt werden. Gewöhnlich wird das Ganze durch ein hinzugetanes Stück Speck (tocino) oder Schinken (jamon), bei den Ärmeren oft das Surrogat des Fleisches selbst, geschmeidigt und verbunden, was bei der Magerkeit des Schlachtviehes auch nicht getadelt werden kann. – Suppe, Fleisch und Gemüse wird nun aus *einem* Topfe, in *einer* Schüssel aufgetragen, und gibt, reinlich zubereitet, in die Brühe das feine Weizenbrot des Landes gebrockt, eine ebenso gesunde als schmackhafte Mahlzeit.

Wenden wir die Grundsätze des Puchero nun in einer weiteren Ausdehnung auf eine Zusammensetzung aus allen Arten von Fleisch und Gemüsen, deren man habhaft werden kann, das Geflügel, selbst das wilde nicht ausgeschlossen, an, so entsteht unter unseren Händen die Olla, die ihrer Natur nach auf dem Tische, wie ein aus mächtigen Flözen, Geschieben und Nestern bestehendes Gebirge erscheint, in dessen Zusammensetzung das riesenhafte Steertstück die runde Kuppe des Urgebirges darstellt, an das sich abgedacht die schwächeren Bildungen lehnen, bis die Gruppen der möglichst gesondert zu haltenden Gemüse den letzten Abhang mit einer Reihe duftender Chorizos verbinden, die den Fuß des Berges kränzen. – Weil die Olla große Zurüstung und nicht geringe Geschicklichkeit des Kochenden erfordert, um jeden Bestandteil im Punkte der rechten Zeitigung auf die Tafel zu liefern, auch zahlreiche Mitesser voraussetzt, die der Spanier selten zu versammeln gewohnt ist, so kann man sie auch kein häufiges, noch weniger ein eigentliches Volksgericht nennen, während, von aller Ostentation fern, der trauliche Puchero überall anzutreffen ist, und in hundert Abstufungen, wie er keine Zutat verschmäht, und jeden glücklichen Zufall, jedes Überbleibsel des Marktes benutzt, so auch jedem Vermögen, wie jeder Zunge zusagt.

Wir übergehen eine Zahl willkürlich gemengter, gebackener, geschmorter Gerichte und Mehlspeisen, deren sich eine oder die andere Provinz rühmt; ohne Grund, unseres Erachtens, weil sie weder durch Zweckmäßigkeit noch Wohlgeschmack Auszeichnungen zu verdienen scheinen, – um uns sofort zu einem andern Nationalgericht, dem Gaspacho, zu wenden, der sich ebenfalls in zwei höchst verschiedenartigen Gestalten zeigt: und zwar beim Volk und auf der Tafel der Reichen.

Auch hier ging die Entstehung von der einfachsten, wohlfeilsten und nahrhaftesten Zusammensetzung aus, und, irren wir nicht, so möchte sie an das höchste Altertum eines kriegerischen und arbeitenden Volkes anzuknüpfen sein; die Nahrung des wandernden Hirten, des Soldaten, des Boten, der, was von den allgemeinsten Erzeugnissen des Bodens sich unter der Hand findet, ohne zeitraubende Zurichtung, ja ohne Mitwirkung des Feuers zu bereiten wünschen wird; leicht und verdaulich, dabei nachhaltig und die Verdauungskräfte wie die Nerven gegen den auflösenden Einfluß der brennenden Sonne zu stählen geeignet.

Die Bereitung des Gaspacho ist folgende: Eine große Krume feinen Weizenbrotes wird in einen Mörser getan, mit Olivenöl, das durch Geruch und Geschmack sich der Wahrnehmung aufdringt, genetzt, Salz, einige Knoblauchzwiebeln, allenfalls ein Paar Schoten des grünen oder roten Pimiento dazu geworfen, das Ganze nunmehr zu einem steifen Brei zerstampft und frisch aus der Hand verzehrt. Wir haben dieses Mörsergericht von Männern der arbeitenden Klasse nicht nur mit großem Wohlgeschmack verzehren, wir haben sie, mit einem Frühstücke von einer Handvoll dieser Masse, die heftigsten und anhaltendsten Anstrengungen in glühender Mittagssonne und ohne weitere Nahrung den größten Teil des Tages über ausdauern gesehen. Es ist nicht die einzige Wahrnehmung, die wir von der nervenstärkenden Eigenschaft des Knoblauch gemacht haben. In Andalucia scheint das Gericht zu Hause.

Auf den Tafeln der Wohlhabenden nimmt der Gaspacho

eine andere Gestalt an. Was nur von marinierten Fischen, Krebsen und pikanten Eingemachten, sauren Gurken, Tomaten, Pimientos, den Gaumen reizen kann, wird in einer großen Schüssel aufgetragen und mit Eiergebackenem in gallertartiger Umgebung, auch mit Essig und Öl genossen.

Einer besonderen Erwähnung verdient die Art, wie in Valencia der Reis bereitet wird, offenbar aus maurischer Zeit herübergebracht. Locker und vollkommen mürbe, doch einzeln gesondert, liegen die Körner übereinander. Es scheint, daß sie nur durch die Zubereitung mit Öl die goldgelbe Farbe erhalten, die durch eine Zutat von Tomaten auf das Angenehmste rötlich tingiert wird. Der *Arroz a la Valenciana* wird in ganz Spanien geachtet. (...)

Dr. Cretzschmar

Genußmittel

Das Rauchen ist in Spanien nicht billig. Die echten Importcigarren *(puros)* sind reichlich so theuer wie bei uns; der bescheidene Mensch begnügt sich mit Cigarren von 10 bis 15 Centimen, die eines Kistchens nicht einmal für werth gehalten, sondern in einem runden Körbchen angeboten werden, aus dem man sich sein Quantum aussuchen kann. Die meisten Leute aber rauchen vielfach vom Raucher selbst geschickt gedrehte Cigaretten. Die Tabakmanufactur ist spanisches Monopol. Deshalb hat der Tabakladen, der *estanco*, eine Art amtlichen Charakters. Er ist die Verkaufsstelle für Postwerthzeichen, und in dem Laden befinden sich die Briefkasten, *buzones*, so daß man außer an die Post selbst und an die in den Schnellzügen stets befindlichen Briefkasten seine Briefe in den Cigarrenladen trägt, eine Einrichtung, die keineswegs unbequem ist und jedenfalls den Vorzug hat, daß bei Regenwetter die Briefe vor dem Naßwerden bewahrt sind.

Zu dem Rauchen steht der Verbrauch der Streichhölzer oder vielmehr Wachsstreichkerzchen natürlich im Verhältnisse. Aber in keiner Wirthschaft, in keinem Kaffee findet man solche wie bei uns auf den Tischen; man nimmt offenbar an, daß Jeder damit bewaffnet ist, und an Gelegenheit mangelt's in der That nicht. Denn von den Cigarrenläden abgesehen, stehen und gehen auf den Straßen eine Menge kleiner Jungen und Mädchen, die man durch Abkauf eines Döschens beglücken kann. Uebrigens werden fast so viel englische Streichhölzer wie spanische verbraucht.

Ich erwähnte bereits, daß in den Kaffees Leute aller Stände mit den dunkelfarbigen Filzhüten oder der Mütze auf dem Kopfe beisammen zu sehen sind. An vielen Tischen wird eifrig disputirt und politisirt, an den meisten ist man mit dem Lesen der Zeitung beschäftigt, welche ebenfalls nicht der Wirth liefert, sondern die man sich von den unaufhörlich die Wirthschaften durchziehenden Zeitungsverkäufern für 5 Centime erstehen kann. Die meisten Gäste trinken Kaffee oder Chocolade. Von Bieren giebt es sowohl einheimisches wie importirtes, stark veralkoholisirtes Münchener und Pilsener Bier; aber ich glaube, die Spanier thun wohl daran, wenn sie diese Biere nicht zu ihrem Hauptgenußmittel erheben; nur das eigenartige, übrigens nicht übelschmeckende Getränk, Bier mit Citronensaft *(cerveza con limon)*, wird häufiger getrunken. Außer den Kaffees giebt es aber noch andere Wirthschaften, in welchen man nur wenige Augenblicke verweilt und die vorzügliche *horchata*, oder auch *horchata de chufas* trinkt, ein kühlender, aus Erdmandeln bereiteter Trank, oder *horchata helada*, gefrorene Ziegenmilch mit Melonenkernen oder Mandeln. Ferner kann man in nicht wenigen, nach der Straße zu meist offenen Schankläden, *agua gazeosa*, moussirende Wässer aller Art und Namen von *cebada* (Gerstenwasser) bis zum Göttertrank nectar aufwärts schlürfen. Wem aber diese Gelegenheiten nicht ausreichen, dem stehen in den Anlagen noch Trinkbuden zu Gebote, in welchen er für weniges Geld ein Glas Limonade oder für 10 Centime einen aguardiente, auf deutsch einen guten Kornbranntwein, bekommen kann, der, in ein Glas mit Wasser geschüttet, bei heißen Tagen auch nicht zu verschmähen, und namentlich bei Aufenthalten auf kleineren Bahnstationen sehr beliebt ist.

Wein habe ich in Restaurants nur selten trinken sehen, will aber nicht behaupten, darüber ein sicheres Urtheil zu haben. Der in den Hotels gelieferte Wein ist in der Regel ein guter kräftiger, stärker wie Bordeaux, aber nicht süßlich, wie der meiste italienische, schmeckende Rothwein, neben welchem in Andalusien der weiße Manzanilla getrunken wird. Die Spanier trinken den Wein meist mit Wasser gemischt; ich habe ihn ohne diese Taufe besser gefunden.

Diese Art der Getränke und des Trinkens würde Spanien zum Vorland im Sinne unseres Vereins gegen den Mißbrauch geistiger Getränke besonders eignen, und die gute Wirkung war auch nicht zu leugnen. Wir haben in Malaga einmal einen Menschen gesehen, der vermöge seiner steuerlosen Bewegungen seinen Mitmenschen nicht übelnehmen konnte, wenn man ihn für betrunken hielt; aber dieser Mann hatte den nicht zweifelsfreien Vorzug, der erste zu sein, der uns auf unserer Reise das Straßenbild in dieser schwankenden Weise belebte; und er ist der letzte geblieben.

Drei Einrichtungen jeden civilisirten Landes sind in Spanien besonders stark vertreten, die *peluquería*, der Friseurladen, die *confitería*, der Zuckerbäckerladen, und die *farmacía*, die Apotheke.

Die meist höchst sauberen und geschmackvoll ausgestatteten Friseurgeschäfte erfreuen sich bis in die tiefe Nacht des lebhaftesten Besuchs. Trotz der großen Zahl dieser Geschäfte sieht man kaum je eines leerstehen. Der größte Theil der männlichen Bevölkerung scheint weit häufiger wie in Deutschland das Bedürfniß zu empfinden, sich der verschönernden Hand des Haarkünstlers anzuvertrauen. Bei den Conditoreien kann ich allerdings nur aus der großen Zahl der bestehenden auf die zur Errichtung der meisten doch wohl bestimmend gewesene allgemeine Erfahrung der Einträglichkeit schließen. Wenn der Schluß aber richtig, dann muß in Spanien furchtbar viel Zuckerzeug verzehrt werden, denn sicher auf jeder zweiten Straße, auf manchen Straßen aber mehrfach, genießt man den Anblick verlockend hergerichteter Schaufenster voller Kuchen, Backwerk und Zuckerzeug. Ich setze voraus, daß Einer oder der Andere die Richtigkeit dieser Schlußfolgerung bezweifeln wird; vielleicht auch die folgende. Das Volk muß, wenn ich richtig schließe, sehr gesund sein; denn wenn man aus der Häufigkeit der Anlage auf die Einträglichkeit, und von da unbezweifelbar richtig weiter auf die starke Benutzung schließen kann, dann darf ich weiter schließen, daß ein Volk, welches soviel Arzneien vertragen kann, ohne auszusterben, von einer unverwüstlichen Naturkraft sein muß. (...)

Alfred Zimmermann

Weinprobe in Jerez

Vor einiger Zeit ging die Nachricht durch die Blätter, daß in der südspanischen Stadt Jerez (dem alten Xeres de la Frontera) ein großes Weinlager abgebrannt sei. Es sollen dabei sieben Kellereien von dem Feuer ergriffen und mehrere tausend Fässer edlen Jerezweins ausgelaufen sein. Wer nur Weinkeller Deutschlands und Frankreichs kennt, wird die Nachricht mit einiger Verwunderung aufgenommen haben. Wie wäre es möglich, daß ein Feuer in diesen feuchten, kühlen Räumen, in denen die mächtigen Weinfässer lagern, einen größeren Umfang gewinnen könnte! Wer aber eine südspanische Bodega (so heißen nämlich die Weinkellereien) gesehen hat, wird das Unglück sehr begreiflich finden. Auf dem Wege nach Cadix hatten wir Gelegenheit die Weinstadt Jerez zu besuchen und einige Stunden in der berühmten Bodega von Gonzalez, Byaß u. Co., der größten neben der von Pedro Domecq, zu verbringen. Jerez wird, abgesehen von Weinhändlern, nur selten durch fremde Reisende besucht. Die kleine, weiße, freundliche Stadt, inmitten endloser Orangen-, Oliven- und Weingärten, nahe der Stelle, wo im Jahre 711 die Moslems das Heer der Westgoten besiegten, ist daher auf Fremde wenig eingerichtet. Nur ein europäischen Ansprüchen einigermaßen entsprechendes Hotel ist vorhanden. Es wurde zur Zeit unseres Besuchs von einem skrupellosen Schweizer betrieben, und seine Preise waren so hoch wie die eines erstklassigen Hotelpalastes in Paris. Das Leben, das sich in den engen Straßen vor den Klubs und Kaffeehäusern an kühlen Abenden abspielt, ist dafür so urwüchsig und eigenartig wie möglich. Besonders malerisch ist das Bild, wenn gerade wie zur Zeit unserer Anwesenheit Viehmarkt stattfindet. Dann rasen ununterbrochen dicht mit Menschen aller Art und jeden Alters vollgepfropfte abenteuerliche Gefährte durch die Straßen zu dem Platze der Feria, wo allerlei Volksvergnügungen locken. Arm in Arm ziehen Mädchen jeden Alters mit bloßen, aber schönfrisierten, blumengeschmückten Köpfen lachend und singend durch die Straßen. Überall sitzen die Männer mit ihren breitkrempigen, flachen, schwarzen Hüten, rauchen Zigaretten und spucken. Nur im hochgelegenen schönen Garten, an den Ruinen des einstigen Schlosses, des Alcazars, wo Nachtigallen schlagen und der Blick weit in die Ebene schweift, ist es still.

Hier oben befindet sich in einem langgestreckten niedrigen Hause das Bureau der Bodega Gonzalez, Byaß u. Co., die in liebenswürdiger Weise täglich während mehrerer Stunden ihre Kellereien Fremden zu besichtigen erlaubt. Die großen Weingeschäfte von Jerez befinden sich sämtlich, ganz oder größtenteils, in englischer Hand. England ist der Hauptabnehmer der Jerezweine. Der Wein, der unter dem Namen Sherry in die Welt hinausgeht, hat Jerez berühmt gemacht. Die Stätten, wo er bereitet und gelagert wird, sind denn auch die einzige wirkliche Sehenswürdigkeit der Stadt.

Pünktlich um 10 Uhr des Morgens fanden wir uns im Bureau des genannten Weinhauses ein. Wir wurden in ein freundliches Wartezimmer geführt, wo uns nach Abgabe der Visitenkarten alsbald einer der leitenden Herren der Firma begrüßte. Da die beiden deutschen Angestellten des Hauses gerade abwesend waren, überwies er uns einen jungen Engländer als Führer. Die Bodega bildet ein ganzes Stadtviertel. Ihre Werkstätten, Magazine, Lager und sogenannten Kellereien bedeckten viele Morgen und reichen unmittelbar an die Weingärten heran. Hochbezahlte und seit langen Jahren im Dienst der Firma stehende Arbeiter stellen hier aus altgelagertem, besonders ausgesuchtem Eichenholz die Fässer her. Dort werden Flaschen gefüllt und von Maschinen mit Kapseln und den entsprechenden Etiketten versehen. Verschiedene Schuppen dienen dem Verpacken und Versand der Flaschen. Die Räume eines einstigen Klosters sind zu einer Kognakfabrik hergerichtet, wo wir wohl oder übel trotz der frühen Stunde verschiedene Sorten kosten mußten.

Am meisten aber erweckten natürlich die eigentlichen Weinlager unser Interesse. Wir hatten uns in den sonnendurchglühten Höfen immer nach einer Stelle umgesehen, wo eine Treppe in weite unterirdische Räume führen würde. Wie erstaunt waren wir, als unser Führer plötzlich vor einer Art langen, niedrigen, auf einigen Balken ruhenden Schutzdachs stehen blieb, unter dem einige Reihen Fässer lagen. Wir hatten sie für leer gehalten. Jetzt erfuhren wir, daß sie den Wein einer der letzten Lesen enthielten, der solcherart seiner Vollendung in der heißen Luft entgegenreifte. Andere ähnliche Schutzdächer bargen weitere Faßreihen. An sie schlossen sich scheunenähnliche Holzhäuser, die Weine älterer Jahrgänge bargen. Nur in einem befand sich ein ausgeschachteter, aber auch oben offener, kühlerer Raum, in dem einige besondere Sorten lagerten. Der Sherry reift eben unter ganz anderen Bedingungen zur Vollendung heran als der französische oder deutsche Wein. Der junge, noch unfertige Tropfen wird dem Besucher nicht zur Probe vorgesetzt. Um so verschwenderischer ging man mit den edleren Sorten um. In jedem der Weinlager erschien ein Kellermeister mit einem Heber und bot Proben aus besonders geschätzten Fässern. Eine Reihe schön verzierter Fässer, die die Namen der Apostel trugen, wurde angezapft, desgleichen solche, die gelegentlich von Besuchen der Königin Isabella und des Königs Alfonso getauft worden waren. Auch der berühmte alte »Methusalem« und schwerer süßer Muskatwein wurden vorgesetzt. Den meisten Eindruck machte aber der achtzig Jahre alte »Tio Pete«, der ganz hellgelb war und wie leichter Moselwein schmeckte. Obwohl der volle Genuß durch die frühe Stunde und das Fehlen von etwas Eßbarem zwischen den verschiedenen Sorten beeinträchtigt wurde, waren wir uns doch nach der Durchwanderung der Bodega darüber klar, daß wir außerhalb Spaniens wirklichen guten Sherry niemals vorgesetzt erhalten hatten. Was so in Deutschland unter dem Namen Sherry getrunken wird, entstammt jedenfalls keiner Jerezer Bodega. Das einzige Land, das diese Weinsorte wirklich zu würdigen und zu beurteilen versteht, ist England, wohin denn auch der weitaus größte Teil des Weins aus Jerez geht. In englischen Händen liegt auch hauptsächlich die Erzeugung und der Handel mit diesem Wein. Dem Deutschen ist der wahre Sherry zu feurig und schwer. Abgesehen davon ist er auch zu teuer. Die edlen Sorten stellen sich schon an Ort und Stelle so hoch im Preis, daß nur sehr reiche Leute einen solchen Tropfen in Deutschland ihren Gästen vorsetzen könnten. Wie man uns darlegte, sind eben auch die Erzeugungskosten des edlen Sherry außergewöhnlich hoch.

Zur Zeit litt das ganze Geschäft schwer unter dem seit einigen Jahren in England sich geltend machenden Wechsel im Geschmack. Seit König Eduard dem Portwein den Vorzug gab und die großen Vorräte edlen Sherrys aus dem Nachlasse seiner Mutter billig losschlagen ließ, ist Sherry in England stark in der Schätzung gesunken. Ein neuer Markt, der den englischen ersetzen könnte, ist aber bisher nicht zu entdecken gewesen. Neben den Bodegas boten übrigens das bunte Leben der Stadt, ihre zum Teil recht sehenswerten Baulichkeiten und vor allem die malerischen Trümmer der in einiger Entfernung gelegenen Cartuja, eines aufgehobenen Karthäuserklosters, überreichen Stoff zum Ausfüllen der Zeit.

Zwölftes Kapitel

Der Süden

»Hat doch der Name *Alhambra* einen ganz wunderbaren Klang, und kaum will es wie Wirklichkeit erscheinen, daß wir nun an der Schwelle dieses Zauberschlosses angelangt sind.«

Wilhelm Wattenbach

Johann Jacob Volkmann

Die Stadt Cadiz

Cadiz ist unstreitig die schönste Stadt in Spanien, und macht vielen großen Städten andrer Reiche den Vorzug streitig, obgleich die Gassen etwas krumm, schmutzig und meistens enge sind. Doch verdienen die Calle Ancha, und etliche andere, die ein gerades und breites Ansehen haben, eine Ausnahme. Manche durchschneiden sich in rechten Winkeln; der größte Theil ist mit flachen, ebnen, weißen Steinen gepflastert, die sorgfältig eingehauen werden, damit die Pferde und Maulthiere fest eingreifen können, und nicht ausgleiten. Weil aber alle Unreinigkeiten auf die Gasse geworfen werden, so verursacht dieses einen heßlichen Geruch. Die Häuser sind von Werksteinen, drey bis vier Stockwerk hoch, groß, kühl und bequem eingerichtet. Die Bauart hat in manchen Stücken etwas besonders. In der Mitte der meisten ansehnlichen Häuser ist ein mit Quadersteinen von grauem und weißem Marmor, oder von Kalk und Topfstein gepflasterter Hof. In dessen Mitte läuft das Regenwasser in einer darunter angebrachten Cisterne zusammen, welche die Eigenthümer eben so wohl verschlossen halten, als die wenigen Brunnen, die bey einigen Häusern sind. Das Wasser ist aber durchgehends schlecht, und nur zum wirthschaftlichen Gebrauch bestimmt; denn das gute Trinkwasser wird von Puerto de Santa Maria geholt; und theuer bezahlt (...).

Um den Hof eines jeden Hauses gehen so viel Gallerien mit eisernen Geländern herum, als es Stockwerke hat, und von diesen Gallerien*) tritt man alsdann in die Zimmer. Während

*) Hier wird auch insgemein das gute Wasser in großen irdenen Gefäßen aufbewahrt, welche das Wasser ungemein frisch erhalten, aber auch die Eigenschaft haben, daß das Wasser durchschwitzt.

der großen Hitze zieht man über diesen Hof eine große Leinwand, wodurch in den verschiedenen Abtheilungen des Hauses Schatten und Kühlung verbreitet wird. Manchen Zimmern fehlen die Fenster, sie werden bloß durch die auf die Gallerie stoßende Thüre erleuchtet. Die erste Gallerie ruhet, nachdem der Besitzer wohlhabend ist, auf Säulen von Holz, Stein oder Marmor. Die Treppen sind häufig von weißem Marmor, und haben auf dem Hofe doppelte Ruheplätze. Die Besuchzimmer sind gemeiniglich sehr groß, aber selten tapezirt. Das Boden-Geschoß dient meistens zum Waarenlager und zu Stallungen, eine Treppe hoch ist das Comtoir, die Küche etc. und zwo Treppen hoch kommt man erst in die besten Wohnzimmer.

Die Dächer sind alle platt, und mit einem festen undurchdringlichen Estrich versehen. Rings herum geht eine Mauer statt der Brustlehne, welche, so wie auch die Gallerien im Hofe, häufig mit Blumentöpfen geziert werden; es stehen auch kleine viereckige Pfeiler darauf, die entweder eine übel verstandene Zierde abgeben sollen, oder auch dazu dienen, daß man Zeltdächer von Leinwand daran befestigt, um darunter vor den Sonnenstrahlen geschützt zu sitzen, und zugleich die kühlenden Seewinde zu genießen. Vornehmlich dienen sie aber, Leinen daran zu befestigen, um die Wäsche zum trocknen aufzuhängen. Oben auf dem Dache ist meistens ein Thürmchen *(Mirador)* gebauet, um einen schönen Seeprospekt zu haben, und auf die Ankunft der Schiffe Acht zu geben. Sobald sich was zeigt, so pflegt der Consul von der Nation, der es zugehört, seine Flagge aufzuziehen, und von diesem Thurm wehen zu lassen. Die Wohnungen sind überhaupt theuer, welches von der Menge Menschen herrührt, die in dem engen Raume leben müssen, weil die Stadt wegen ihrer Lage nicht vergrößert werden kann. Die Lebensmittel sind ebenfalls in hohem Preise.

Die Stadt wird in 24 Quartiere abgetheilt, wovon jedes unter der Aufsicht eines besondern Polizey-Commissärs steht.

Unter den öffentlichen Plätzen ist der vom heiligen Anton der größte; nach ihm folgen S. Juan de Dios und der beym Königl. Hospital, aber keiner ist regelmäßig und besonders schön. Außer dem Spatziergang, rund um die Stadt, und auf der Mauer am Hafen, ist noch eine Alameda, oder eine öffentliche Promenade vorhanden, von der man eine schöne Aussicht über die See hat. Sie besteht aus zwo Alleen mit Bänken für die Fußgänger, und einer für die Kutschen, welche durch ein eisernes Geländer von jenen abgesondert ist. Die Bäume wollen aber nicht recht wachsen, welches einige der Seeluft, andere aber, vielleicht mit mehrerm Grunde, dem sandigen Boden zuschreiben. Im Sommer dauert die Promenade bis um Mitternacht, und fängt erst nach dem Schauspiele recht an.

Wenn man von der Alameda weiter westwärts geht, kommt man nach dem Campo santo, wohin auch in Kutschen gefahren wird, um frische Luft zu schöpfen. Er nimmt die West- und Südseite größtentheils ein; ist aber außer dem neuen Waisenhause mit lauter schlechten Häusern besetzt. Gegen über liegt das mehr erwähnte Fort S. Sebastian, auf einem schmalen Zipfel Landes, an dessen äußersten Endc ein sehr massiver Thurm steht, der, wie man glaubt, die Stadt beym großen Erdbeben von 1755 rettete, daß sie nicht von der See überschwemmt und weggespült ward. Die Wellen schlugen damals mit erstaunlicher Heftigkeit über den schmalen Theil der Erdzunge, worauf Cadiz steht, weg, daß alles mit fortgerissen ward, und viele Menschen giengen verlohren.

Von hier geht man nach dem hölzernen Amphitheater, darinn die Stiergefechte gehalten werden, dicht an der See hin, welche auf dieser ganzen Seite über die Felsen schlägt, so daß die Küste ganz unzugänglich scheint. Dieser Theil des Spatzierganges ist aber wegen des üblen Geruchs sehr unangenehm, weil aller Dünger und Unrath aus der Stadt hieher geschafft, und durch ein Loch in der Mauer in die See geschüttet wird. Wegen der Entfernung von Gärten und Aeckern würde die Fortschaffung des Düngers auf der Achse vielleicht zu kostbar fallen, aber zu Wasser nach den gegen über liegenden Ländereyen möchte sie wohlfeil genug seyn, wenn der Englische Wirthschafftsgeist den spanischen Landmann beseelte. An dieser Küste steht die neue Kathedralkirche, wovon hernach. Darauf geht man bey dem Stadtthore und den Casernen, ein prächtiges massives und reinliches Gebäude, vorbey, und kommt an die Wälle, welche die Stadt auf der Seite der Bay vertheidigen, und von denen man die oben beschriebene herrliche Aussicht hat.

Die alte Kathedralkirche, deren Bischof ohngefähr 12000 Dukaten zu verzehren hat, ist zugleich die einzige Pfarrkirche, die andern drey sind ihre Filiale. Sie hat nichts, das einige Aufmerksamkeit verdiente. Aber die neue am Ufer der See, daran seit 60 Jahren gebauet wird, ist ein sehr kostbares Gebäude, welches das schönste in Spanien werden sollte. Sie wird inn- und auswendig mit weißem Marmor von Mallaga überzogen, aber die Arbeit fällt so plump aus, daß sie einen gleichsam zu Boden drückt. Der Bau wird, wie man denken kann, mit Fleiß in die Länge gezogen, weil der König darzu 1/5 Prozent bewilligt hat, welches alle Kaufleute in Cadiz von den aus Amerika kommenden Waaren und Geldern bezahlen müssen. Der König und andere außerhalb Cadiz geben nichts dazu. Das 1/5 ist so viel, als vier Reales de Vellon von 100 großen Piastern, und beträgt von der ganzen Flotte 80000, auch wohl 200000 Piaster. Es ist zu befürchten, daß der Marmor wird verdorben seyn, ehe der Bau fertig wird, weil man schon jetzt gewahr wird, daß die Seeluft ihn angreift. Wegen der Höhe der gewundenen Korinthischen Säulen ist die Bildhauerarbeit an den Bogen des Gewölbes kaum sichtbar.

Man zählt 13 Klöster mit Inbegriff des ehemaligen Jesuiten-Collegiums, welches das schönste in ganz Andalusien ist. In der Kapuzinerkirche hängt auf dem Hauptaltar eine Verlobung der heiligen Catharina, welches die letzte Arbeit des

Murillo ist. Er fiel von dem davor aufgerichteten Gerüste (denn es ist 20 Fuß hoch und 14 breit), und brach das Bein, woran er bald darauf starb. In der Sakristey sieht man noch von ihm, Christus mit der Dornenkrone, und die Himmelfahrt der Maria, eine einzige Figur. Eine Merkwürdigkeit im Garten des Klosters ist der einzige Drachenbaum, den ganz Spanien aufzuweisen hat.

Hospitäler zählt man fünfe: 1) Das *Königl. Hospital* für Seeleute sowohl, als Landtruppen, welches ein ansehnliches, weitläuftiges Gebäude von zwey Stockwerken ist. In den Sälen, welche sowohl oben als unten sind, stehen zwo Reihen Betten. Es haben gegen 1500 Mann Platz darinn, aber oft ist kaum der dritte Theil davon da. Die Apotheke ist geräumig, und reichlich mit allem versorgt, welches auch seyn muß, weil sie nicht nur allen nach Westindien gehenden Schiffen, sondern auch den zu Carraca liegenden Kriegsschiffen, Arzney liefert. Der König giebt die Kosten zur Unterhaltung dieses Hospitals her. Hierzu gehört das Königliche *Collegium der Wundarzney*, darinn 80 junge Leute von neun Lehrern unterrichtet werden. Sie haben von den besoldeten Lehrern freyen Unterricht, auch Wohnung und Tisch umsonst, nebst 30 Reales de Vellon des Monats. Die Instrumente sind aus England und Frankreich verschrieben, und sehr schön. Man sieht hier auch den Anfang zu einem kleinen Naturalien-Kabinet. Der dabey befindliche botanische Garten, zum Behuf der Wundärzte, ist nur mittelmäßig. Aus dieser Anstalt werden die Königl. Wundärzte für die Flotte genommen.

2) Das Hospital *S. Juan de Dios* ist für allerley Krankheiten, und steht Tag und Nacht offen. Es ist für 300 Personen Raum darinn, welche durch vier Aerzte besorgt, und gut gehalten werden, weil es mit dem Kloster der Mönche dieses Ordens verbunden ist. Für die Armen sind fünf Säle, und einige Zimmer für Personen, die bezahlen. Die Kosten werden theils durch eingeschickte, theils durch in der Stadt gesammlete Allmosen bestritten.

3) Das *Wittwenhaus* hat ein reicher Armenischer Kaufmann in diesem Jahrhunderte für 47 arme Wittwen gestiftet, welche freye Wohnung und wöchentlich sechs Realen empfangen.

4) Das Hospital *del Carmen* für Weiber.

5) Die *Caridad*, welche zur Aufnahme aller Armen und Bettler bestimmt ist, ward vor einiger Zeit gestiftet. Das schöne Gebäude ward größtentheils durch freywillige Gaben der Kaufmannschaft aufgeführt, und wird auch dadurch unterhalten.

Man trifft hier drey Theater an, eines für die spanische, das zweyte für die französische Komödie, und das dritte für die Oper. Das spanische hat drey Reihen, und in jeder 19 Logen, welche alle an Familien vermiethet sind, so daß ein Fremder ins Parterre gehen muß, von da er aber die Logen, wo er Bekannte hat, besuchen kann. Die Schauspieler sind höchst mittelmäßig. Das Französische Theater ist groß, schön und gut erleuchtet. Das Opernhaus hat vier Reihen, und in jeder 16 Logen; es wird meistens zur komischen Oper gebraucht. (...)

J. P. Texier

Die Tabakfabrik von Sevilla

Die *Königliche Tabacksfabrik*, welche die einzige in Spanien ist, darf unwidersprechlich wohl die größte und prächtigste auf der ganzen Erde genannt werden. Die Gebäude gleichen einer kleinen Stadt und bestehen aus mehreren großen Abtheilungen mit sehr weitläufigen Höfen. Der Vordertheil des Hauptgebäudes, welches dem Director und den ersten Fabrikanten zur Wohnung dient, ist von schöner Bauart, aber nach meinem Dafürhalten mit Zierrathen überladen. Der kostspielige Bedarf aller spanischen Nasen und noch vieler in den übrigen Ländern Europa's bringt dieser Fabrik ungeheure Summen; man berechnet, daß der König durch seinen Alleinhandel nach Abzug aller Auslagen auf jede 100 mindestens 1000 Rthlr. gewinnt. Man verfertigt hier verschiedene Sorten gelben Schnupftaback, Rappé und Cigarren. Die Fabrikation der letztern erfordert nicht viel Zurichtung. Man wählt die feinsten Blätter des Havannatabacks, wovon die gröbere Rippe weggenommen wird, breitet sie angefeuchtet auf einer Tafel aus, rollt sie, zuerst mit den Fingern, alsdann mit der Hand, und dreht zuletzt das eine Ende zusammen. Hat man 50–60 Stück zusammen, so wird das andre Ende abgeschnitten, um sie gleich zu machen. Diese Arbeit erheischt nicht viel Kunstanwendung und macht sich sehr geschwind. Das hiesige Fabrikat ist wenig geachtet; man käuft das Pfund Cigarren zu 2 Piaster. Ungleich besser sind die Cigarren, die schon fertig aus Havanna kommen; das Pfund davon kostet vier bis sechs Piaster, und je älter sie sind, desto höher werden sie gehalten. – Jede Sorte Taback hat ihre besondere Werkstätten, Mühlen, Höfe und Niederlagen. Das Hauptgebäude hat ein flaches Dach *(Assotea)*, welches mit glatten Backsteinen belegt ist. Es dient zum Trocknen des geriebenen Tabacks und der Erde, welche damit vermengt wird *(Almagro)* und aus einer röthlichen Siegelerde, gestoßenem Ziegelstein ähnlich, besteht. Dies Dach ist so groß, daß man darauf mit Leichtigkeit ein ganzes Infanterie-Regiment manövriren lassen könnte. Auf den Plätzen, wo der geriebene Taback zubereitet wird, konnten wir es nicht lange aushal-ten; sie sind beständig mit Staubwolken angefüllt, die bei der geringsten Erschütterung aufwirbeln und so feine Stoffe enthalten, daß man gleich vor Husten ersticken möchte. Ich begreife nicht, wie die Arbeitsleute vom Morgen bis zum Abend dabei aushalten können; sie werden aber auch nicht alt und tragen allerlei Uebel davon, welche ihr Leben abkürzen. Man zählt mehr als 2000 solcher Arbeiter, welche bei den verschiedenen Fabrikarbeiten ihren erbärmlichen Lebensunterhalt gewinnen. Wenn sie sich an die Arbeit setzen, sind sie bloß mit einem groben leinenen Hemde bekleidet und vom Kopf bis zu den Füßen mit gelbem Tabacks-Staub bedeckt. Dies giebt ihnen ein gräßliches Ansehn. Nach der Arbeit begeben sie sich nach den Höfen, um sich in den dortigen Wasserbehältern abzuwaschen und zu säubern. Ehe sie aus dem Umkreise des Gebäudes kommen, müssen sie sich einer Visitation unterziehn. Gleichwohl verliert man sie auch den ganzen Tag durch nicht aus dem Auge und folgt ihnen bei jedem Schritte. Sie können nur durch einen einzigen Ausgang, dessen Gitter mit einer Heerschar von Visitatoren und Aufsehern besetzt sind. Hier werden sie von Kopf bis zu Fuß untersucht, und Wehe dem, bei welchem man eine Cigarre oder ein halbes Loth Schnupftaback fände! Die Galeere oder mehrjähriges Gefängniß würde die geringste Züchtigung sein, der sich der Unvorsichtige durch die Entwendung ausgesetzt hätte.

Die Niederlagen, unten zur linken Hand und nach hinten zu, sind von der weitesten Ausdehnung, alle gewölbt und von steinernen Säulen oder aufgemauerten Pfeilern getragen. Das Pflaster ist von glatten Steinen und höchst sauber. Das Ganze mit seinen Kreuzzügen gleicht einem Labyrinth, worin man sich leicht verirren kann. Man sieht hier ungeheure Haufen Schnupftaback und weitaufgeschichtete Massen von bereits präparirten Sorten in blechernen Büchsen. Der Taback, welcher für den Hof zurückbehalten wird, ist in einem besondern Vorrathshause aufbewahrt; man kann davon nur durch eine besondere Vergünstigung und in höchst seltenen Fällen etwas bekommen. (...)

Wilhelm Wattenbach

Die Alhambra

Bis Loja war von Granada aus die Eisenbahn vollendet; man fährt am Rande der fruchtbaren Vega hin, dann aber mitten hindurch, gerade auf die schneebedeckte Sierra Nevada zu; an der entgegengesetzten Seite sank eben die Sonne zwischen dunkelblau gefärbten Bergketten. Wir durchschneiden einen Paseo, wo schöne Damen uns heiter lachend betrachten, und erreichen endlich den Bahnhof, der von Bettelgesindel erfüllt ist, durch welches wir uns mühsam den Weg bahnen müssen, und nun hinauf fahren zur *Alhambra*, wo wir in der *Fonda de los siete Suelos* freundliche Aufnahme finden, auch einen deutschen Kellner aus Berlin, der sich seiner Landsleute mit ganz besonderer Aufmerksamkeit annahm. Das Gasthaus ist benannt nach dem sagenberühmten Thurm, vor welchem es liegt, der einst sieben Stockwerke gehabt haben soll, jetzt aber verfallen ist. Um indessen den Fremden einen leichter zu behaltenden und minder fremdartigen Namen zu bieten, ist die moderne Benennung *Fonda de Paris* hinzugetreten. Es liegt auf der Höhe der Alhambra, doch außerhalb der Ringmauer. Erwähnung verdient, daß in der Nähe ein Franzose eine Meierei angelegt hat, und von da aus das Gasthaus mit trefflicher frischer Butter versieht, eine große Seltenheit in Spanien.

Am ersten Abend hatten wir kaum noch etwas von Granada sehen können; es hatte am vorigen Tage etwas, strichweise sogar recht stark geregnet, nun eröffnete den neuen Tag ein köstlich frischer Morgen mit glänzend blauem Himmel. Die Luft war sanft und milde, die Ulmen vor unsern Fenstern freilich noch nicht grün, und alles etwas weiter zurück wie in Murcia, denn Granada liegt 2300 Fuß hoch. Noch fehlten die Nachtigallen, welche einige Wochen später diese Gärten und den ganzen Abhang des Hügels, auf welchem die Alhambra steht, beleben. Unser erster Weg – ich brauche nicht zu sagen, wohin er gerichtet war. Hat doch der Name *Alhambra* einen ganz wunderbaren Klang, und kaum will es wie Wirklichkeit erscheinen, daß wir nun an der Schwelle dieses Zauberschlosses angelangt sind. Auf einem ansehnlichen Hügel, der nach den meisten Seiten, besonders gegen die Cuesta de les Molinos und den Darro zu, steil und schroff sich erhebt, rings umgeben von einem Kranze gewaltiger Mauern und Thürme, liegt an der einen Seite die *Alcazaba*, die eigentliche Festung, die andere Hälfte nimmt die *Alhambra* d.h. die rothe, das Königsschloß mit seinen Gärten ein. Durch das Thor des Gerichts *(puerta del juicio)* mit seinen mächtigen maurischen Bögen, seinen weiten inneren Hallen, treten wir ein; wir betreten den geräumigen Platz der Cisternen *(la plaza de los algibes)*, unter welchem die wunderbaren Gewölbe sich befinden, die, vom Darro genährt, zu allen Zeiten das klarste kühle Trinkwasser bieten, welches auch im heißesten Sommer nicht ausgeht und in Granada sehr geschätzt wird. Man erhält es durch einen Ziehbrunnen, der deshalb immer von Wasserträgern besucht ist. Rechts erhebt sich vorspringend die zierliche Weinpforte *(puerta del vino)*, welche mit dem feingeformten, von Laub umrankten Fenster über dem maurischen Thorbogen eben gezeichnet wurde; ein hübsches Mädchen, maurisch drapirt, schaute zur Staffage aus dem Fenster und gab den Ruinen einen Schimmer von Leben zurück. Weiterhin sieht man den unvollendeten Palast Carls V, die unscheinbare Außenseite dese alten Schlosses, zur Linken aber die ernsten Mauern und Thürme der Festung. Hier traten wir zuerst ein, und bestiegen den höchsten Thurm, den Thurm der Schildwacht *(la torre de la vela)*, welcher die Vela, die große Glocke trägt, deren Schläge in früherer Zeit die ganze Wasservertheilung regelten. Eine Inschrift verkündet, wie und durch wen hier die christliche Fahne aufgepflanzt wurde: kaum einer liest sie ohne Wehmuth, viele mit Ingrimm: zu sehr drängt sich hier bei jedem Schritt der Gedanke auf, was Granada gewesen ist und was die Spanier daraus gemacht haben. Nirgends mehr wie hier, erscheinen die Mauren als das hochgebildete, in allen nützlichen und schönen Künsten weit fortgeschrittene Volk, die Spanier als zerstörende Barbaren. Als ewige Anklage liegt vor uns die halbzerstörte Alhambra mit dem hineingebauten, aber nie vollendeten Palast Carls V.

Nicht der Krieg, nicht die Eroberung sind es, die zur Anklage reizen. Wie nun einmal die Menschen sind, konnten ein christliches und maurisches Reich schwer neben einander bestehen, und das Reich von Granada war schon in voller Auflösung, verfallen dem, wie es scheint, unvermeidlichen Schicksal muselmännischer Reiche, mag auch ihre Blüthezeit noch so glänzend gewesen sein. Aber die Unduldsamkeit ist es, die nun, da kein Asyl mehr den Verfolgten offen stand, mit grausamster Rücksichtslosigkeit wüthete, die Einsetzung der Inquisition, die Vertreibung der Juden, welche gerade in Spanien ein so blüthenreiches Geistesleben entfaltet hatten, die treulose Mißhandlung der Moriscos trotz aller Versprechungen der Capitulation, bis sie, zum Verzweiflungskampf getrieben, mit furchtbarster blutigster Grausamkeit wieder niedergeworfen wurden; endlich die vollständige Austreibung derselben. Die Verarmung Granada's, der Verfall des Ackerbaues und des Gewerbfleißes, die Verödung der schönsten Provinzen waren die Folgen, und es gewährt eine gewisse Befriedigung, daß die Thäter selbst von den Folgen am schwersten getroffen wurden. Denn wenn auch hier, wie immer, die Völker für die Sünden der Könige zu büßen hatten, so war doch gerade das spanische Volk auch durch und durch von jenem Geist der Unduldsamkeit erfüllt, und erst die Erfahrungen der letzten Jahrzehnte haben darin eine große Umwandlung hervorgebracht. (...)

Inzwischen war die Stunde gekommen, welche den Zugang zur *Alhambra* gestattet. Ja wir haben sie gesehen, den Myrtenhof mit seinem Wasserspiegel (*patio de los arrayanes* oder *de la alberca* d.h. des Teiches), den Löwenhof mit seinen zierlichen Colonaden und den reich geschmückten Wänden, wir haben die Halle der Gesandten *(sala de los embajadores)* und den Saal der zwei Schwestern mit seiner kühnen Kuppel bewundert, den Saal der Abencerragen mit seinen blutigen Erinnerungen, und haben von dem Putzzimmer der Königin *(tocador de la reina)* hinausgeschaut auf die Nevada, aber das alles zu beschreiben, wie sollte ich das unternehmen? Oft schon ist es versucht, und die Photographie gewährt neue Hülfsmittel, ein treues Bild dieser zauberhaften Ornamentik zu gewinnen, welche des Pinsels spottet. Und doch lassen sich immer nur Einzelheiten erfassen, und zuletzt kann man doch nur sagen: Gehet hin und sehet! Am liebsten kehrt man immer wieder zurück zu den lieblichen Schilderungen Washington Irving's, aber es möge nur niemand glauben, daß sie noch jetzt zutreffen. Nicht mehr hat der Kunstfreund zu klagen über die Vernachlässigung des Gebäudes, aber mit der Unordnung, dem Schutt, der Sorglosigkeit ist auch viel von dem malerischen Reiz, der Romantik des Verfalls verschwunden, hier wie überall in Spanien. Es ist und wird viel restaurirt, jetzt mit mehr Verständniß und Geschick wie früher, Arabesken von Tünche befreit und durch nachgebildete Stücke ergänzt, aber es ist deshalb auch, was man nicht tadeln kann, der Eingang geschlossen und die Besichtigung nur mit einem Führer erlaubt. Man kann nicht frei darin schwärmen, zu allen Zeiten eindringen, oder gar darin wohnen wie Washington Irving. Die Höfe sind von den Anpflanzungen, von Orangenbäumen, Granaten und Oleander befreit, weil die Mauern dadurch leiden, nur der Jardin de Lindaraja behält noch seinen Schmuck und den plätschernden Springbrunnen. Denn auch das fließende und springende Wasser ist verschwunden, welches doch so wesentlich zum Charakter dieser Bauten gehört, und einst überall in den Sälen wie in den Höfen Frische und Leben verbreitete; nur bei seltenen Gelegenheiten springen noch die Brunnen. Am meisten hat der Löwenhof verloren, nicht nur den reichen Schmuck des Grüns und der Goldfrüchte, sondern auch den Wasserreichthum, welcher einst diese ungeschlachten Löwen überspülte, die für eine trockene kritische Besichtigung gar nicht eingerichtet sind.

So hat eben alles seine zwei Seiten, wie man denn auch selbst in der Alhambra hungrig wird und endlich heimkehrt, um bei dem prosaischen Genuß trefflichen Hamburger Rauchfleisches sich zu neuen Thaten zu stärken.

ALFRED KERR

Kalifenwunder

I

Andalusien ist ein Überbein von Afrika ... Dieser Gedanke verläßt mich nicht.

Lumpige vier Jahrhunderte nur, seit in Spanien das Maurenreich ein Ende nahm.

Wie lange zuvor hatten die Araber Spanien bewohnt, bebaut, beherrscht? – Fast ein Jahrtausend ... Ist also dies ein Europäerland?

Im Norden schon. Aber noch in Bergkastilien, auf dem Toledofels, hallt etwas dämmrig nach von einer europa-verlassenen Schwermut ... Ferne Verschollenheiten der Landschaft: wo weiße Hüter, ich seh's, auf der Wacht froren, in den Burnus gehüllt, wie einbeinig stumme Vögel.

II

In Andalusien froren sie nicht ... Was für ein Schlag aber war das?

Ein Stamm von Kriegerkavalieren; Sprachvergötterern; Dichtungsverehrern. Ihre Bibel ist mit Reimen durchsetzt – wie eine Weißwurst mit Majoran.

Ihr Mahomet zählt, boshaft, die Dreieinigkeit zur Vielgötterei ...

Er scheint zu schmunzeln; Gott habe keine Familie gezeugt – auch keinen Sohn.

III

Die Hispano-Mauren sind Urbild für alles Rittertum – das von Europa dann geäfft; von einem spanischen Genie durch Lachen zuletzt vernichtet wird.

Die Troubadours: ein maurischer Nachklang. Ihr Vorbild: maurische Liedform.

Ja, was ein arabischer König von Sevilla leidvoll harft, als er im Turm sitzt, davon schweift ein süßes Echo bis zu den Alpen.

IV

Dies Arabervolk (auf unendlich höherer Geistesstufe gelagert als etwa die Normannen Siziliens) baut niegesehene Marmorschlösser. Ein Stamm von scharfem Hirn, reif zu logischer Turnkunst. Griechenschüler. Freie Denker. Skeptiker. Satiriker. Astronomen, Ärzte, Mathematiker. In ihrer Sonne war gut hausen.

(Sie hätten den Giordano Bruno nicht verbrannt.)

Mauren sind im trostlosen Dschungel des Mittelalters die Lichtung. Hort eines vorgeschrittneren Menschtums. Spitzenreiter.

Sie haben eine Art Bolschewikenreligion, will sagen: eine mit Vorstoß, mit Gewaltwerbung, – und stiften ihre Gotteslehre mit ungeheurem Erfolg. (Trotz dem herben Grundsatz: Knäblein erst im siebenten Jahre zu beschneiden.)

... Sie hätten den Giordano Bruno nicht verbrannt.

V

Ferdinand und Isabella wurden die »reyes catolicos«. Mordeten die Mauren; jagten die Juden; pflanzten die Inquisition.

Das Holz ward knapp – für fromme Scheiterhaufen. Das Eisen knapp – für die Folter.

Im Dom zu Granada sieht man das Relief, am großen Hauptaltar: »Zwangstaufe der Mauren durch die Mönche.« (Zwangsreligion; ein geistiger Zustand.)

... Doch die Überwinder waren in die Sternenpracht der Überwundenen verliebt. Sie wiederholten knechtisch ihre Säulchen, ihre Tore, ihre Gärten, ihre Brunnen.

Peter der Grausame schuf so den sevillanischen Alcázar – und hier soffen die Ritter das Badwasser seiner Kebse: der Maria de Padilla. (Dies war mehr, als die Mauren je geleistet.)

VI

Cordoba ...

Leuchtend an Bildung. Unter den Mauren war Cordoba die reichste Stadt Europas. Der heilige Ferdinand stürmte sie – gleich kam der Verfall. Dies Wunder ist heut ein Gerümpelhauf; ein Loch; ein Nichts; ein Dreck.

Nur der steingefügte Wunsch, nur was in der ganzen Moslimwelt eines der größten Bethäuser war: nur das ragt aus dem Holpertrödel – als getaufte Moschee. »La mezquita«, sagt richtig heut noch das Volk.

Innen, heißt es, ist sie ein Wald. Ja; guter Vergleich! Säulen, Säulen, Säulen wie Waldstämme dicht. So eng, daß der Mensch sinnen kann; allein; hingestreckt zur Ewigkeitsrast.

VII

Niedere Säulen ... Doch im arabischen Wald sind Schonungen, Hochblicke. Derlei nannten sie: mihrab (übersetzt wird es mit: Gebetnische. Muß eher heißen: Gebetschacht). Das himmlische Werk von Silberschmiedbaumeistern.

Simse wie Geschmeid. Feierstolze Kleinodranken. Kringelzierat, Sterngewinde. Perlenschimmerarabesken. Spinneweb von Edelstein. (Unbewußt wird man trochäisch.)

VIII

Hier ist eine Kunst, wo der Kitsch zum Genie wächst.

Wieviel edleres Juwelierwerk an Mosaik als im venezianischen Markusdom! Fahret mit der Hand hinüber: kein Ritz. (Eine Morgenlandsgeduld, um diese Vollendung zu schaffen.)

Wundertore, Bogen, Türmchen. Brunnen. Apfelsinenhof.

Innen: jene Fata morgana. Doch plötzlich ...

Zwischen das Arabische sind fromme Strecken gepatzt – von den christlichen Eroberern. Ein holzgeschnitzt reicher Chor. Mit flinken Prunkhänden eingeschachtelt. Dreiundsechzig Säulen kappten sie – hunnisch.

Oh, Karl der Fünfte schnob mit Recht: »Ihr habt etwas zerstört, was einzig in der Welt war!«

IX

Trotzdem ... Die Mischung ist fesselnd. Ich sah die Moschee Ibn Tulu im Pyramidenland; sie ist noch größer, gewiß. Doch wer durch ägyptische, numidische, türkische Bethäuser ging; wer das zweitherrlichste vom ganzen Islam geschaut hat, die El Aksa, auf dem Tempelplatz des weiland Königs David, zu Jerusalem: der kennt zwar Moslimbauten voll Einheit – doch Cordoba zieht allerhand Reiz eben aus dem barbarkatholischen Mischmasch; aus dem Wirrwarr; aus der holden Verhunzung ...

Wie Dogenpalast und Markusdom durch die ungleich aufgepappten Anfügsel hold wurden.

(Denn es ist alles Einstein – und nach langem Genuß wohlgliedrigen Gleichmaßes ergötzt halt sein Gegenstück ... Seid's einfach!)

Kurz, die Störung wird zur Lockung. So liegt, für mein Empfinden, der Fall: Cordoba.

X

....

Laßt aber alles Wägen, alles Deuteln jetzt; hebt eure Wimper – wenn ihr einzieht in das Kalifenschloß ... oberhalb Granadas: in die »Rote Stadt« oder Al-hamrâ.

Etwas Gewesenes: – und ein Denkmal der Träume für immer.

Seid nicht fachstolz; nicht literatig; indem ihr sie »ablehnt«. Sondern vergleitet, bis an die Brust, bis an die Au-gen. Und bekennt abermals: daß Kitsch zum Genie werden kann.

(Europas Burgschlösser sind hiergegen doch eine gerupfte Kahlheit – alle.)

XI

Schnee; Zypressen; Feigenbäume. Blauer Horizont.

Zinnen. Rosa Mauern. Unten die Stadt ... Jenseits: die Berg-Au, durchgrünt, übergrünt. Violette Blumenströme.

Zehntausendfaches Sprossen unter dem Südhimmel mit Schnee. Palmen über Mauern.

XII

Wie heißt das? Gesandtensaal? ... Irgendwo dann guckst du auf Rauschwasser. Auf arabische Turmsöllerchen. Auf steinerne Spitzenkunst. Kringelmärchen; Funkelwonnen; Brennblüten; Leuchtschleifen; Sternparadiese.

Aus dem Halbdunkel, durch kühlende Rundbogen, sommer-offen, ohne Glas, hundert Blickseligkeiten ins Talgrün, unsterblich, aufs Gebirg, mit zum Greifen fernen Häuseln.

Innen: Edelstes; Begnadetes. In jedem Teil vollendet.

Nach der unbewußten Losung: »Rosinen!« Kein Teig – bloß Rosinen.

Darunter hier dicht, wie hangend angeheftet, ein Zypressenhöfle. Gangbrüstungen oben. Andre, vergittert.

Wachskerzendünne Säulchen. Letzte Lieblichkeit. Nicht Wucht – ein Schweben.

O taumelschönes Wirrsal – mit manchem Durchguck.

Pfadgassen fern in recht verschiedener Höhe. Gärtchen hoch und Gärtchen tief – immer das Schneegebirg licht über Zypressen. Über steilsten Turmquadrateln.

Diese schlank behelmt mit einem Dächlein.

(Keine Wucht. Ein Schweben.)

XIII

Im Löwenhof Dunstbilder, zauberisch. Mondgezelte von Stein. Witterndes Wüstengetier. Lufthimmel. (Und immer die Sehnsuchtszelte – brennend-hold gemetzt.)

Rauschgerinnsel. Tropfsteinfeierglanz. Leuchtbilder. Tempelruhe. Wisperwinkel. Vergessensblick ... Im farbigen Dämmer.

Wieder was Schwebend-Ummauertes? Ja: mit Wasserbecken, Orangenbaum, Vogelstimmen.

Über linden Bogen Gaukelgitter.

Herrlichkeiten wie Sand am Meer.

Stille; Duft; Bergeshöh'. Tausendundein Tag.

XIV

Dieser Badvorraum ... Ein Farbenschloß. Lauschig-Träges – wo sie lagen, auf der buntkühlen, niederen Statt von Edelkacheln. Vierzig Fatmas und Aischas. Haaa!

Von Feenlichtern überwölbt, wie beträuft. Sacht, zart, schimmerbunt. Auch ein Brünnle. Und Pfeiler ... Gold, Violett, Rosa. Jetzt funkelrot. Und Bläulich-Vorblühendes, wie Flammenfrüchte. Nochmals eine blasse Kerzenschar aus Alabaster, aus Marmor; trägt Wirrherrlichkeiten. Dazu offner Himmel. Ein Sommertraum.

XV

So aber soll der Mensch, wie hier geschaffen ist, schaffen. Kein Ödfleck. Kein toter Punkt. (Robert Schumann hat's gewußt, als er sprach: »Schreibe, daß beim Schreiben jede Note dich packt« – und war voll Seele.)

XVI

....

Adlig gestuft fühlten diese Korankinder – mit ihren Gittern, Sternen, Labyrinthmustern, Schriftmalereien, Farbhauchen, Schimmerflügen. Mit Schattenstille, Sonnenhöfen, Träufegärten, Einsamkeiten. Mit Kauerstufen, Flüsterkojen.

Mit Lauschräumen und Rauschbäumen.

XVII

Die Alhambra war das Winterschloß. Das Sommerschloß heißt: Generalife.

Nun erst ein Bündel von Hängegärten. Welcher Weg! dieser hingedehnte, ganz schmal, von Enakszypressen gesäumt. Mit Zuckerrohr, beim Ton des Rauschebachs. (In den Gang blickt wieder Blauhimmel und Zuckerschnee.)

Auf Weiches lugt man – und auf Starkes. Kegelberge, sanft verglommen; auf sie fallen weiche Schatten, im Südbrand.

Und hier? Eine Steinallee, voll dünner Wasserstrahlen. Fließt alles in ein Rausche-Rinnbecken. Wieder Apfelsinenbäume goldfruchtdicht an der Wand – und Rosen. Dies alles schwebt in der Luft. Im Gebirg. Unten die Stadt. Das Au-Grün: die Vega. Man ist höher hier als das Alhambraschloß. Du blickst hinab-hinüber. Es riecht nach Buchs. Nach was nicht!

Jenseits, den Berg hinauf wachsen, wimmeln, wuchern Berberkakteen. Kein Ende. Das rauscht und raunt und rinnt. Burgen, Palmen, Türme, Zypressen. Ein Südgarten auf dem Gebirg.

... Es war dem Boabdil entsetzlich schwer, Granada zu verlassen.

XVIII

(Es war dem Boabdil entsetzlich schwer, Granada zu verlassen.)

XIX

Der Generalife bleibt ein Himmelshag. Nichts kommt ihm gleich an luftvoller Kraftherrlichkeit. Oder doch? ...

Vom Velabau der gefriedete Blick auf den scheidend grünen Tag? Hier klebt, unweit, ein letzter Schwebgarten schmal über den linden Abgrund.

Mit Rot, Gelb, Weiß, Blau, Grün. Mit einem Tor aus Rosen, mit blauer Iris, weißer Kalla. Mit Lorbeer, Palmen, Orangenblütenduft.

Unter dem Vorabendhimmel, – bei der weißen, weißen, weißen Sierra Nevada.

XX

Ich ging auf den Albaicin. Höhlenzigeuner sind hier nicht – (sondern am sacro monte). Häuserchen den Berg hinan. Steile Schmalgassen. Weinschänken. Baumgänge hinter Mauern. Stiftungen. Gottesanwesen, halb versteckt.

Oben vor dem Kirchel (auf maurischem Grundgewölb) ein Tafelplatz, über dem Tal. Man blickt hinüber; noch einmal; auf die Alhambrastadt ... Es ist eine Stadt.

Die Vega, die Schneekette, der Abendhimmel, die nahen Dunkelberge – dies wird etwas Namenloses.

XXI

Kinder umtänzeln, bezupfen uns, betteln um einen centimo, mutwillig, nicht aus Not. Sie balgen sich – auf dem Wege.

Jetzt, oben, auf dem hängenden Platz, mit niederer Steinbrüstung, hoch über Granada, sind andre Mädelchen, Bengels; umringen unsere Bank, betasten meinen Stock (»Es ist ein Schirm drin!!«), drängen schwalbenschwätzig an uns – betteln wieder neckend um einen centimo, einen »kleinen Hund«, wie das heißt – perro chico.

Ich sage scheinbar ernst, mit umgedrehtem Spieß und bettelnd vorgestreckter Hand (bei zusammengerafftem Spanisch): »Schenkt mir bitte ein Fünferl – pobre de mi, ich Armer komme aus dem Irrenhaus« ... sie wälzen sich vor Lachen über den Spaß.

Ein älteres Mädel, sechzehn, schwarz und hübsch, guckt etwas verschämt über die Unart zu.

Der Abend steigt vor dem wunderbaren Fleck hinab in das Tal.

XXII

Auch wir gehn hinab – durch Steilgäßlein, winklig, holprig, wirr, mit blauem Gehäng überwachsen, es dunkelt jetzt, man sieht öfters die Alhambra durch, immer die Berg-Au.

Du bist beglückt und ernst; dann, als alle Lichter unten angesteckt sind, kommt man endlich nach Granada hinab, auf die breiteren Straßen; in den Trubel; alles schleicht spazieren, so um acht; viele zerlumpt; bauernderb; zigeunerig; halten mit einem Wolltuch den Mund zu – wegen der Angina, die man erwischen kann. Oben liegt Finsternis. Der Islam schläft. Und dies war mein letzter Abend in Granada. (...)

Nachwort

Spanienreisen im 19. Jahrhundert

»Spanien wird von allen europäischen Ländern vielleicht am wenigsten von Reisenden besucht; schon deshalb ist es nicht zu verwundern, wenn die wenigen, die sich hiezu entschließen, mit einer verhältnismäßig größern Menge von Vorurtheilen dies Land betreten ...«

Diese Äußerung des Literaturhistorikers und Romanisten Victor Aimé Huber aus dem Jahr 1828 scheint uns heute vor dem Hintergrund des Massentourismus von Mallorca bis Benidorm schwer nachvollziehbar, doch wirft sie ein bezeichnendes Licht darauf, wie fremd Spanien, die Heimat der Entdecker und Eroberer Amerikas, damals seinen europäischen Nachbarn erschien.

Die touristische Erkundung der Iberischen Halbinsel und die intellektuelle Auseinandersetzung mit der spanischen Kultur beschränkte sich lange Zeit auf einen kleinen Kreis von Spezialisten. Trotz der herausragenden Stellung, die die deutschen Romantiker in der Nachfolge Herders der spanischen Dichtung beigemessen und eine andalusisch-maurische Märchenwelt zum Fokus ihrer Sehnsüchte erklärt hatten, blieb Spanien sogar der gebildeten Öffentlichkeit bis weit ins 19. Jahrhundert »terra incognita«.

Die Geschichte der Spanienreisen zeigt keine kontinuierliche Entwicklung, vielmehr unterliegt sie starken Konjunkturen ebenso, wie das Urteil der Reisenden häufig zwischen den Polen Verklärung und Aversion schwankte. Bereits im Mittelalter hatte es Reisen nach Spanien gegeben: Wallfahrer pilgerten zum Apostelgrab nach Santiago de Compostela, politische Gesandte und Kleriker waren in diplomatischer Mission unterwegs, und ausländische Fürsten reisten mit ihrem Gefolge zu Krönungsfeierlichkeiten, Hochzeiten oder vergleichbaren Anlässen. Mit der Entdeckung Amerikas wurden

Spaniens Handelszentren, besonders Sevilla und Cádiz, zunehmend wichtigere Ziele für Kaufleute, die sich allerdings mehr für ihre Bilanzen und Frachttermine als für Land und Leute interessierten.

Der »grand tour«, die kontinentaleuropäische Bildungsreise junger Aristokraten und später dann auch bürgerlicher Kreise, führte in der Regel nach Frankreich und Italien. Reisen nach Spanien gehörten nicht zum vorgeschriebenen Kanon und galten als abenteuerliches Unterfangen. In der Mehrzahl wurde das Land von Engländern bereist, besonders nachdem Gibraltar 1713 britische Kronkolonie geworden war. Im übrigen jedoch blieben die Pyrenäen gleichsam die Grenze Europas, ein Bild, das auch später immer wieder leitmotivisch auftaucht.

Die in der Zeit der Aufklärung in rapide ansteigender Zahl verfaßten Reiseberichte und landeskundlichen Schriften nähern sich bereits modernen Vorstellungen von Reiseliteratur, indem sie ihren Lesern, wenn auch zuweilen in etwas spröder und langatmiger Form, Informationen über Historie, Klima, Geographie, Ökonomie, Sehenswürdigkeiten, Sitten und Gebräuche etc. vermitteln. Freilich handelt es sich bei einem Teil dieser Werke um bloße Kompilationen aus fremden, meist englischen und französischen Vorlagen, auch beruhten sie nicht immer auf eigener Anschauung. Selten versäumte es ein Autor, mit kleinen Seitenhieben auf Aberglauben, Armut, kulturelle Defizite oder politische Mißstände hinzuweisen. Ebenso spielten seit der Reformation konfessionelle Unterschiede eine große Rolle – die schon im 17. Jahrhundert bekannte, Skepsis bezeugende ironische Redensart »das kommt mir spanisch vor« ist wohl diesem Kontext zuzuordnen.

Trotz allem wissenschaftlichen Eifer und der pädagogischen Absicht, fundierte Kenntnisse weiterzugeben, wurde so das Bild einer »España negra« verbreitet, d.h. eines abseits gelegenen, von der politischen wie gesellschaftlichen Entwicklung des übrigen Europas abgeschotteten, mit sich selbst beschäftigten Landes, in dem die Inquisition die breite Masse des Volks in dumpfer Unbildung niederhielt und es den gelehrten Köpfen verwehrte, am intellektuellen Diskurs anderer Nationen teilzuhaben. Mit dieser Position grenzte sich das aufgeklärte Europa von der Welt jenseits der Pyrenäen ab.

Zu den herausragenden Schriften dieser Zeit zählen die Bücher des Johann Jacob Volkmann, dessen Italienband Lessing, Goethe und Karl Philip Moritz auf ihren Reisen begleitete und als bedeutendster Reiseführer des späten 18. Jahrhunderts gilt.

Mit dem aufkeimenden schwärmerischen Interesse an Spanien seit der Romantik finden sich innerhalb der deutschsprachigen Reiseliteratur zunehmend belletristische Elemente. Die rein informativen Reisehandbücher wandeln sich zu emphatischen, manchmal narrativ ausufernden Schilderungen eigener oder fiktiver Reisen, mitunter in Romanform gekleidet oder mit eingeschobenen Dialogen, Liedern und Gedichten angereichert. Die Entdeckung und Propagierung der spanischen Literatur in ihrer spezifischen Mischform der Gattungen durch die deutschen Romantiker und deren Verklärung der Volkstümlichkeit des spanischen Alltagslebens fanden ihren prosaischen Niederschlag in der Vorliebe der Reiseautoren für pittoreske Kontraste wie glutäugige Gastwirtstöchter und fluchende Kutscher inmitten mondbeglänzter maurischer Ruinen.

Nicht mehr in Griechenland und Italien, den Idealen der Klassik, vielmehr in der arabisch-christlichen Kultur Andalusiens zur Zeit der Maurenherrschaft glaubte man das verlorene Paradies wiederzuerkennen. Spanien verkörperte das Authentische, Unverdorbene, der Mythos »Granada« mit all seinen ihn begleitenden exotischen Vorstellungen rückte ins Zentrum, die schöne Andalusierin galt als prototypische Spanierin. Ein später Nachhall läßt sich noch deutlich in Alfred Kerrs »Kalifenwunder« spüren. In diesem »romantischen« Kontext ist gleichfalls die besondere Neigung zu bestimmten Landschaften und Themen zu verstehen, neben Granada und Andalusien sind etwa Orte wie Valencia, Toledo, Montserrat und Sagunto zu nennen, die beinahe in keiner Reisebeschreibung fehlen, sowie die stets präsenten Motive Stierkampf und Don Quixote.

Wenn Eichendorff in seiner ›Geschichte der poetischen Literatur Deutschlands‹ die spanische Dichtung noch als die »nationalste« bezeichnete, vom »Zauberlicht« der Poesie schwärmte, das die triste Wirklichkeit erstrahlen läßt, so begrüßten besonders die dem liberalen politischen Spektrum angehörenden Autoren der folgenden Zeit den Freiheitskampf des spanischen Volkes gegen die napoleonische Fremdherrschaft und nahmen zustimmend Anteil an den Emanzipationsversuchen des Bürgertums während der endlosen Bürgerkriegswirren. Mit moralischem Impetus und unverkennbarem kulturellem Dünkel riefen sie jedoch neben dem romantischen Bild von Fandangotänzern, rassigen Schönheiten und stolzen Hidalgos abermals das »finstere« Spanien in Erinnerung. Man könnte dies als »Don-Carlos-Effekt« bezeichnen. Der pathetische Hinweis auf Schillers Darstellung des menschenverachtenden Tyrannen Philipp II. in fast jeder der quasi obligatorischen Escorial-Beschreibungen ist ein Beispiel für diese Haltung. So färbte der Wunsch nach politischen Veränderungen in Deutschland auf die Perspektive ab, aus der Spanien wahrgenommen und dem heimischen Lesepublikum beschrieben wurde.

Statt der Kavalierstour wurden im weiteren Verlauf des 19. Jahrhunderts zunehmend Studienreisen unternommen, sei es aus politisch-ökonomischem, naturwissenschaftlichem oder kulturellem Interesse. Die Texte dieser Reisenden verraten zwar wenig Toleranz und Weltläufigkeit, wenn es um fehlenden Komfort, unbekannte Nahrungsmittel oder fremde Sitten geht, zeigen sich jedoch im ganzen geprägt von wohlwollender Neugier und euphorischen Carmen-Klischees. Letzteres sicherlich unter dem Einfluß einer von Frankreich ausgehenden, in ganz Europa grassierenden Spanienmode. Dennoch stand bei der Mehrzahl der damaligen Reisenden noch immer der Wunsch nach unmittelbarem, individuellem Erleben im Vordergrund.

Erst im letzten Drittel des 19. Jahrhunderts, nach dem deutsch-französischen Krieg, bei dem auch der Zwist um die spanische Thronfolge eine nicht unerhebliche Rolle gespielt hatte, wurde mit dem wilhelminischen Gründerzeitdenken und im Zeichen des Kulturkampfs in Preußen im deutschen Sprachraum erneut eine eher ablehnende Haltung vorherrschend: gegenüber der klassischen Kultur, vor allem Italiens, galt die Spaniens nur als fernes, sentimentales Echo. Eine unübersehbare Fülle verschiedener Reisebeschreibungen und Handbücher ermöglichte zwar inzwischen eine intensive Vorbereitung, zementierte aber zugleich eingefahrene Vorurteile und stereotype Erwartungen.

Der fortschreitende Ausbau des Eisenbahnnetzes, mit dem Europa enger zusammenrückte, schuf die Voraussetzungen für den allmählichen Anstieg der Spanienreisen bis zum Beginn des 20. Jahrhunderts. Nach einer langen Phase der politischen und wirtschaftlichen Isolation während der Weltkriege, dem Spanischen Bürgerkrieg und der ersten Jahrzehnte der Franco-Diktatur erlebte Spanien in den letzten 30 bis 40 Jahren, verstärkt seit der Demokratisierung ab 1975, einen bisher ungebremsten Massenansturm besonders an seine Küstenregionen. Doch auch dieser Boom hat nicht dazu geführt, die eindimensionalen Vorstellungen von Stierkampf, Tapas und Flamenco gänzlich abzubauen, die selbst von der spanischen Tourismusbranche gerne zu Werbezwecken instrumentalisiert werden.

Die vorliegende Auswahl möchte dieses schiefe Bild ein wenig zurechtrücken, indem sie neben Texten von bekannten Autoren weitgehend vergessene Reiseliteratur des ausgehenden 18., des 19. und frühen 20. Jahrhunderts vorstellt, die den heutigen Leser mit sprachlicher wie inhaltlicher Qualität überrascht. Neben oft monatelang in Spanien tätigen Kaufleuten, Klerikern, Wissenschaftlern, Diplomaten, Reiseautoren und, als unmittelbare Folge der Napoleonischen Kriege, ersten berufsmäßigen Kriegsberichterstattern hielten auch »gewöhnliche« Reisende in Briefen, Tagebüchern oder Vorträgen ihre

Erlebnisse und Eindrücke fest, sei es für die Familie, Kollegen oder den örtlichen Kulturkreis.

Die Texte unterscheiden sich je nach Interessenschwerpunkt, Charakter und Temperament der Schreibenden. Der Reiseschriftsteller Christian August Fischer schwelgt in valencianischen Impressionen, die Wiener Literatin Rosa von Gerold entdeckt überall entzückende Murilloszenen, und Alfred Zimmermann, der Legationsrat aus Dresden, informiert in trockener Ausführlichkeit über Preise und Qualität der Speisen und Getränke im neuen »Rietz-Hotel« in Madrid. So stehen die klagenden, misantropischen Briefe Carl Justis an Mutter und Schwester über die Mühsal seiner Studienreisen neben den dandyhaft-nervösen Äußerungen Julius Meier-Graefes oder dem forcierten Enthusiasmus eines Alfred Kerr, die politisch engagierten Berichte August Ludwig von Rochaus neben den akribischen Untersuchungen Alexander von Humboldts. Aus diesem Grund blieben auch einige, heute als nicht mehr politisch korrekt empfundene Äußerungen stehen, sie verraten weit mehr über den Zeitgeist und den Standpunkt des Autors, als daß sie den beschriebenen Gegenstand diffamierten.

Trotz topographischer Zuordnung der Texte steht nicht der geographische Aspekt, sondern die literarische Qualität und die Intensität der Beobachtung der jeweiligen Texte im Zentrum. So könnte es durchaus reizvoll und erhellend sein, bei einer heutigen Reise durch Spanien eigene Beobachtungen mit denen der Autoren des 19. Jahrhunderts zu vergleichen. Läßt sich zum einen die historische Ansicht von Gegenständen touristischen Interesses, der Alltagskultur oder politischer Zustände rekonstruieren, so wird zugleich die Entwicklungsgeschichte des »fremden Blicks« einsichtig – vielleicht ermöglicht dies schließlich eine unvoreingenommenere Perspektive.

»Spanien ist nicht Deutschland, und also der Spanier kein Deutscher«, bemerkte der Naturwissenschaftler E.A. Roßmäßler lakonisch, als er 1854 auf der Iberischen Halbinsel nach seltenen Schneckenarten forschte. Aber genausowenig besteht Spanien bloß aus Andalusien oder Mallorca. Es ist an der Zeit, ein facettenreiches, faszinierendes Land neu zu entdecken.

Die Herausgeberin dankt insbesondere der Biblioteca Görres in Madrid und hier vor allem Frau Regine Baumeister für ihre kompetente und liebenswürdige Unterstützung.

Isabel Pöhlmann

Verzeichnis der Autoren und Quellen

Reinhold Baumstark
Geboren 1831 in Freiburg, starb 1900 in Mannheim. Jurist und Politiker der Katholischen Volkspartei im Badischen Landtag.
Die spanischen Eisenbahnen.* In: Mein Ausflug nach Spanien im Frühjahr 1867. Regensburg 1869.

Dr. Cretzschmar
Ausgearbeitete Fassung zweier Vorträge, gehalten vor dem Düsseldorfer Bildungsverein auf Grundlage seiner Reiseerinnerungen.
San Sebastián. Und: Genußmittel.* In: Skizzen aus Spanien. Düsseldorf 1891.

Kasimir Edschmid
1890 in Darmstadt geboren, starb 1966 in Vulpera (Graubünden). Reiseschriftsteller, Essayist, Lyriker.
Ein Match der Pelotari. In: Basken Stiere Araber. Ein Buch über Spanien und Marokko. Berlin 1927. © Enzio Edschmid, Frankfurt am Main.

Theophil Friedrich Ehrmann
1762 in Straßburg geboren, 1811 in Weimar gestorben. Autor zahlreicher geographischer Werke und Reisebeschreibungen.
Der Charakter der Spanier.* Und: Galanterie.* In: Neueste Kunde von Portugal und Spanien. Prag 1808.

Christian August Fischer
1771 in Leipzig geboren, starb 1829 in Mainz. Politisch engagierter Autor von Reiseberichten, Erzähler.
Glückliche Valencianer. In: Gemälde von Valencia. Zweyter Theil. Leipzig 1803.

Rosa von Gerold
Lebte von 1829 bis 1907. Reiseschriftstellerin. Führte mit ihrem Mann, dem Verleger Moriz von Gerold, einen literarischen Salon in Wien.
Der Palmenwald von Elche.* In: Eine Herbstfahrt nach Spanien. Wien 1881.

Friedrich Wilhelm Hackländer
1816 bei Aachen geboren, in Leoni (Starnberg) 1877 gestorben. Romancier, Dramatiker, Reiseschriftsteller und Kriegsberichterstatter. Kontakte zu Jungdeutschen Kreisen.

Ein Besuch auf dem Montserrat.* In: Ein Winter in Spanien. Zwei Bände. Stuttgart 1855.

Victor Aimé Huber
1800 geboren in Stuttgart, gestorben 1869 in Nöschenrode. Sohn der Therese Huber, der Witwe von Georg Forster. Sozialpolitiker und Hispanist.
Vorurteile.* In: Skizzen aus Spanien. Göttingen 1828.

Alexander von Humboldt
Geboren 1769 in Berlin, gestorben 1859 ebd. Bedeutender Naturforscher, Verfasser von Reiseberichten. Erste Reise in die Tropen von La Coruña aus über die Kanarischen Inseln im Jahre 1799.
Die Besteigung des Pik von Tenerifa. In: Reise in die Aequinoktial-Gegenden des neuen Kontinents. Gesammelte Werke. 5. Band. Reise I. Stuttgart o.J. (In deutscher Bearbeitung von Hermann Hauff. Nach der Anordnung und unter Mitwirkung des Verfassers. Einzige von A. von Humboldt anerkannte Ausgabe in deutscher Sprache 1859.)

Wilhelm von Humboldt
Geboren 1767 in Potsdam, gestorben 1835 in Berlin. Bedeutender Staatsmann, Sprachwissenschaftler und Philosoph. Reiste von November 1799 bis April 1800 nach Spanien, im Frühjahr 1801 ins Baskenland.
Über die spanische Nation. Und: Guernica. In: Die Vasken. Werke in fünf Bänden, II.

Carl Justi
1832 in Marburg geboren, gestorben 1912 in Bonn. Wichtiger Kunsthistoriker. Spanienreisen zwischen 1872 und 1886. Im Jahr 1888 erschien »Diego Velázquez und sein Jahrhundert«.
Das Kloster von Guadelupe.* In: Spanische Reisebriefe, Bonn 1923.

Leopold Anton Kaufhold
Näheres unbekannt.
Die Freudenmädchen von San Fernando.* Und: Krankheiten.* Und: Die deutschen Siedler in der Sierra Morena.* In: Spanien wie es gegenwärtig ist, in physischer, moralischer, politischer, religiöser, statistischer und literarischer Hinsicht aus den Bemerkungen eines Deutschen, während seines Aufenthaltes in Madrid in den Jahren 1790, 1791 und 1792. Zweiter Theil. Gotha 1797 (anonym).

Alfred Kerr
1867 geboren in Breslau, gestorben 1948 in Hamburg. Theaterkritiker, Essayist und Autor.
El Greco. Und: Kalifenwunder. Aus: O Spanien! In: Erlebtes. Reisen in die

Welt. © Argon Verlag GmbH 1989. Alle Rechte vorbehalten S. Fischer Verlag GmbH, Frankfurt am Main.

Wilhelm Krause (Herausgeberfiktion von W. Häring)
Georg Wilhelm Heinrich Häring (Pseudonym: Willibald Alexis), 1798 in Breslau geboren, gestorben 1871 in Arnstadt. Autor historischer Romane, liberal-konservativer Romantiker.
Das Stiergefecht. Und: Die Osterkomödie auf dem Lande. In: Andalusien, Spiegelbilder aus dem südspanischen Leben. Aus den Briefen eines jungen Deutschen. Hg. von W. Häring (d.i. Willibald Alexis). Berlin 1842.

Julius Meier-Graefe
Geboren 1867 im Banat, lebte vorwiegend in Paris und Berlin, 1935 im Exil in Vevey gestorben. Romancier, bedeutender Kunsthistoriker und -kritiker.
Die Zigeuner von Granada.* Und: Im Parque Güell.* In: Spanische Reise. Berlin 1909 (1. Aufl.). © Marlis Richarz, geb. Meier, Konstanz.

Arnold Nolden
Autor von Reiseberichten aus dem Umkreis der Jugendbewegung.
Toledo.* In: Afrika beginnt hinter den Pyrenäen. Berlin 1932.

Heinrich (Karl) Alexander Pagenstecher
Geboren 1799 in Herborn, starb 1869 in Heidelberg. Mediziner, 1848 Abgeordneter des ersten deutschen Parlaments.
Die Delphine von Palma.* In: Die Insel Mallorka. Reiseskizze. Leipzig 1867

Franz Xaver Rigel
1783 geboren in St. Johann, 1852 in Heidelberg gestorben. Teilnahme an den napoleonischen Feldzügen in Spanien. Autor militärhistorischer Werke.
Öffentliche Tanzsäle. Und: Kriegsgreuel.* In: Erinnerung aus Spanien. Aus den Papieren des Verfassers des Siebenjährigen Kampfes auf der Pyrenäischen Halbinsel von 1807 bis 1814. Mannheim 1839.

August Ludwig von Rochau
Geboren 1810 in Wolfenbüttel, starb 1873 in Heidelberg. Beteiligung am Sturm auf die Frankfurter Wache 1832, Exil in Paris bis 1848. Politiker, Publizist, Historiker.
Übernachtung vor Barcelona.* Und: Das Mustergefängnis.* In: Reiseleben in Südfrankreich und Spanien. Stuttgart und Tübingen 1847.

Karl Friedrich von Rumohr
1785 bei Dresden geboren, gestorben ebd. 1843. Kunsthistoriker und Schriftsteller.
Puchero und Gaspacho.* In: Geist der Kochkunst. Frankfurt am Main 1978.

Arthur Stahl
Wohl Pseudonym einer Autorin.
Ausflug zum Escorial.* In: Spanien. Reiseblätter. Leipzig 1868 (2. Aufl.).

Gabriel Strobl
1864 in Unzmarkt (Österr.) geboren. Pater des Benediktinerstiftes Admont. Naturwissenschaftler, bedeutender Botaniker.
Spaziergang durch Barcelona.* In: Eine Sommerreise nach Spanien. Graz 1880.

J. P. Texier
Geboren 1738 in Hamburg, starb 1818 ebd. Königlich dänischer Geheimer Legationsrat.
Reisevorbereitungen. Und: In Aranjuez.* Und: Die Tabakfabrik von Sevilla.* In: Reise durch Spanien und Portugal (im Jahr 1797). Erste Abtheilung. Hamm 1825.

Johann Jacob Volkmann
1732 in Hamburg geboren, 1803 bei Leipzig gestorben. Übersetzer und bedeutender Reiseschriftsteller. Sein Werk über Italien war der wichtigste und wirkungsvollste deutsche Reiseführer des ausgehenden 18. Jahrhunderts.
Die Art zu reisen. Und: Die Stadt Madrid.* Und: Von Valladolid nach Salamanca.* Und: Die Stadt Cadiz.* In: Neueste Reisen durch Spanien, vorzüglich in Ansehung der Künste, Handlung, Ökonomie und Manufakturen. Leipzig 1785.

Wilhelm Wattenbach
1819 in Rantzau geboren, 1897 in Frankfurt/Main gestorben. Historiker und Autor quellenkundlicher Grundlagenwerke.
Die Alhambra.* In: Eine Ferienreise nach Spanien und Portugal. Berlin 1869.

Alfred Zimmermann
Legationsrat in Dresden.
Aus der spanischen Königsstadt. Und: Weinprobe in Jerez. In: Aus Spanien und Portugal. Dresden 1917.

Die mit * bezeichneten Titel sind von der Herausgeberin formuliert, bei allen anderen handelt es sich um Originaltitel.

Trotz aller Bemühungen konnten nicht alle Rechteinhaber ermittelt bzw. erreicht werden. Der Verlag verpflichtet sich, rechtmäßige Ansprüche jederzeit in angemessener Form abzugelten.

Klassische Reisebücher im dtv

»Der echte Reisende beginnt früh wie das Genie ...«
Alfons Paquet

Johann Gottfried Seume
Spaziergang nach Syrakus
Vollständige Ausgabe
Herausgegeben und mit einem Anhang versehen von Albert Meier
Originalausgabe
ISBN 3-423-**12378**-8

Johann Wolfgang Goethe
Italienische Reise
(Hamburger Ausgabe)
Herausgegeben von Herbert von Einem
Mit 40 Illustrationen nach zeitgenössischen Vorlagen
ISBN 3-423-**12402**-1

George Sand
Ein Winter auf Mallorca
Herausgegeben und übertragen von Ulrich C. A. Krebs
Mit zahlreichen Illustrationen
ISBN 3-42,3-**12497**-0

Pierre Loti
Im Zeichen der Sahara
Aus dem Französischen neu bearbeitet von Dirk Hemjeoltmanns
Mit einem Nachwort von Susanne und Michael Farin
ISBN 3-423-**12736**-8

Pierre Loti
Nach Isfahan
Aus dem Französischen von Dirk Hemjeoltmanns
Mit einem Nachwort von Susanne und Michael Farin
ISBN 3-423-**12763**-5

Die Kunst des Wanderns
Ein literarisches Lesebuch
Herausgegeben von Alexander Knecht und Günter Stolzenberger
Originalausgabe
ISBN 3-423-**20030**-8

Vom Glück des Reisens
Zu Lande, zu Wasser und in der Luft
Herausgegeben und mit einem Nachwort von Ulf Diederichs
Mit Illustrationen von Lucia Obi
Originalausgabe
ISBN 3-423-**20528**-8

Italien. Reise-Lesebuch
ISBN 3-423-**20529**-6

Griechenland. Reise-Lesebuch
ISBN 3-423-**20530**-X

Herausgegeben und mit einem Nachwort von Stefan Janson
Originalausgabe

Javier Marías im dtv

»... ich glaube, das ist einer der größten im Augenblick lebenden Schriftsteller der Welt.«
Marcel Reich-Ranicki

Mein Herz so weiß
Roman
Übers. v. Elke Wehr
ISBN 3-423-12507-1
»Ich liebe dich, ich würde alles für dich tun. Ich würde sogar für dich töten.« Die meisterhaft gewebte Auflösung eines unerklärlichen Selbstmords: ein raffiniert inszenierter Roman über Liebe, Ehe, Treue und Verrat.

Alle Seelen
Roman
Übers. v. Elke Wehr
ISBN 3-423-12575-6
Als Gastdozent in Oxford beginnt ein junger Spanier eine Affäre mit der verheirateten Clare. Erst in der letzten gemeinsamen Nacht enthüllt sie ihr Geheimnis ...

Morgen in der Schlacht denk an mich
Roman
Übers. v. Carina v. Enzenberg und Hartmut Zahn
ISBN 3-423-12637-X
»Niemand denkt je daran, daß er irgendwann eine Tote in den Armen halten könnte.« Doch Marta stirbt. In Victors Armen. Den Armen eines Fremden. Der Ehemann auf Reisen, der kleine Sohn schlafend nebenan. Victor ist überfordert und flüchtet.

Als ich sterblich war
Erzählungen
Übers. v. Elke Wehr
ISBN 3-423-12779-1
Subtil inszenierte Geschichten über die Untiefen und Abgründe menschlicher Existenz, ganz große Kunst eines an Hitchcock geschulten Erzählers.

Während die Frauen schlafen
Erzählungen
Übers. v. Renate Zuniga
ISBN 3-423-12922-0

Alle unsere frühen Schlachten
Fußball-Stücke
Übers. v. Alexander Dobler und Catalina Rojas Hauser
ISBN 3-423-13010-5

Schwarzer Rücken der Zeit
Übers. v. Elke Wehr
ISBN 3-423-13018-0

Das Leben der Gespenster
Übers. v. Renate Zuniga
ISBN 3-423-13054-7

Geschriebenes Leben
Ironische Halbporträts
Übers. v. Carina v. Enzenberg
ISBN 3-423-13123-3

Bitte besuchen Sie uns im Internet: www.dtv.de

Rosa Montero im dtv

»Rosa Montero glückt das, woran viele scheitern: intelligent zu unterhalten!«
Andreas Steppan im ›Münchner Merkur‹

Geliebte und Feinde
Erzählungen
Übers. v. Astrid Roth
ISBN 3-423-**12896**-8

Bittersüße Geschichten über Liebeslust und Liebesfrust, über erotische und andere Verstrickungen.

Ich werde dich behandeln wie eine Königin
Roman
Übers. v. Susanne Ackermann
ISBN 3-423-**12969**-7

Tat sie es aus Rache? Oder Eifersucht? Weil er sie nicht wie eine Königin behandelt hatte? – Eine Geschichte von unerfüllten Sehnsüchten und den Verwirrungen der Liebe.

Geliebter Gebieter
Roman
Übers. v. Susanne Ackermann
ISBN 3-423-**13105**-5

Der Stellplatz wird ihm gestrichen, das Büro verkleinert, die Kollegen sticheln: Kein Zweifel, der Stern von Art-director César ist im Sinken begriffen. – Ein einfühlsamer, humorvoller Roman über den ganz alltäglichen Machtkampf.

Die Tochter des Kannibalen
Roman
Übers. v. Astrid Roth
ISBN 3-423-**20473**-7

Flughafen Madrid. Letzter Aufruf. Wie würden Sie reagieren, wenn Ihr Mann plötzlich spurlos verschwindet? Zu Hause erhält Lucia einen seltsamen Anruf ... »Ein großer Gesellschaftsroman, der komisch, anrührend und höchst spannend zugleich ist.« (News Kultur)

Im Herzen des Tartaros
Roman
Übers. v. Astrid Roth
ISBN 3-423-**24328**-7

»Ich habe dich gefunden. Du entkommst mir nicht«, raunt die dunkle Männerstimme am anderen Ende der Leitung. Voller Panik rennt Zarza aus dem Haus. Sie weiß sehr genau, wem diese Stimme gehört ... »Daß erstklassige Thrillerautoren nicht unbedingt aus den USA, England oder Skandinavien kommen müssen, beweist Rosa Montero mit diesem hochspannenden Roman.« (Bunte Wochen Zeitung)

Bitte besuchen Sie uns im Internet: www.dtv.de

[illegible]

Das Reich der Träume

ISBN 3-423-[illegible]

[illegible]

Die Schöne und der Tod [illegible]

[illegible]